JN122782

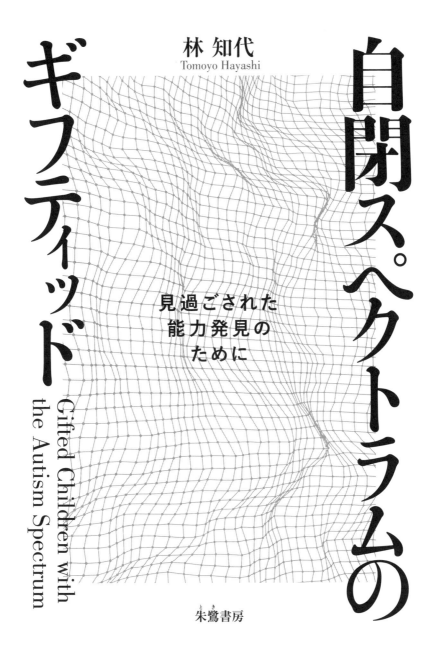

林 知代
Tomoyo Hayashi

自閉スペクトラムのギフティッド

見過ごされた
能力発見の
ために

Gifted Children with
the Autism Spectrum

朱鷺書房

まえがき

　文科省は，特定分野に特異な才能のある児童生徒に対する学校における指導・支援の在り方等に関する第1回目の有識者会議を2021年(令和3年)7月14日に開いた。米国等においては「ギフティッド教育」として，秀でた才能を伸長する教育が以前から考えられ実践されてきたが，我が国においては，特定分野に特異な才能のある児童生徒についての教育については触れられてこなかった。

　しかし近年，「個々の発達に応じた教育」や「個別最適な学び」など個々の資質・能力に焦点が向きつつある。そうした教育の見直し視点の延長上に，ギフティッド教育も関心が向けられるようになったのかもしれない。

　ギフティッドの中には，記憶力や言語能力，数学力などが優れながら，こだわりの強さや注意力の偏りなどを併せ持つ子もいるとされる。本論では，ギフティッドと自閉スペクトラムの特性を併せ持つ子どもを，ギフティッドAS（Autistic Spectrum）と表し，彼らの体験世界について述べていきたいと思う。

　特別に高い能力と自閉スペクトラム（AS）傾向を併せ持つ子どもたちに，長年の臨床経験の中で出会いながら，彼らが自分のギフトを，喜びや誇りより痛みや重しに感じざるを得ない実情があることを痛感してきた。その背景に，彼らの体験世界が理解され難いという側面がある。そこで，私は，理屈や診断云々よりまず，できるだけ彼らの世界に触れることが重要だと考えた。

　特に彼らのユニークさと取り巻く環境の重要さが健康な成長・発達にいかに大切かについて述べていきたいと思う。

　ただ，ギフティッドといっても，ピンとこない人もかなりいるかもしれない。ギフティッドとは，gift「（神からの贈り物）-天賦の才を与える」の過去分詞で，「天賦の才，才能を与えられた」という意味を持つ言葉である。日本語ではgiftは贈り物のほかに，天才，高知能，英才児などと訳されるが，

訳語のニュアンスは，極端に現実離れした高い知能を持った人物，あるいは偏差値が高く有名大学に楽々とパスする人というイメージが先行し，ギフトの持つ本来の意味が伝わらないため，今後，社会認知されていくとしても，名称は「Giftedギフティッド」とそのまま浸透していくのだろう。

　知的能力が高いだけではなく，深く考え，深く感じるギフティッドの子どもで，特に，自閉スペクトラム症的特性を併せ持つ子どもに注目し，紹介していきたい。ギフティッド及び自閉スペクトラム特性はそれぞれどのようなものかを明確にしたのち，ギフティッドASの臨床像を明らかにしていこうと思う。彼らが，国の発展を牽引する優れた力を内在させている可能性と同時に，彼らを取り巻く環境設定が十分に整っていないことからくる生きにくさについて言及していくことにする。ギフティッドASにありがちな，日常における心理的問題につて，具体的な臨床実践を通して読者が理解しやすいように提示していきたい。

　欧米では早くからでき過ぎる子どもへの特別支援の動きがあり，米国では国を担っていく能力の育成という意味で，ギフティッドの子どもに注目してきた。

　日本でも遡れば，こうした子どもをどう育てるかの声はあがっていたものの，画一教育の重視や，どうすれば有名校に合格するかという，受験勉強に主眼を置いた偏差値教育にすり替わってしまい，その声はかき消されてきた。

　しかし，人が何を求めて生きているかという原点に戻ると，そうした教育だけでは心の満足は得られないことは明白である。それどころか，受験に合格するための「お勉強」に偏って自己不全感を深めている現状も散見する。こうした状況が，ギフティッドの子どもの，育ちたい・伸びたいという自然なニーズと如何にかけ離れているかを痛感する。彼らのニーズをキャッチすることこそが教育の原点ではないかという思いが湧いてくる。持ち味が生かされずに疲弊し，委縮し，自分を見失った状態で時間が過ぎていくなかで，焦燥感に苦しむ場合もしばしばある。特に，能力が高く普通の枠を逸脱してしまうギフティッドASの感じ方や考え方，学び方，応答の仕方は，教師や周りから反感をかったりグループのなかでの疎外感に繋がったりしていることもある。

我が国では，ある領域で先天的に優れた能力を持つギフティッドASについて，明確な理論体系を示すことができていないのが現状である。本人の能力や気質の有り様より，進学校合格が第一義的な意識傾向や，資格取得を重視する社会的価値観があり，受験秀才を育てることは熱心であるけれど，ギフトという天賦の才が伸びることを主眼にした，知を遊ぼうという機運がないのは残念なことである。

　現在の，集団を中心とした画一的な学校教育，受験重視の塾方式，資格第一の価値観の中で，彼らの心は，酸欠状態で苦しくなるか規格化し，さらに機械化して感じなくなるか，そのどちらかに陥りがちである。どちらにしても充足感は得られないままである。疲弊し，本当の自分があたかもないかのように背後に潜んでしまう。運よく能力を発揮して精神的にも社会的にも充実させていくギフティッドASもいるが，土壌として本人は勿論，支える側もまだまだ苦労が多いと言える。

　ギフティッドASの子どもを持った親は，我が子が優れた知的能力を持っているとわかっていながら，持てる能力がうまく発揮できない子どもにどう対応していけばよいのか，どう理解していけばよいのかと悩んでいることが多い。そうした人たちが求めるのは，知能の高いことの悲劇性ではない。願っているのは，ギフティッドASに内在する能力とパーソナリティ，そして環境という三つの条件が絡み合い，包括的発展をしていくためには子どもをどう理解し，どう動いて行けばよいかの道標であろう。

　そこで本書では，知的情報や診断に注目するのではなく，本人の体験から聞こえる声を伝え，彼らの世界がどんな色どりで，どんな音づかいで，どんな肌ざわりなのかに，まず触れてみようという思いに裏付けされている。ギフティッドASの体験している世界を味わいながら，彼らが全人格的な発達を遂げるために，どう理解し何に焦点をあてて関わればよいかについて，少しでも伝えられたらと願っている。

　いわゆる「ふつう」との違いは，D.Sternの情動感覚発達の概念と結びつけて考えると理解しやすい気がする。従来の暦年齢で輪切りに発達をざっくり見てしまうと，出来るかできないかが尺度となってしまう。ひとりの人間に，領域によって平均より抜きんでたところとそうでないところがあるとい

う考え方でみると，不得手領域は他の領域で補いながら全体的に発達していけば，心の安定が損なわれずに進むだろう。彼らは，知的好奇心に満ちているが社会的にはゆっくりと成長し，自分のペースと自分のやり方で独自の世界を創造していくという特性がある。そのため，早期に発達を遂げる領域と，ゆっくり発達していく領域の両極性の見極めが大切になる。彼らがうまく育つためには，彼らの発達に適した環境を設定することが最も重要なことである。

　ギフティッドASへの関わりでありがちなことは，社会性を強調するあまり，彼らを鋳型にはめることに懸命になり，説得するようなやり方である。私の視点は，むしろ，その対極に位置するといってもよい。

　ギフティッドASが，自分自身の異質性を自覚しつつ，周りから卓越した能力を認められ，自分をよいものとして社会という大地にゆっくりと根を張る作業を自分のペースで進めていくとき，独自の世界が見え隠れし始め，やがてはっきりと進む方向が姿を現すだろう。彼らは，他者から押し付けられたやり方に，生理的とも見えるほど抵抗を示す。この抵抗は，ある時期突然に行動化や問題を伴って生じるかもしれない。しかし自分らしさの方向性に手掛かりが見つかれば，少しずつ自分の手で未来を開拓していく潜在力を持っている。

　彼らに備わった能力は，社会に足場を築く時の重要な武器になるだけでなく，周囲に新しい視点を意識化させる力になるだろう。

　近年のような先行きが不透明な時代だからこそ，ギフティッドASの持つ能力が必要とされているともいえるのだ。

目　次

第1章　ギフティッドASの臨床像

1．ギフティッドの子どもの特徴

　ギフティッドの子どもの定義については，米国でも様々な定義があるが，連邦政府のギフティッド教育機関（the Federal Javits Gifted and Talented Education Act）の説明をみると，同年齢の子どもと比べると，知的領域，創造性，アートの領域，リーダーシップ能力，ある学問領域のいずれかに著しく高い潜在能力を持っている子どもとされている。彼らはひとつのテスト，例えば現在最も活用されているWISCのような知能テストや，伝統的に学校で行われる試験だけでは，彼らの才能を測ることはできないと言われている。ゲーム理論でノーベル賞を受賞したジョン・ナッシュは，小学校4年のときに，算数の成績は最下位だったというようにである。

　彼らが自分の潜在する能力に気づき実現するためには，受けてきた教育経験に対して若干の軌道修正を必要とする。ギフティッドの子どもは人種，民族，文化を問わず存在し，彼らが自身に備わっている可能性を実現するためには，彼らに適した学習の機会が設けられなければならない。一般の教育に対する若干の軌道修正とは，彼らが，専門的な介入と適応環境を必要とする学びの偏りと処理能力の脆弱性を持っている可能性があるためだ。そのため，社会的に，情緒的に，そして彼らの得意とする分野の才能が結実するためには，サポートとガイダンスが必要となってくる。

　ギフティッドの定義については，多種多様な分野における知的能力だけではなく，高い精神性や感受性といった，高い人格へ成長する潜在能力を持っていることも特徴である。米国教育省（1993）は，ギフティッドの子どもについて，数学，科学，文筆，政治，ダンス，芸術，ビジネス，歴史，心身の健康，その他の分野においても，将来リーダーシップを取る人材となりうるために，国家のためにもギフティッド教育は必要であるとの見解を示している。そして，ギフティッドの子どもや青年が持っている高い能力を充分に伸ばすには，通常の学校教育にはない援助や活動が必要であるという。

National Association for Gifted Children（NAGC・全米ギフティッド教育協会）の考えに基づくと，彼らの知的能力面，知覚能力面，行動面，性向，性格の特徴は次のようになる（林訳）。

①　知的能力面

　幼いうちから文字に親しんだり，数字に親しんだりする。豊富な語彙，強い好奇心，優れた記憶力，高い論証能力，独創性を持つ傾向がある。しかしながら，すべての学術分野に秀でていることはまれで，論理的問題を解くのが優れているのに，文字のつづりが苦手であったり，読み書きが非常に優れているのに数学が苦手であったりすることがある。

②　知覚能力面

　外界を知覚するのに，いわゆる普通の子どもとは根本的な違いがあり，その違いが本人の人生経験すべてに影響を及ぼす。過敏な神経，これが原因となって，社会や人生における出来事を通常で想定されているより，強く，深く，長く感じる。これは生来的な生理的特異性であり，一生通して変わらない。刺激を生理的に強く体験するのはギフティッドの特徴である。誕生時から常に外界，内界両方からの刺激を激しい振幅を持って体験するということだ。

③　行動面

　内面に熱情を持っており，外界刺激によって妨げられなければ生来の集中力を見せ，興味関心に没頭する。対外的には，一風換わった振る舞いをするように見えることがある。多動性，躁鬱，自閉などの兆候を持つことがある。同世代の子どもたちと精神年齢や興味が異なり，話が合わないという理由で気の合う友達が見つからないこともある。また，ほかの子どもから疎外されることや阻害されていると感じることもある。特定の刺激に過敏に反応してしまい，集団から浮いてしまう場合もあるだろう。

④　**性向**

　崇高な生き方を求めようとする。通常，深く早く広く学びぶ。しかし，自分の独自的な生き方を実現するまでに，緊張，不安，気分的抑うつ，恥，罪悪感といった精神的苦痛を伴う体験をしがちである。学ぶときにも丸暗記ではなく，意味を求めようとする。独りでいることを選ぶこともある。彼らは不安を感じやすく，人生を真摯に受け止める傾向があり，内向的（暗いという意味ではなく思考の方向）で頻繁に内省する。日常の音や声（しゃべり方，におい，泣き声，特定の音や色など）の大抵の人が気にしない刺激に反応するために気分屋と思われたり，些細なことで不快になってしまうために神経質といわれたり，感情や五感への刺激を避けるため集団から離れることがあり，人付き合いが悪いといわれたりすることがある。

⑤　**性格**

　頑固で融通が利かないところがある。人から命令されたり，指示されたりすることを非常に嫌う。自分を認めてもらいたい気持ちが強く，内心注目されることを好む。また，合理的，冷徹，淡々としたところがあるだろう。

　ギフティッドの子どもへの教育手引書　第3版（2003）に基づく特性や特徴を挙げると，以下のようになる。

①　**知能の特徴**

◇　幼いときから頭のよい子だと感じていた。思われていた。
◇　年齢の割りに語彙の数や使い方が豊富である。
◇　学校に上がる前にすらすら本が読めた。
◇　たいていの同年齢の子どもよりも早い時期に文字を読めるようになった。
◇　興味・関心を抱くと時間に関係なく没頭する。
◇　物事を理屈で理解しようとする。
◇　ものの仕組みを理解する能力が優れている。
◇　色々なものに興味を持つ。興味の幅が広い。
◇　好奇心が旺盛で，いろいろなことに疑問を持つ。
◇　当たり前にわかることに「なぜ？」と尋ねる。

- 普通気づかないで見過ごしていることを「なぜ？」と尋ねる。
- 実験をすることに興味を示す。実験をしたがる。
- 物事を人が思いつかないやり方で行う。
- 視点がユニークで，枠にとらわれない考え方や見方をする。
- 大量の情報を記憶できる能力がある。
- 一風変わったユーモアのセンスを持っている。
- 学校の授業が退屈である。繰り返しの授業に嫌気を感じる。
- 頭が働いて眠れない。
- 考えが次々に浮かぶ。
- 直接的に話さず隠喩を使う。
- 知的欲求が強い。知を渇望する。
- 疑問を理論的に分析する。
- 頭脳パズルや知覚ゲームを好む。
- 探究心が強く，真実の追究をする。
- 年齢以上に深く知りたいと思う。
- 対象年齢以上の専門誌を読んだり，辞典を読んだりすることを好む。
- ストーリ性のあるものよりドキュメンタリーのテレビ番組を好む。
- 強い空想力を持ちファンタジーの世界に親和性を持つ。「おとぎの国の住人」のようだ。
- 白昼夢を楽しむ。
- （前夜の）夢に過剰反応する。
- スピリチュアルにあこがれる。
- 抽象的観念で，人生の意味や存在の価値などを深く考える。
- 知能テストでIQ130以上である。

② 感覚や感受性における特徴
- より深く楽しむ。（例：音楽に埋没する）。
- より深く悲しむ。傷つきやすい。
- より深く怒りを感じる。
- 弱い者，小さいものなどにより共感する。

- ◇ 怖がりである。
- ◇ ほかの人は平気なのに光をまぶしく感じる。(例：必要以上にブラインドをおろす，電気を暗くする等)。
- ◇ 突然の音に非常にびっくりする。
- ◇ 大きな音に非常にびっくりする。
- ◇ 日常の音で気になる音がある。(例：時計の音やいびき等)
- ◇ 鼻が利く。
- ◇ 肌触りにこだわる。(例：靴下の縫い目や服のラベル等)。
- ◇ 状況の空気を感じすぎて，気分的に抑うつ感にとらわれる。
- ◇ 語られることばの内容より，その人が発する空気や状態を敏感に感じる。
- ◇ 神経質だ。
- ◇ 混雑した場所を嫌う。避ける。

③ 中核の気質

- ◇ 混乱した状況や状態を嫌う。
- ◇ こうと決めると果敢に挑戦する。
- ◇ 譲らず押しが強いところがある。
- ◇ 衝動的・多動的に見える。
- ◇ 融通が利かない。
- ◇ 物事を普通以上に真摯に受け取る。生真面目である。
- ◇ 自分の大切な対象に過度の愛着を寄せる。
- ◇ 自分の興味関心を持ったことには創造的で，建設的に動く。
- ◇ 自分独自のやり方で物事を進める。
- ◇ 頑固なところがあり，いったん言い出すときかない。
- ◇ 物事をするのに昔からのやり方だからといって踏襲したくない。
- ◇ 変に自信たっぷりなところがある。
- ◇ 自分中心で，自分のことが優先する。
- ◇ 言葉遣いが丁寧だ。
- ◇ 人を軽視するところがある。
- ◇ 気取って見える。

④ 他者との関わりあいにおける特徴

◇ 悪ふざけやいたずらが，時に，悪気はなくても常識を超える。

◇ 付き合いが悪い。

◇ 一人で行動するほうが気が楽。

◇ 集団の中で，変わった行動をとると思われている。

◇ 気の合う友達が見つかりにくい。

◇ 他の子どもから疎外される。

◇ 社会的ネットワークを持つことが苦手。

◇ 社会の規範に沿っていかない。

◇ 変わっている。

◇ 皆と同じ(普通)であることに心的負担を感じる。

◇ 集団から浮いてしまう

◇ 人のことばや行為に傷つきやすい。被害的に捉える。

◇ 自分の持っている知識を他者に強くアピールしたい。

◇ 何かで周りから注目を浴びたいと思っている。

◇ 他者(人)のことには関心がないように見える。

◇ 自分中心の言動が強い。

◇ 周囲から認められるために自分を出さない。本当の自分を出しづらい。

◇ 本人は意識にないが，でしゃばりで無礼なところがある。

　また，ギフティッドの子どもの研究者レンツリ Renzulli, J. S.(1978) は，ギフティッドの子どもの三つの輪として，左に示す図を表している。彼によ

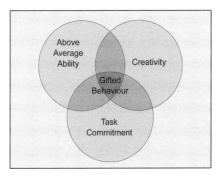

ると，ギフティッドの発達に重要な三つの要素とは，平均以上の能力，創造性，および遂行への没頭である。

　この三領域において少なくとも平均ないしは平均以上の能力を持ち，個々人のギフトは，一般的な能力(情報処理，経験の統合，抽象的な思考など)と特定の能力(知識を習

得し，実際に行動する能力など）に区別されるという。

　創造性があるがゆえに，思考の流暢さ，柔軟性，独創性，経験への開放性，刺激への敏感さ，そしてリスクを省みない衝動性が生じるとレンツリは言う。

　彼はまた，物事を遂行するときの没頭について，モチベーションが行動に移ったものと捉える。モチベーションは，自信，知覚力，特別なテーマへの興味に裏付けされており，これが行動する際，忍耐，努力を支えている。このタスクへのコミットメントがなければ，高い成果を上げることは不可能だと主張している。

　三つのリングすべての特性が重なった場合にのみ，何らかの活動や行動における高い達成度と高い才能の結果として皆が知ることとなるのだが，彼は，こうした到達に影響を及ぼしている因子として，突出した能力だけではなく背景に人格と環境因子に重点を置いている。

　レンツリとヨセフRenzulli, Joseph. S.（2001）が，ギフティッドの子どもたちの創造性における特徴として検査表にしたものを参考までに次にあげておく。

　　　＜表1-1-1＞

ギフティッドの子どもの創造性における特徴Personality Characteristics Related to Creativity

1	多くのことに強い好奇心を見せる。なんでもないことや色々な事をしょっちゅう質問する。	1	2	3	4
2	問題や質問の解決法が次々に思い浮かぶ。しばしば普通では考えつかない，ユニークで賢い応答で反応する。	1	2	3	4
3	意見を述べることで心が占められる。 時に賛同できないことに，理性的で猛烈な反応をする。頑固で不屈の精神。	1	2	3	4
4	あえて危険を冒してもやってみようとする。冒険的で危険をはらんだ言動。	1	2	3	4

5	非常に知的で現実を超えた考えが浮かぶ。ファンタジックで想像力豊か「もし〜だったらどうなるだろう」という考えを巧みに発展させる。考えは念入りで精巧。しばしば直観的知覚を採りいれシステムや目的を改善し，修正する。	1	2	3	4
6	ユーモアの鋭いセンスを見せる。状況の中にユーモアを見つけるが他の人にはユーモラスとは思えないことがある。	1	2	3	4
7	男子であっても女子の好むとされる興味関心に気がむいたり女子であっても，女子には稀な独立心を持っていたりして，男女性の枠が一般的に思われるより自由である。衝動性が特異に見えるが，自分の中の不合理性に開かれている。とらわれない。感受性の鋭敏性を見せる。	1	2	3	4
8	美への感受性が鋭い。物事の審美的特徴にひかれる。	1	2	3	4
9	慣習・規則の不適応。無秩序状態を受け入れる。個人主義的。小さいことに気を配らない。他と違うことを気にしない。	1	2	3	4
10	物事を構成的に，構造化して批判をする。権威的申し渡しに従おうとせず，従わねばならない時でも必ず批判的検討・吟味・考察をする。	1	2	3	4

スコア：1 ＝めったにない・全くない；2 ＝ときどき；3 ＝しばしば；4 ＝ほとんどいつも

(Rezull et al, 2001)

　ギフティッドの子どもは，乳時期及び幼児期，学童期において以上のような特徴を示すことがある。こうした特質をどう了解し，どう子どもに沿った環境を設定し続けることができるかは，今の我が国では，養育者側がリードし家族や学校，塾やおけいこなど，関係する所属の場と相互に関係しながら，その都度，試行錯誤をしていかねばならない状況である。

　ギフティッド教育の目的として，その高い能力に応じた教育内容を提供するだけでなく，ギフティッドゆえに経験する困難をできるだけ軽減することも重要な目的となる。高知能を持つが故に，学習のスタイルに違いが見られたり，心理的，社会的，感情的な面で一般の生徒とは違いがあったりすることから起こる様々な困難に対応するために，特別な計らいが必要であると言われている。ギフティッドの行動として例えば次のような特徴が挙げられている。

- ◇ 課業に集中できなかったり，話題と外れてしまうことがある。興味のあること以外のことをやりたがらない。
- ◇ 飽きっぽい。
- ◇ クラスを乱す行動をとる。
- ◇ 繰り返しや暗誦することに，非常な抵抗感を示す。
- ◇ 課題をさっさとこなすが，やり方が雑である。
- ◇ やり過ぎて，自分を消耗させてしまう。
- ◇ 批判をうまく受け止められない。
- ◇ グループ協同作業がうまくできない。
- ◇ 権威のある人に批判的な態度をとる。
- ◇ 自己，他者に対して批判的である。また完璧主義である。
- ◇ 議論の中で，自分の主張を通そうとする。
- ◇ クラスの道化師になったり，ジョークに対して大げさに反応する。
- ◇ クラスの中で何でも知っている物知り屋として見られる。
- ◇ 周りに対してボス的な態度をとる。

　このような行動の背後には，学習内容が簡単すぎたり本人の能力や興味とかけはなれているため，課題に集中できなかったり，周囲の誤解や批判を得るような反社会的な行動をとることが考えられる。またギフティッドの思考パターンや，感性の豊かさ，完璧主義傾向などにより，周りの行動と適応しながら学習を進めていくことが難しい場合がある。以上のような行動が積み重なると，学業成績に支障が出たり，集団から孤立することも考えられる。あるいは，周囲に同化しようとするあまり，意図的に能力以下の成績を修めようとする傾向がみられることが指摘されている。結果としてこれらの要因が気分的うつやストレスを生み出すことになる。

２．自閉スペクトラム症の中のギフティッドの位置づけ

　ギフティッドの子どものなかに，自閉スペクトラム症（AS）を始め注意欠陥（AD），多動・衝動（HD），学習障害（限局性学習症）の特性が混在

する者がいる（Lovecky, 2004）。DSM（精神障害の診断と統計マニュアル : Diagnostic and Statistical Manual of Mental Disorders）の第5版では、自閉スペクトラム症に、AD/HS特性を包含する視点もあるので、本書では自閉スペクトラム症を中心に、考えていく。

　彼らは優秀さと脆弱さの2つの領域において、平均的子どもの発達の枠を外れている。ダブルで例外的側面を持つという意味で、米国では2E (twice-exceptional)の子どもとして、彼らの生得的特質にあった心理的、教育的な特別対応に目を向けられ始めている。2Eの子どもの特徴は、心理臨床の立場から精査すると、ギフティッドといわゆる発達系の特徴の両方を持つ、ひとつの群と捉えることができる。そこで私はこの群をギフティッドASと表すことにする。

　DSM-5における自閉症スペクトラム（ASD：Autism Spectrum Disorder）の診断基準は、以下のようである。

　A, B, C, およびDを満たす必要がある。
A. 文脈をみながら社会的つきあいをしたり、他者との社交上の相互交流することにおける重篤な欠損。
　　1. **社会的社交上の情緒的相互性の障害**：前後の会話の流れを無視した社交的アプローチと社会的相互関係開始の完全な欠如から、応答共有の低さにまで及ぶ。
　　2. **社会的相互交流に使用される非言語的コミュニケーションの際の欠如**：アイコンタクト、身体言語における不自然さからわかる言語的、非言語的コミュニケーションの不充分な統合、もしくは、非言語的コミュニケーションの理解及び使用における欠損のレベルから、表情やジェスチャーの完全な欠如にまで及ぶ。
　　3. **発達レベルに期待される、他者との 関係性を発展させたり持続させることの（養育者の養育能力を越えた）欠損**：想像を用いてやり取りを楽しむことができないため、様々な社会的文脈で適切に行動を調整したり友達作りをしたりすることが困難なレベルから、多くの人が持つ興味に無関心であるというレベルにまで及ぶ。

B.　限定された行動，興味，または活動，反復的なパターンが，少なくとも
以下のうち２つによって明らかにされる。

　　1.　定型化した，あるいは反復的な話し方・発言，自動運動，または物・
対象の使用：(単純な神経運動，反響言語，オブジェクト，または特
異なフレーズの繰り返し使用など)。

　　2.　ルーチンへの過度の遵守，言語的または非言語的行動の儀式化パタ
ーン，または 変更への過度の抵抗：(運動の儀式化，同じルートや同
じ食べ物へのこだわり，小さな変化に対する繰り返しの問い，または
極端な苦痛)。

　　3.　集中や注目の仕方において常識を超える非常に制限され固定化され
た興味：(変わったものへ強い愛着や熱中，局所的興味関心への異常
な没頭と固執)。

　　4.　極端に強い もしくは極端に低い 環境の感覚入力や感覚世界への興
味：(痛み，熱，寒さへの明らかな無関心，その逆に特定の音や生地
への過敏反応，かすかな匂い肌触りへのこだわり，光ったり回転する
ものへの魅了反応)。

C.　症状は，幼少期に存在しなければならない（しかし，社会的な要求が本
人の狭い許容量を超えなければ症状は現われない場合がある）

D.　症状は重なって同時に現れ，日常生活を制限し，損なう 。

(以上林訳，2012)

　アスペルガー症候群と自閉症を連続体と考える捉え方には賛否がある
(Trevarthen, 1998/2005) と言われる中で，示された診断基準項目は，知
的能力で分類化せず，ギルバーグGillberg(1998)やウィングWing(1996)の
自閉的特性をスペクトラムとして捉えた流れに沿っている。問題は，スペク
トラムという枠で括ることによって認知能力，知的能力，そして自閉レベル
の違いが曖昧になり，臨床像がぼやけてしまったことである。自閉レベルと
知的能力で単純に断言はできないがスペクトラムの概ねのイメージとしては
以下の図2-1-1に表わされる。

自閉レベル	高	自閉性障害		アスペルガー障害	ギフティッド AS群
	中			アスペルガー症候群	
	中	知的障害（自閉傾向）	知的ボーダー	健常とアスペルガーのボーダー	
	低	知的障害（非自閉）		健常者	
	無	0　10　20　30　40　50　60　70　80　90　100　110　120　130　140　150〜 知能指数			

＜図2-1-1　自閉症スペクトラム＞

　能力が高く，局所的興味・関心に集中してエネルギーを注ぎ，創造的なものを生み出す力が，科学や芸術の進歩と発展に繋がってきたことは否めないし，その特徴はギフティッドおよびASに通じるものである。歴史上に名を馳せるまでに及ばなくとも，ある分野での発見と発展の中に，自閉的特性がうまく生かされた故に成し遂げられる例は身近に見られるだろう。

　自閉症，高機能自閉症，アスペルガー症候群，ギフティッドASは質的に共通の特徴を内在しているがその現れ方には違いがあり，自閉症スペクトラムに含まれるサブカテゴリーの区分が今後更に検討課題となると推察される。アスペルガー症候群について，サトマリSzatmari(1990)らは，小さい時には情愛のより深い行動を示し，他の人の存在を喜び，その興味を共有する傾向の大きいこと，また言語の異常な使用が少なく，自動運動や常道的動作も少なく，奇妙な強迫的行動も少ないと述べている。現在，特性と知的能力の多様性によって，臨床像の同定が困難になったは否めない。自閉のレベル範囲や能力，ADやHDとの重複，学習の偏りの程度，さらに同一人物でも心的混乱や疲弊している場合と適正な環境のもとで安定している場合によって，その臨床像は多様であり，たとえ親や専門家であっても見立てや理解が難しい。ギルバーグGillberg(2002)は，アスペルガー症候群（AS）は注意欠陥障害（AD）や多動性障害（HD）が重複することを挙げ，ASの60〜

70％はAD/HDが併存しており，子どもがAD，HD，ないしはASかを区別することは難しいと述べているように，その臨床像は様々である。

　しかし，診断基準を満たさないが自閉的特性が存在するいわゆるグレーゾーンに位置するアスペルガー症候群とギフティッドの子どもの特徴と多くの点で重なるところがあることがわかる。

　ギフティッドASの子どものなかには，自分が本来持っている能力より評価が低くなることがある。いわゆるアンダーアチーバーである。その理由として，彼らの持つ気質・気性が関係していることはこれまで述べたギフティッドの特徴で理解できるだろう。無気力状態で主体的な動機づけが湧いてこない，彼らの能力を伸ばす環境や状況に問題がある，特性のために学習障害を起こしている，周りからのプレッシャーを受けている，心理的フラストレーションがある，などが原因として挙げられよう。しかし状況によって能力が表れていない状態であっても，ギフトは生得的な特質なので，能力は潜在していると考えられる。つまり，環境次第で高い能力を発揮する可能性を秘めているということだ。

　残念なことに，教師はほとんどギフティッドASの子どもを的確に理解し，適正に対応しているとは言い難い。確かに教師は児童生徒のことで過重な責務に追われている。ただその多忙さは，子どもが育つにはどうするかという視点より，教育指導要領を基にした上からの要請を落ち度なく進めることに重点が置かれ，それは当然のこととして授業や活動が行われる。国政としてのギフティッドに対する特別支援教育という視点は現実的には皆無といってもよい。学校教育の現場では余裕がなくギフティッド教育が浸透しないのは当然ともいえる状況なのだ。

3．診断名より大切なこと

　ギフティッドの乳幼児期の子どもに見られる特徴を示す1つの事例を挙げてみることにする。

身体は弱いほうで，熱が出やすく湿疹もすぐ出ました。誕生後2か月〜半年までの間，夕方になると必ず激しく泣くのでずっと抱っこ，ちょっとした音で目を覚ますので振り返っても24時間抱っこしていたような感覚があります。

　偏食があるというか，食べることや食物にあまり興味がなくて，遊びに没頭していました。当時から自分が遊ぶおもちゃの入っていた段ボールが捨てられない等，自分の物に対する執着が強いようでした。4歳のとき，ねだって買ってもらったひまわりが萎れたので私が捨てたのですが，「ひまわりどうした？」と聞くので「枯れたから捨てたよ」というとひどく泣いて困りました。

　高いところは平気ですが，暗いところが怖がります。

　1歳（2歳になる前）から例えばテレビ番組でアルプスの少女ハイジを観ていて，離れ離れになる悲しいシーンで泣いていて，感じやすい子だと思いました。

　そうかと思えば，1歳の時風邪で熱が出たので医者に行き，喉を見るために口を開けさせようとしたら絶対に開けなかったり，4歳の時，検査をするのに誘眠剤を飲まされ薬が効いてよれよれ状態ないのに絶対眠らないということがありました。

　3歳の時，父親と買い物に行き，電車の切符を自分で買いたかったのに父親がサッサと買ってしまったことにこだわりずっと泣き続け，その後2〜3ヶ月外出しないということがありました。

　風呂が嫌いです。特に頭を洗うのを嫌がりました。歯磨きをするのも難しかったです。

　大きな音が苦手で，太鼓，笛，音量の大きいCDは，大げさに思えるほどびっくりしたり「やめて!」と強く主張していました。

　数字の計算は嫌いで，物の成り立ちに興味がありました。例えば恐竜が好きだったのですが，名前をただ覚えるというより，いつ誕生していつ絶滅したのかなど体系的なことに興味を持つ子でした。

　4歳の時，「地球が動いているのがわかる」，「晴れの日が続いて海の

水が蒸発して全部雲になったらどうするの？」など年齢に比べると質問が知的に偏る気がしました。

　幼稚園では，他児童の声（叫び声，歓声），親や教師のきつい語調を嫌がり，自分ではなく他児が注意されたり叱られたりしている場面が苦手でした。特に大きな怒声は，その場にいるのを嫌がっていました。逸脱やふざける子を見ているのもすごく疲れるようでした。人が多いところはすぐに疲れて，どんな楽しく見えるところにいても帰りたがり，すぐに帰れないときはパニック状態になります。でも幼稚園では怒りを出さず，むしろにこにこしているといってもよいくらいです。

　あとあちこちぶつかります。また道順は決まったとおりがよいとか，ミニカーを何ミリか動かしたら「ここだったのに！！」としつこく主張します。

「好きなことをしていいよ」，「何をする？」など，具体的ではない質問に対して答えることが難しいようです。

　またいつトイレに行ってよいかが分からず，「自分で行きたくなったら行く」ということがなく「トイレに行きましょう」といわれるまで待っているか，誰かの後をついていく感じです。

　相手が目上の人でも先生でも，人に指図を受けたり命令されたりすることをひどく嫌い従わないこともあります。塾で答えが明らかに間違っているのに頑として訂正しようとしないのであきれられたことがあります。

（1）対応の姿勢

　ギフティッドASの診断をする際，臨床的観察をベースに，多くの情報を集め総合的に観なければ明確な判断は難しい。現在ASD（Autistic Spectrum Disorder：自閉スペクトラム症）診断の手がかりに，WISCの知能テストを利用する場合が多い。できる分野とできない分野の格差をAS故と単純に結論づけていることも少なくない。

　ギフティッドASの場合，知能テストではまんべんなく高い数値を出す子

どもが明らかにASの特性を持っている場合もあり，また知的能力において，相対的に普通ないし普通以上の分野と非常に優れた分野を持っている子どもに，格差があるから障害があると診断を下すには危険すぎる気がする。さらに知能テストでは表れない優れた能力を持っている場合もある。数値で表されるとそれがあたかも客観的事実のような錯覚に捉われることにくれぐれも注意しなければならない。

　IQテストを利用するにしても，単に数値化された結果に頼って判断しようとすると，子どもの特性や傾向を取り逃がしてしまう。実施の際の子どもの状態や，テストの質問をどう捉えてどんな答え方をしているか，周りの環境にどう反応しているか，何に反応しているか，検査者が相手を人間としてきちんと扱っているか，ラポールはできているのか，スピードはどうか，答えの特徴は何かあるのかなどなど，こうしたことを細かく検討する必要がある。こうしたテストのプロセスこそが，親と一緒に結果を吟味できる点である。それが親が知りたいと思っていることでもあろう。視点を本人から外さないということは，その子独自の特性を把握し，親との連携を取るうえで，数値化された結果以上に，その後の関係性を深めていくための基本的な土台づくりとなる。支援側は，結果に出た数値への伝達ではなく，より深く子どもを知る手掛かりとして知能テストが活用ができるということである。

　アセスメントには子どもを共に感じる能力と観察する能力両方が問われる。自分を語ってもらう時の本人の返答の仕方への注目，たとえば沈黙，＜はい＞と＜いいえ＞だけ，状況説明はするけれど感情には触れない，多くを語る子ども，自分のことに終始するか自分以外の人のことを語るか，などに注意するなどだ。これまでの本人に関する報告書があればそれも参考にする。乳幼児期の特徴や家庭環境や，親が子どもをどのように記憶しているか，医療機関へのこれまで関わり，学校での状況，ストレスやフラストレーションをどのように扱っているかなどへ注意を向けることも重要になってくる。

　またアセスメントには症状化している点や，その子の強みや得意分野，脆弱な部分や苦手分野をよく理解し，子どものニーズが何であるかについて考えなければならない。

　ギフティッドASのアセスメントは，脳と中枢神経から見た神経心理学的

見立てもさることながら，大切なのは，目の前にいる子どもの記憶や学習の特徴，言語機能，視覚機能，社会的・情緒的発達，アカデミックな到達度に注意を払う必要がある。こうしたことを念頭において，自由なやり取りや構造化されたなかでの質問への応答，本人に対して周囲から期待される役割，日ごろの家族員との関係性や行動などをきめ細かに体系付けていくことが重要となる。

（2）親の抱いている心配への注目

　ギフティッドASの子どもを持つ親が気がかりになっている事柄にも注意することが大事だ。親が子どものことで来談し，相談する際，今，現象として起きてている事柄がなぜそうなっているのか，どうしたらいいのか，病気なのかそうでないのかなどを知りたいと思う気持ちが働いているからである。こうした気がかりを的確に把握するために，親への質問として次のようなものがある。

① 親はわが子について，少なくともひとつ以上の分野で，同年齢の子どもより優秀なところがあると思っているかどうか。

② 同年齢の子どもに比べてわが子が＜特別に秀でたところ・鋭敏なところ＞と＜劣っているところ・鈍感なところ＞の格差があると感じているかどうか。

③ なぜ我が子は，本当に持っている能力を成績で発揮できないのか，と親は思っているか。思っている場合，能力はあるはずなのにやる気がおきない原因は何だと考えるか。子どもにとって簡単すぎる事と難しすぎることがあるのかどうかなど。

④ 興味や好奇心はあるが，自分の子の学び方は学校で教えられる方法と違っていると感じているかどうか。

⑤ 子どもは完ぺき主義で神経質なところがあるかどうか。

⑥ 集中してやらせようとするとき，自分の子はご褒美や報酬を要求しすぎると感じるかどうか。

日ごろ心の中では感じていても，以上のようなことを対面で尋ねられ，咄嗟に意識に上ってこないため直ぐに答えることができないこともある。紙面で質問紙風に答えて貰ったり，具体的な問いかけをしたりすることによって意識化が可能になる。これらの質問は，親が客観的に我が子を振り返ることを促すことにもなり，それだけでも意味がある。さらに，親がどのように対応しているかも重要な問いかけになる。親子の関わりの様子は日常化して意識されない部分も多く，支援する際の注意する点である。

（3）独自の発達の仕方への注目

　現在発達と言われて頭に思い浮かぶのは，まず歴年齢に基づく身体発達，そして知的発達ではないだろうか。ところが身体発達も取り立てて問題なく成長しており，知能も遅れているように見えないのに気難しく感じられ，時には親の方がこのままでよいのかと思い悩むことがある。

　乳幼児期に以下に当てはまることがあったかどうかは，のちの理解しづらさと関連してくる点でもある。

◦　抱っこをしないと眠らなかった。
◦　抱っこをすると嫌がった。
◦　かすかな物音で目を覚ました。
◦　寝つきが悪かった。
◦　かんしゃくを起こしやすかった。
◦　離乳食（食事）の好き嫌いが激しかった。
◦　オムツが取れるのが極端に早かった。
◦　オムツが取れるのが極端に遅かった。
◦　ことばの覚えはじめが「ママ」とかではなく「ちょうちょ」「いち・に・さん」など愛着対象以外だった。
◦　非常に怖がりだった。
◦　発達の仕方が遅いかと思っていると急にできるなど，滑らかなカーブというより階段様だった。
◦　おもちゃの遊び方が本来の遊び方と違っていた。

- ひらひらするもの，ドアの開閉，きらきらするものに強い関心を示した。（何度もさせる，そちらに気をとられて声かけに反応しない）
- お気に入りのメーカーのものでないと絶対だめというものがあった。
- 洗髪，歯磨き，耳掃除，爪切りを極端に嫌がった。
- 肌触りでお気に入りのものと嫌いなものがあった。
- じっとしていなくて，過活動だった。いろいろなものに興味を持ち活発だった。
- 外出したがらず，家での一人遊びを好んだ。
- 非常におしゃべりだった。
- 非常に寡黙だった。
- 従順で育てやすい反面何も要求しなかった。
- 母親にべったりで，他の子どもより長く抱っこを要求した。
- 子どもらしい無邪気さがなく，小さな大人のようだった。
- くすぐったり，たかいたかいなど刺激の強い遊びを喜ぶがそれが終わるとすぐに醒める感じだった。
- 口に入れる適量がわからなかった。
- 教えていないのに「数」に強い興味を持った。
- 教えていないのに「文字」を早く覚えた。「字」に強い興味を持った。
- ちょっとした微熱でもぐったりした。擦り傷にも非常に痛がった。
- 熱があるのに元気だった。怪我をしていても気づかないことがあった。
- 気管支，アトピー，蕁麻疹など，身体的に過敏だった。
- 知的な賢さと，幼稚さのギャップが大きかった。
- 人見知りが全くなく，誰にでも抱かれ，母親でなくても平気だった。
- 人見知りが強く父親にもなつかなかった。

　こうしたことは，外見上の身体発達と知育中心の検査ではわかりにくいことがある。子どもと過ごす日常の出来事を通して子どもの生来の特性や特徴を知っておくことは，親視点から見る子どもではなく，自分と異なる人格，自分と異なる感じ方を持つひとりの「個」として，少し距離をおいた捉え方をすることで理解が深まるだろう。

（4）感じ方の違い

いわゆる「普通の発達」というスタンダードの基準は目安として必要であるが，それが他者との比較や競争に取り込まれると，「違うこと」が「いけないこと」と間違って捉えられ，スタンダードがよくて，そこから外れることは恥ずかしいこと，悪いことであるかのような意識が，親やギフティッドASを取り巻く人たちに働きがちである。

インカ帝国では，異形と高貴性は強く結びついていたといわれているが（山本　2011），現在のギフティッドASの問題は，異形や異質への周囲の受け止め方に，むしろ大きな問題があるだろうと思われる。

養育者や教育者は，ギフティッドASに応対する際，独自性を持った，「個」として存在する人間を扱うのだということを十分頭に入れておくべきだ。つまり，発達の仕方が個々の子どもの気質や特性によって違うので，養育や教育の基本原則は，個々の発達の仕方に合わせることが大原則で，集団教育も個々に違うという見方から出発すべきではないかと思う。

そんなことは今更改めていわれなくても分かっているとか，そんな理想論は現実を知らないからだとか，それでは生存競争に勝ち抜いていけないなどの声があるかも知れないが，早期に発達する領域とゆっくり発達する領域の格差が大きいギフティッドASの場合は，結局，その子自身の発達の仕方に沿う対応が最も社会適応を可能にし，それどころか時代を担っていくリーダーとしての資質とパーソナリティーを発揮することになる。

彼らと関わる人たちは，個々人における発達の違いはもちろんであるが，ギフティッドASの子どもに見られる＜できる・できない＞の両極性について特に了解しておくことは重要だ。なぜなら，彼らは学童期になると努力して周りに合わせているため，一見すると，多くの，いわゆる普通の子どもたちと違わないが，実は無理をして疲れやすいということは非常にわかりづらいからである。

最も注意しておくことは，生理的欲求にも個々人の違いがあるということだ。乳幼児が泣いて訴えるサインを読み解くとき，生理的欠乏状態（おなかがすいている，外気温が不適切，おむつが気持ち悪い，衣類の肌触りが適切

ではないなど）のみならず，生理的感覚刺激の過剰状態（声かけをしすぎる，声が大きすぎる，まぶし過ぎる，周囲がざわついている，揺らしすぎるなど）に対しても，乳幼児はホメオスターシスの回復を求めて，外に向かって発信する。子どもが感じる外的環境刺激の，心地よい・悪いのさじ加減をキャッチすることは，子育ての本をたくさん読んで，知的に理解する以上にとても大切なことである。

4. 発達領域という視点

　子ども一人ひとりに独自のニーズがあるという理解は，乳幼児期に限らず，その後，成人になっても必要なことである。持って生まれた感受性のあり方と環境との相互性が，人格形成に大きく作用していく。自分の歴史は，養育過程の出来事をどう体験したかという主観から成り立っている。主観の変化によって個人の歴史は何度も塗り替えられ再構成される。その時，自分の不具合を発達領域という概念を通して見ることで，優れた領域とゆっくり進む領域を明確にすることができる。ギフティッドASに見られる心理的な問題の多くは，スタンダードな発達プロセスをたどる者たちと同じ鋳型にはめようとするところから生じる。その子にあった環境設定を考えるとき，まず当人の発達の仕方について知っておくことが大切だ。ギフティッドASのなかでも，一人ひとり異なることを踏まえ，それぞれの発達特徴を理解しなければならないだろう。その理解のために，D.スターン（1986）の提示した，4つの領域で構成された自己発達論の概念を参考にして考えるとわかりやすい。

　自己感に基づく自己発達論は，自己と他者の間で生じる主観的な感覚体験を主な作動部分としながら，年齢とともに次第に複雑になっていく関わり合いのなかで4つの自己感領域が活動し互いに影響しあいながら成熟していくという考え方である。自己が統合されオーガナイズされ安定した自己感覚を獲得するには，以下に示す4つの自己領域の発達に基づくと考える。

（1）4つの発達領域

　発達領域という考えは，スターンStern, D.(1986)の乳幼児発達研究による概念を基にしている。彼は乳幼児が自己を確立するのに，従来の発達段階という考え方ではなく発達領域という考え方を提示している。表に示すと以下のようになる。

<表1-4-1　スターンの発達領域>

発達領域	誕生時期	発達の特徴
萌芽自己領域	0ヶ月〜	乳児は生まれたときから自己の感覚を持ち，自己をオーガナイズしていくプロセスに気づくように生まれている。他者と混同することは起こらない。また，外界の出来事を選択し，応じるように生まれついている。
中核自己領域	2ヶ月〜	自分の行動を自分の意志でコントロールできる。行為の主体は自分であって他者ではなく，他者の行為は自分の行為ではない，という身体的に自他の境界を持っていることがわかる。自分自身の情動(感情，気分，欲求)は人のものではなく自分のものという感覚。活動しているときも静止しているときでも一貫して自分としての存在感覚を持つこと。今ある自分は過去との連続体で将来にも繋がっているという感覚，時間的連続体である感覚(想起記憶)。
間主観的自己領域	7ヶ月〜	心の中の状態や感情の質といった主観的生活が他者と共有可能であることを知る。つまり他者にも，自分と同様，独自の感情や意思，期待があるとわかったり，他者が意図していることがわかる。心理的自他の区別ができる。社会的・社交的な関わり合いの領域で，相手の気持ちに気づき，相手が意図することを了解し，自分が今どう感じるべきかを知り，自分の不確実さを解決する助けとして相手の評価を得る。
言語自己領域	15ヶ月〜	自分を客観的に見ることができたり，象徴を使って自己を表現する想像能力の発達領域であり，言語，描画，音楽で自分を表わすことができる。数字や空間の概念を把握できる。

4つの領域を発達段階の概念と併せ，図に示すと次のようになる。

<表1-4-2，通常の発達段階と自己感覚領域から見た発達の比較>

月齢	通常見られる発達・成長(高橋)の段階	自己の感覚（Stern）領域の発達
誕生〜0ヶ月末	赤ん坊は積極的に外部対象とのつながりを求める。外部の刺激に対する感受性が急速に高まり，過剰な刺激に圧倒されかねない成熟危機がある。	感覚領域
1〜2ヶ月末	母子の交流が細やかで豊かに緊密になる。認知・予期・感情表現・括約筋統御・意思行動・運動などの自律的自我機能が一斉に発達する	
3ヶ月〜半年	間接的コミュニケーションの発達，共生関係が母親以外の家族員間に広がり，社会関係の芽生え.経験の主体としての自己の存在が認められる。	中核自己の領域
6ヶ月〜11ヶ月末	自他が分離して感じられ，禁止を理解する能力の発達。エディプス期，恥，罪悪感，愛惜，自己愛などの早期の経験が認められる。	
12ヶ月〜17ヶ月末	自己と他人の区別がより明瞭になる。イメージを通して学習が行われ，コンテクストを理解し，自己の感覚は徐々に現実的になる。	関係性の領域
18ヶ月〜23ヶ月末	経験を言語を通じて再構築し始める。排泄の自律完成。エディプス感情が表れ，文化を楽しむ心の芽生え，集団心性と同時に自己主張の強まりが認められる。	
24ヶ月〜35ヶ月末	3つ子の魂100までというように，この時期の子どもの心は，大人の心と共通するところが多くなる。言語能力の抽象的傾向が発達し，対象関係工場制の発達とともに情動反応が適度になり，男女の性差意識が生まれ，うそをつく能力，集団規範，道徳意識などが認められる。	ギフティッドの領域

これら萌芽自己領域，中核自己領域，間主観的自己領域，言語自己領域はいったん芽生えると一生を通じて作用し，活動し続けるとされている。

　臨床場面では，相談の対象はどんなに幼い場合でも2歳は超えている。2歳以上の年齢では，発達の各領域はすでに芽生え発達途上にあるということだ。つまり，言語領域も他領域と相互に影響を及ぼし関係し合っている。萌芽自己領域も中核自己領域も間主観的自己領域も言語に代表される知的発達のギフト領域が相互に影響し合っていると捉えることができる。

　以上に述べた4つの発達領域から自己発達概念をギフティッドASの特性に添って考えると，最も早期に誕生する萌芽自己領域を，五感覚を主とした感覚知覚及び前庭感覚・固有感覚が関与する領域とし，次にまとまった自己としての中核自己感領域を本書では「私・self」の領域として示す。次いで他者と関わりの発達を示す間主観自己領域を関係性・社会性領域と捉えることにする。言語獲得から発展していく言語的自己領域をギフト（才能・能力）領域として捉える。図で示すと下のようになる（図1-4-1）。

(図1-4-1)

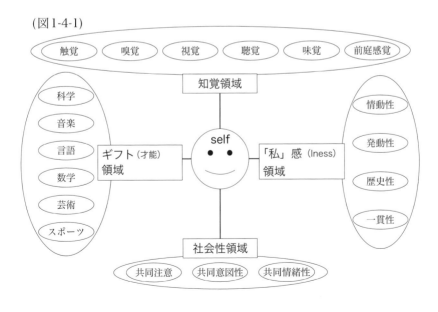

ギフティッド AS の事例を領域別に示しながら，その特徴を考えてみる。

（2）感覚知覚自己領域
　乳児は感覚世界を中心に過ごしている。特に五感を中心とした知覚体験によって快感と不快感を持つ。不快感な場合，つまり外界からの刺激が適正量を超えて強すぎたり多すぎたりするときは，安全感を破られ，あるいは不快感によって泣いて訴える。訴えは五感に基づいており，触覚，聴覚，視覚，味覚，嗅覚の閾値の限界を超えると生理的に生存の危険をキャッチする。時間的流れによって変化する情動体験を，形，強さ，時間として知覚することにより自己感を形成していく領域である。時間的流れによって変化する情動の強さ，抑揚，調子など，刺激を感覚的に体験している領域とも言える。
　乳児は誕生するときにすでに，この感覚知覚領域の独自の特性を持って生まれる。外界の刺激の閾値は，生まれつきの違いがあるということである。このことは，すべての子どもが一人ひとり違うことを理解する第一歩とも言える。つまり身体感覚特性への注目である。
　ギフティッド AS の子どもは，鋭い感覚を持っていたり，過敏に感じたり，全く鈍感なところがあったりして，周りの刺激の受け方が多くの子どもと異なる点に注意するのはこの領域である。

＜聴覚の過敏さ＞
　沢山のお友達の「キャー，キャー」と騒ぐ声や沢山の人がざわざわと話をしている声を聞くと，耳をふさいでいるときがあります。動物も大好きなのですが，鳥の大きな鳴き声にびっくり仰天し反射的に服を脱ごうとしました。花火も見たいのに音が怖いので見ることができません。ほかに滝のように水が激しく流れる音，大きな雷の音を恐がります。怖がっている時に我慢させようとすると，パニックになります。

＜視覚の過敏さ＞
　災害や事故等のテレビの映像は恐がることが多いです。普通の人は何

も感じない場面や映像を恐がったりすることもあります。子ども向けの番組で，「目」が出たとき，番組は好きなのにとても怖がって嫌がりました。幼稚園から帰ったときなど疲れているように見えるとき，蛍光灯の光や，太陽の光を，とても眩しがることがあります。

　汚れているのを目にし，汚いと思ってしまうと，その場（イス等）に座るのを気持ち悪がり，どんなに言っても聞きません。

　物を直ぐになくしてしまったり，目の前にあるもの，足元にあるものでも，見付けられないことがあります。

　何処に置いたのか，何処にしまったのか直ぐに忘れてしまいます。幼稚園では，隣のロッカーに自分の荷物をしまってしまったり，お友達のものを間違って持って帰ってくることもありました。

　視覚的に自分が気持ち悪いと映るところを裸足で歩くのは，とても不快のようです。教室の板の継ぎ目は踏まないように歩いていました。

＜触覚の過敏さ＞

　服が水で濡れることを嫌います。不安定な状態の時に服が濡れてしまった時には，濡れた服を脱がないと我慢できなくなります。

　暑くなってきたので上の服を脱がそうとするととても嫌がります。観察していると，無理やり脱がされることを苦痛に感じるようです。

　先日お友達がぶつかってくるというので，よく聞いてみると靴下がずれる（下に下がる）ことがとても気になり，気になりだすと，何歩か歩く毎に引っ張って直そうとするので，なかなか前に進めず，そのために後ろのお友達がつんのめる状態を引き起こしていたのです。

　幼稚園は裸足教育だったのですが，裸足になることをとても恐がり嫌がりました。先生の励ましでやっと裸足で歩ける場所も増えましたが，基本的に足の裏の感覚がとても敏感なので，裸足になるのを嫌う時（場所）があります。

　やわらかい感触が大好きで，頬っぺたや耳たぶの感触が大好きです。家ではいいのですが，幼稚園でお友達の頬っぺたを触ってしまい，相手

をびっくりさせてしまいました。

　お友達などに力いっぱいギュッと抱きついてしまうことがあります。力を入れてしまうのは加減が分からないためのようです。

　プールやシャワーを恐がり，夏のプールの度におなかが痛くなります。冷たい水がとても不快なようです。

＜味覚の過敏さ＞

　偏食があります。母親の私が理解できず，離乳食の頃，一生懸命作ったものを食べさせようとしたらお皿を投げて抵抗するので，私が傷ついたことがあります。だんだんと食べられるものが増えてきていますが，野菜や肉などは，調理の仕方や温度，匂いによっても口にできるか否かが変わったり，一度食べることができたものでも別の日には食べられなくなってしまう場合もあります。

　味覚の過敏さもあるのですが，慣れない環境で食事をすることや，ざわざわとした所で食事をすることにも抵抗があります。また，周りが食べ終わると焦ってしまって食べられなくなってしまうこともあります。

＜臭覚の過敏さ＞

　手で何かを触った場合自分の手に付いた匂いが気になると，直ぐに手の匂いを嗅いでしまいます。物を触った時だけでなく，例えば握手をした場合でも，握手をした自分の手の匂いを嗅いだりする場合があります。場合によっては，相手に失礼になったり不可解な行動に見えてしまうのでどきどきします。

　柑橘類の匂いが嫌で食べられません。

　五感に関する領域では，感覚は感情を認識する以前のプリミティブな情動レベルで，心地がよいかよくないかに基づいている。

ギフティッドASが外界刺激を体感としてどう感じるか，その点が見逃されてはならない。

快（緊張緩和）感と不快（緊張，興奮の増強）感の主観的体験は，情緒発達のもっとも基本になる。これが快楽原則の基本的前提である。快適な状態を感覚的に当たり前とし，身体にとって不快な体験を軽減することは安心感とつながる。ここちよさの快感的基調の体験なしには，情緒発達は進んでいかないと思われる。常に不快な状態でいることは，その環境に本能的な生存のため適応しようとはするが，情緒的にはおそれや攻撃などネガティブな感情が生起し，不安定で，快感覚は興奮刺激をともなうものに向かう恐れがある。心地よさは創造性に繋がっていく。この領域がギフト領域となると，例えば現象と光や音の統合の芸術的探究へと向かうだろう。視覚的構造とその場面で流れる音楽の聴覚的構造が場面ごとにマッチしているディズニーランドのアトラクションなどは，その典型的な例といえる。ウォルト・ディズニーの作品が人を魅了するのは音と光とリズムなど，身体感覚の協調がみごとになされているからだ。

（3）中核自己：「私」感（Iness）領域

自己をまとまった自分とし感じる中核の自己感覚領域である。自分の内的状態をどう感じ，どう意識化し，どう同定するか，また時間経過の中で，どんな時でも自分の情緒・情動をキャッチし，自分の意志と行為が一致するときの自己存在の感覚を実感することを意味する。

ギフティッドASが，知的能力は高いにもかかわらず，えてして自己評価が低く，周りの多くの同年齢のものと違うことにコンプレックスを抱き，持ち前の才能を発揮できないのはこの領域と関わっている。

発達段階に即した発達課題に目を奪われてしまうと，表面的な，暦年齢課題ができるかできないかで発達状態を判断しがちになる。極端な例を挙げれば，肢体不自由の人は肢体に関連する領域についてはいわゆる普通ではないが，それが内的な自己の中核の発達を妨げるものとはいえない。「私」感（Iness）は，いわゆる「自分を持っている」とか「自分がある」などという表現が使われる状態を指す感覚に近いと言えるだろう。D.スターンの中核

自己感を形成している要素には以下の4つが挙げられる。

① **自己発動性**：行為の主体者は自分であると感じる感覚のこと。

　　活動や行為に伴う身体感覚が，本当に内的な動機から出たもので，行為や活動が自分の意志と一致している感覚をいう。いつも受身でいると，自分の意志で動いていないために，行為や活動の良し悪しを外的な枠に求め，自分を外枠で縛りそれを基底にして動くのだが，本能とも言える自分の意志で動きたい欲求がますます抑え込まれ，自分であるという実感を殺してしまう。自分が意図した行為は自己一致感がある。他者が意図した行為を他者がする（靴をはかせてもらうなど）のは，受け身的で自分が主体である実感がない。他者が意図した行為を自分がする（靴の紐を自分が持ち母親が上から自分の手を使って一緒に紐を結ぶ）場合も自分の積極的意志はない。自分が意図した行為を自分がしている場合は，自分の中で矛盾がなく心的安定のための要因となる。

　　この領域が，疎外されている場面には次のようなことがある。

　　周りから「違う」，「可笑しい」と言われることにとても敏感で，そう言われてしまうかもしれないと直ぐに考えてしまい，「違う」，「可笑しい」と言われることを極端に恐れてしまいます。一度「可笑しい」と言われたことに対してはとても敏感で，ずっと覚えていて，不安でいっぱいになってしまいます。

　　同年齢の知らない子どもが沢山いる環境がとても苦手で，入学したての時は，極端に消極的になったり，集団の中に入ることができなかったりしました。

---

② **一貫性**：自分と他者は別個の，境界線を持った身体的存在であり，どんな状態でも自分として揺らがない感覚のこと。

　　つまり，独自の時間的パターンがあり，それが知覚様式〔五感をベース

にした快感覚〕と一致していること，身体運動や身体活動の目的にそって筋肉群がうまく一致して動く，また表情と体験が一致している，そして静止していても活動していても揺るぎのない自分であることが実感できるということを意味している。

　この領域が阻害されている場面には，次のようなことがある。

　下着だけをズボンの中に入れたり（入れようとすると上着を含め，着ている服全部を一緒に入れてしまいます），固めのファスナーを上に上げたり，ホックを留めるのがとても難しいようです。5歳ですが，ウンチをした後，お尻を上手に拭くことができません。かけっこをすると，手足がばらばらに動いているように見えます。思うように身体が動かないので運動会の競技で，周りから一緒になりたくないと言われます。

　遊びやゲームのルールが理解できずにずるをしているように見えることがあり，そういう時でも表情は変化がなかったり笑っていたり，行動ではふざけているように見える場合もあり，「わざとしている」とお友達に怒られることがあります。

---

③　**情動性**：体験に伴う感情や情緒は，自分の内的な自然な発露である，と認知されていること。

　嫌悪感を抱いているのによい人だと思っていたり，疲れているのに感じていなかったり，さびしいのに幸せだと信じているなどは，行動や行為に伴う感情や情緒が，主観的体験を何らかの事情で封印し，他者からのすりこみや，また，それを誘発した人物のものを代弁して伝えている場合がある。後々，あの時本当は嫌だったのだとか，腹を立てていたのだなど，時を経て気づくことがある。

　自分の気持ちや感覚から外れて，真の自分から遠ざかっている場面には，次のようなことがある。

一緒に遊びたいと思っているお友達のやることを何でも真似してしまいます。危険なことややってはいけないようなこと，やりたくないことでも，まるでコピーしたかのように全て同じことをしようとしてしまいます。しかも，とてもその役が気に入っているかのように楽しそうに振舞ってしまうので，本人のしんどさは他者にはなかなか見えません。

　興味のあるもの，例えば虫を発見したらそれが何なのか捕まえて確認したり，動きを観察したり……，自分が納得するまでその場から動くことができないので，よく叱られてしまいます。

　皆と同じでいたいと思っています。遊びの中でも「帽子被ってたら入れてあげない」，「半袖にならないと入れてあげない」，「○○するなら入れてあげる」等言われることがあり，仲間外れになりたくないという気持ちがとても強くあります。やりたくないことをするように言われて涙を溜めていることもありますが，一生懸命合わせようとします。

④　**連続性**：現在の自分は過去の体験と繋がっており，過去と今の流れから将来の見通しができるという感覚のこと。

　他者の歴史ではなく自らの歴史を生きている感覚があるかどうかである。記憶をたどるとき，何が起きたかというエピソードより，それにまつわる感情や情緒が大切になる。子どもも親も，自分が生きてきた過去の歴史に基づいて，今起きている出来事を，それぞれが独自な思いや考えを持って体験している。

　自分の歴史の中で，愛着の対象や繋がれる仲間と常にともにあったと呼び起こされると，安心して将来を歩むべく次の探索行動に出ることができる。何かをやってみようとするとき，自分が一人ぼっちでなかった過去の体験が活性化されて活動可能になる。自分が世界と時間軸でつながっているという感覚と言い換えることもできるだろう。

　自分が時間の連続の中にいないように感じる場面には次のようなことがある。

息子は，歴史が大好きでその方向に行けばよいと思っていたのに，自分には社会性がなく，この世を動かしているのはお金だからと言って経済学部に入りました。成績は優秀で大学院を担当教授から勧められたのですが，3年の頃から外に出るのを恐れるようになり，大学卒業を目の前にして辞めてしまいました。これまで積み上げてきたものを全部切り捨ててしまいました。

　中核の自己発達とは，これら4つの要素が発達し統合されることにより，自分としての中核が揺るぎのないものになっていくと考える。他者の中にいても自分が揺らがず，安定し，信頼感を他者に預けることのできる状態はギフティッドASにとってもっとも課題となる点であろう。

　ギフティッドASの子どもが体験から生じる自分の感情状態に疎かったり，自分の考えや判断がすぐに出てこなかったり，ストッパーが効かなかったり，ほかの人の世界と自分がガラスで区切られているように感じたりすることがある。こうした感覚は中核の自己感領域に問題の起源を持っていると考えられる。

（4）間主観的自己：関係性領域

　他者との関わり合いの領域である。コミュニケーション能力とか社会性といわれる分野に関係する領域と考えることができる。現実世界・外界では，関わりとして，個人対個人，個人対グループ，個人対集団などある。これら他者との関わり合いの中で，自分が体験する主観的な世界を他者と共有したり，集団の一員として所属する役割を果たしたりすることになる。もし，共有したい，あるいはすべきだと考えられていることを他者と共有できないとき心的隔離が生じる。最も身近な両親との相互交流の場においても，子どもが自分の主観的体験をどのように親に共有してもらえたか，またしてもらえなかったか，子どもが親の主観的体験を了解しうるものであったか，またそうではなかったかということが日常のこととして生じている。そうした親子

の関わりあいで生じる相互パターンは，その後の人間関係性に影響してくるだろう。

　幼稚園や保育所のような集団社会が始まるや，子どもは，他者の気持ちの流れに気づき，相手が期待していることや意図していることを了解し，同じものへ注意を向けることを要求される。しかし，関係性を安定したものにしていくためには，中核の自己感領域が育っていないと他者の強い主張や考えに巻き込まれ，神経疲労や不安に見舞われる。あるいは自分を見失う感覚に陥る。関係性領域は中核の自己領域の統合が前駆であるといえる。

　ギフティドASが，社会性やコミュニケーション能力などについて問われる前に，環境から影響を受ける身体特性や，中核の自己領域の発達が注目されるべきであろう。

　関係性における，他者と心的親密感を持つことの要因は以下の3つの点から検討することができる。

① **注意の的の共有**：相手が注意を向けるものに気づき認知する能力を指す。自分が見ているもの，注意を向けるものは絶えず変化している。同様に，他者には他者の注意の的があって，その意識の的は絶えず変化している。このことを了解することを意味している。注意の的が違っていても，ある目的を他者と一緒に作り上げていくということは，相手と同じということを意味しているのではない。重要な点は，互いに別々のことをしながら連携することが可能であり，注意の的が異なり感じ方が違っていても了解可能だということだ。興味の対象が違っているときに，相手に従属することで協調するのではなく，自分は自分独自の注意の的を持ち，たとえ注意の的が他者と異なっていても他者とともにいると感じることが可能であるというのが注意の的の共有である。

　自分が他者と注意の的を共有できない事例では次のような場面がある。

　　自分ができないと思ったことは，説明しても聞こうとしない，見ようとしないことがあります。全てをシャットアウトしてしまうのです。逆

のパターンもあります。できないことを一つ一つ先生に確認しないと不安になることもあります。例えば、クラス全員が先生の指示に従って一斉に折り紙を折る時、間違わずにきちんと折れているのか心配になり、一折ごとに「どうやるの？」「これであってる？」と確認してしまうこともありました。

　交通ルールは知っているのですが、信号の確認や、信号が無い道路の左右の確認を忘れてしまうことがあります。また、何かに気を取られてしまうとそれに意識が行ってしまい、左右の確認をせずに道路を横切ってしまうこともあります。

② **情動状態の共有**：感情、情緒を共感する能力である。

　相手側が主観的に体験している感情を相手のレベルでわかるということである。相手の感情'や情緒体験に入り、相手の感情状態を了解ができる感覚を指している。

　よく例えに出るのは、「太っているね」といって叱られるというものがある。次の場合は逆の立場の場面である。

　プライドが高く、しんどさや不安な気持ちを周りの人（お友達や先生）に悟られることを非常に嫌うので、集団の中では色々な面で（苦痛に感じていることでも）我慢していることが多いです。しんどさを悟られない為に、わざとふざけたり、テンションをあげてしまうこともあります。

　お友達とトラブルになった時に、過剰に反応してしまうので言動が目立ってしまいます。何かきっかけがあったり、理由があったり、被害者的立場にある場合でも、その後の行動のみが目立ち叱られることが多いです。また被害的に捉え易いので勘違いしている時もあります。

③　**意図の共有**：相手の気持ちの流れに気づき，相手が言わんとしていることを読み取ったり，相手の願望や欲求を了解できる能力を指す。

　つまり他者とコミュニケートする際，前言語的手段である，身振り，姿勢，顔の表情などの意味を理解できなくてはうまくいかない。相手の枠組みで考えることができないとうまくいかない。意図の共有によって，自分の意図と他者の意図のやりとりが可能になる。そして，相手と心的に親密であるという感覚が持てる。ギフティッドASは，一人作業や単独行動のほうが楽であったり，人と合わせるより人を指図して動く方が得意だったりして，自分中心と思われることがあるがそれは関係性領域の問題として考えることができる。

　ここで，共有するということは，相手の興味や注意が向くものを相手といつも同じように自分も注意を向けなければ共にいることにならないという意味ではない。また，相手の情緒や感情を共有するということが，相手と同じ情緒状態にならなければならないということでもない。そして，相手の意図を理解したり相手の希望や期待を共有したりするということが，相手に従属することでもないことは言うまでもない。

　ギフティッドASを取り巻く人の中には，この領域がうまく機能していないことを否定的に捉えることがあるのだが，他者とともにあるためには，まず中核の自己が確立され，他者と自己の間にしっかりした境界がなければ，自己対他者の違いに気づくこともできない。中核の自己がない状態で適応的になろうとすると，空虚感，無気力感，離人感など，地に足がついていない幽霊のような感覚を生んでしまう。自己の中核が未分化で他者と接すると，情動や行為，連続性に混乱が生じてしまうからである。他者の中にあって自己が揺らがずに存在し続けるには，中核の自己領域の確立が欠かせない。

　自分の期待や意図を他者と共有できない場合や，他者の期待や意図を理解できない場合の事例では，次のようなことがある。

　お友達の嫌がることをしてしまった場合，怒った顔で「やめて！」と

言われると嫌がっているということに気付き易いのですが，優しい表情や笑いながら「やめて！」と言われると，嫌がられていることに気付かず，一緒に楽しく遊んでいると思い込んでいる時があります。

　ゲームが得意で，友だちが来て遊んでいましたが，自分が強いことをわかってほしくて友だちにさせず，自分ばかりし続けたために，友達は早々に帰ってしまいました。でも息子は友達がなぜ帰ったのかわからずとても落ち込んでいました。

　自分の思ったこと感じたことを直ぐに口にしてしまうので，相手が傷付くようなことも平気で言ってしまいます。しかし，相手が傷付いているということや，口に出してはいけないということが理解できません。

　お友達と遊んでいても，本当に自分が仲間に入れて貰えているのか分からなくて不安になることがよくあります。自然に輪の中に入ることができず，「いいよ！」と返事が貰えるまで何度も「入れて！」と言ってしまい，余計にからかわれたり，わざと返事をして貰えないことがあります。お友達の輪の中に入れない時や，受け入れて貰えているのか分からない時には，どうしたら良いのか分からずとても困ってしまいます。そして，一人で何をすればいいのか分からず，遊び場の周辺をひたすら走り続けてしまうことがあります

（5）言語:ギフト（才能・能力）領域

　第4番目の領域は，才能・能力（ギフト）領域である。子どもが生来持って生まれたより優れた能力の分野を示唆する。この領域には，言語的認知能力，数学的認知能力，客観的認知能力，象徴遊び能力などがあるが，ギフティッドASはこの領域のいずれかに特に強い興味・関心を抱くことがある。アートの資質や知力の探求など能力にはWISCなど知能テストでは表れないものもある。この領域については次の章で詳細に述べていきたい。ギフト領域は，知能検査や他の検査と照合し，彼らに備わった能力を発揮し社会での自分の居場所に繋がる足場となる。

以上述べたこれら4つの情動領域は，いったん形成されると途中で消失するのではなく何らかの形で一生現存し，螺旋的に発達を続けると考える。この発達領域という捉え方によって，ひとりの人に充分発達している領域と緩やかに発達している領域があり，一概に一領域を観て発達が遅れているとか進んでいるとかを言えないことが分かる。各自の発達プロセスがあり，それぞれの発達領域添った教育や対応が問われる所以である。ギフティッドASにおいても，この視点から発達不全領域と極端に発達している領域を見極めることによって，適切な方針を立てていくことができるのである。

5．発達領域からみたギフティッドASの特性

　親子間の相互のやり取りは，知覚システムと情動のミクロなやり取りに基づいている。空腹や睡眠を感じそこから派生する情動，無意識の活動サイクルの中で生じる気分の波，覚醒し意識して投げかける言葉を含めたサイン，こうした絶え間のない社交・社会的コンタクトは両者の間で調整され進んでいく。これらの知覚され生起する情動のやりとりは2つのゴールに向かって進行していると考えることができる。1つ目は身体的・生理的に湧き上がる快と不快の調整，並行して2つ目に，各々の行為を方向付けている動機，欲求，暗黙の目的と，そうしたプロセスにともなう気持ちであり，これらを関係の中で認知する体験の積み重ねが心理発達と大きく関わっている。そこでの注目は，母子両者間で互いにフィットしている感じである。内的に生理的なものとして生じる情緒と相手とのやりとりから生まれる情緒について，Stern, D. の主張する発達領域の概念を参照に，ギフティッドASにありがちな傾向について考えてみたい。

5.1　知覚領域におけるギフティッドASの発達特性
　身体的・生理的な知覚は視覚，聴覚，触覚，嗅覚，味覚など，五感を中心とした領域であり，個々に備わる感受性によって，外界の刺激をどう捉えるかは異なる。またこの領域は時間的流れによって変化する刺激の強弱，抑揚，調子などをどう体験するかも含んでいる。

ギフティッドASの子どもは，鋭い感覚で物事を過敏に感じたり，全く鈍感なところがあったりして，刺激の受け方が多くの子どもと異なることがある。

　最近の乳幼児研究が明らかにしている概念の中で，この領域における重要なことは，養育者が，子どもの生来的に持っているリズムや外界刺激への閾値に気づいて，環境調整をし，子どもの体験している情緒を適切な状態に調整することだ。

　ギフティッドASの子どもの場合，養育者とのミスマッチが生じやすい。というのは，ギフティッドASの特性を持つ子どもにとって心地よく感じられる刺激の閾値が多くの平均的な子どもより高過ぎたり低過ぎたりすることがあるからだ。

　愛着理論を提示した研究者ボウルビィBowlby(1973/1977)は，乳幼児一人ひとりがその子に特定な仕方で反応すると言い，その発達の様相は子どもと環境との相互作用の過程に左右されると述べている。たいていの親が，子どもを極度に恐れさせるのはよくないということを直観的に知っているとはいえ，知覚過敏が，質的なものだけではなく量や時間が深く関係していることに気づきにくいことがある。

　過剰刺激と過少刺激は子どもの五感覚に対する閾値と関係している。ギフティッドASのようにその限界点が分かりにくい場合，以下の点に注意してみるとよい。

① 喜んだり怖がったりなど，興奮した際に容易く落ち着いた状態になるか，もっと要求するか，何をしても興奮状態がおさまらないか。

② 夜眠るときになかなか寝付かなかったりちょっとした物音で目を覚ますか，また目覚めた時に機嫌が良いかどうか。

③ おもちゃで楽しく遊ぶことができるとか他者に相手をされて反応が良いか。

④ 表情がこわばったりなど，緊張しやすいかどうか。

　こうした点は，刺激が子どもに与えている影響の尺度としてみることができ，養育者が調整するヒントとなるものである。

　アスペルガー博士が３歳以前にはアスペルガー症候群に関して発症しない

と考えた点について，アスペルガー研究で著名なウィングは主に言語に注目し，2歳までにアスペルガーの発達的特徴を認めるとした。精気質的特徴は，すでに誕生時から始まっていると言えよう。ギフティッドASの場合，自閉的特徴を障害としてではなく気質的特性であると捉え，誕生時から，子どもの生理的，身体的感受性の閾値に注意し，養育者との相互性への構築を持続することが推奨される。推測ではあるが，アスペルガー博士が3歳以前にノーマルな発達をしている子どもと差異を感じないとした理由には3つ考えられる。1つ目には，自閉スペクトラムの自閉が濃淡が薄いレベルであるアスペルガー症候群の子どもは，認知能力が高いために，環境に適応的にふるまう事を取り入れ，特異性に気づかれないままになる。2つ目に，知覚の過敏性や鈍感性はあまり養育者が注意を払わないために，特異性に気づかれないままになる。3つ目に，知的に優れていると当人の情緒面での脆弱さには配慮されないままになる，などである。

　人間の心の基盤は苦や快の感情，それらの複合感情であり安心を感じることこそがもっと本質的である（Damasio, A.,1994）。このことは大人にも共通することである。自分がどう感じているのか，感覚を意志，意図，判断の基盤にし続けるということは，自分は何者であるかを知ることにも通じている。身体が受ける快不快，そこから生じる感情に対してボウルビィ Bowlby も，身体感覚を，情緒が取る最初の形であり身体と情緒が常に結びついていると主張している。

5.2　興味関心・認知領域におけるギフティッドASの発達特性

　ギフティッドASにおける興味関心・認知領域の発達特性には以下の事柄をあげることができる。

　行為や発言が，「何度も何度も」「同じ事を」「しつこく」なされる点を指摘されることがある。しかしギフティッドASにおける興味の限局や繰り返しの内容は，生来的な観察欲求であったり，ルーツへの探究欲求であったり，往々にして知的好奇心を科学的理論に基づいて満たしたい為に生じている。トレバーセン Trevarthen（1998/2005）は，自閉症の子どもたちについて高い知能が発達しているように見える場合でも，普通，ごく狭い特異的な領

域でそうであるに過ぎず，その多くは他者から孤立し，好きな活動だけに何度でもふけると記しているが，こうした事柄は，発達領域的にみると興味関心・認知領域と間主観領域の2つの領域にまたがる特性といえる。

　彼らは事物を変わったやり方で探索することが示されてきた。突出した能力部分では独自的で創造的である一方，理屈で割り切れない情緒の認知が脆弱なことがある。

　ギフティッドASの場合，先入観で，○歳の子どもならこのことに強い興味や関心を示すはずだ，と期待されるものに注意を向けようとしないことがある。その理由に，卓越した知能が影響し他の通常の同年齢の子どもと興味関心の的が違っているからかもしれない。出来すぎることと，次に示す社会的場面でのわからなさ過ぎることの両極が同居する困難さへの理解がないなら，ギフティッドASにとって心の安寧感は得られない。

　集中や注目の仕方において非常に制限され固定化された様に見えて，ギフティッドASの場合，知に対する関心は幅広くジャンルにとらわれない。能力と社会的ニードがうまくシンクロした場合，たとえば知覚領域に見られる特定の肌触りや匂い，グラデーション，空間感覚，音への強い愛着が，異常な没頭と固執と重なり，専門性の高い職業と連動するというようなことが起きることは注目すべき点である。

5.3. 社交・社会領域におけるギフティッドASの発達特性

　文脈を見ながら社会的付き合いをしたり，他者との社交上の相互交流することについては，ギフティッドASの苦手とする部分である。自閉症には混乱した対人関係，孤立の兆候，接触の困難がある（Trevarthen,1998/2005）と言われるが，質的に同じでもスペクトラム的に重度と軽度の量的な見方からすると，ギフティッドASにおいては，知的に高い思考とも相まって変わった人，ユニークなキャラクター，マイペースなどと呼ばれる範疇に相当するだろう。

　人間関係の始まりは，母親を主とする養育者との関わりあいである。ギフティッドASが年齢以上に論理的，哲学的な思索の傾向を示す一方で，母親（もっとも重要な養育者）に対していつまでも離れがたく長期に強い愛着を

示すことがある。愛着の背後には対象との関係性断絶への不安や怖れがあると考えられる。ボウルビィ Bowlby, J. (1973/1977) は日常の外的刺激を危機的なものとして感じる過敏な知覚反応は自閉症のひとつの特性であり，自閉的な子どもの行動が慢性的な恐れの兆候を多く示す要因について，恐れを誘発する刺激に対する閾値が常に低下している結果であることを指摘する。知覚が鋭敏であると多くの子どもが例えばそよ風に感じるものを強風に感じたり，わくわくする波を自分を攻撃する恐ろしいものと感じたりする。外界からの刺激が閾値内にとどまらず，苦痛の体験になってしまうということである。乳児は適応しなければならないから適応する (Bowlby, J.1969/1976) と言われるように，ギフティッド AS の場合，刺激と本人の閾値のずれにほとんど気づかれないため恐怖体験，不快体験，傷つき体験を映し返してもらえず意識化されないままになる。さらに，認知能力の高さから自分自身の欲求や要求が聞き入れられないと察知すると，自己表出をせず外的環境に適応的に振る舞う傾向がある。

　愛着対象との安定した関係が，他者と関係を築くための基本になっているとすれば，社会性・社交性の問題を，遡って乳幼児の情緒発達に必要な母子の二者関係に焦点を当てて考えることができる。ボウルビィ Bowlby は愛着理論のなかで，母親がうまく子どもの情動に応答できると愛着関係を体験し，内的には，他者との結びつきは安心・快適・喜びの源となりうるという。つまりギフティッド AS にとって，環境設定により充分な安定型愛着の形成は可能であるということだ。養育者の乳児の苦痛の緩和，及び肯定的情緒の増幅の応答は，いずれも社会性・社交性への不安を取り除く役割をする。子どもの情動状態に適切に応答することをスターン Stern,D.(1985/1989) は情動調節と呼ぶ。例えば子どもが母親を見て歓喜の「あ〜あ〜」という声で何かを訴えていると母親がそれに笑い声や大げさに抱きしめるなど他の表現型で応答し，乳児とは別のパターンや行動で背後にある乳児の内的情緒体験を反映する身ぶりや声の抑揚を通して応答する交流のことである。

　愛着体験のプロセスとは，このような乳児が思わず表出している情動表現を応答と結びつけ共鳴し合う体験をさしている。スターン Stern の中核の自己確立の概念に照らすと，最も望ましいシナリオでは以下の3点に配慮され

る。

① 乳児が感情を表現すれば，肯定的結果が返ってくるという肯定的体験をすること。この結果，自己と他者に関する肯定的感情を生み出す。

② 乳児が表出した感情は他者に影響を与えうるという体験をすること。この結果，行動主体あるいは自己発動性の感覚の萌芽を生み出す。

③ 徐々に特定の情緒が特定の反応を引き出すことの体験をする。この結果，情緒と行動の一貫性を生み出す。さらにこのシナリオは，乳児が自らの感情を分化させ，ついに感情に名前をつけ，どの感情に焦点を当て，自己の情動状態を他者に伝えるべきかという，他者との関係に発展させていくことを助ける。

　乳幼児期の意識されないこうした体験を通して，ボウルビィBowlby,J.(1969/1973)が言う子どもの安定，即ち「自己とは，よいもので，愛されていて，受け入れられていて，一貫性があるもの」との認識を確固とすることができる。

　情動発達に最も決定的なことは，早期の愛着が，①安全基地としての情緒的係わり合い体験，そして②その結果としての内在化された安全基地という心的表象ための土台の供給である。このことはボウルビィBowlby,J.(1979/1981)が，愛着対象と象徴的つながりを得ることを通して情緒的平衡を回復し，そうして初めて対象との係わり合いへと入っていくことができると述べたことを意味している。言い換えると，主体内在化された安全基地の獲得を体験していない場合，外界への過度の恐怖がトラウマティックになる恐れがあるということだ。

　平均的調和を求める我が国の文化において，早期の集団生活に慣れさすための早期保育を唱えるものもいる。しかし，愛着対象の内在化に時間がかかる子どもは，時期尚早に，見知らぬ場に投げ出される体験に恐怖をさらに募らせ，心理不安の増悪を招く結果になるかもしれない。

　ICD-10はアスペルガー症候群の人には，大人になりたてのころに精神病的エピソードの見られることがあることを認めている。人生のこの時期における情緒的ストレスは，アスペルガー症候群の青年が家族や仲間達との間で経験しやすい社会的対人間関係上の困難に基づくもの（Attwood,1997）と

言うが，遡って，乳幼児期に始まる時期尚早の異質な環境へ投げ込まれる早産体験に注目すべきである。

　十分な愛着体験は，心的安定をもたらす。他者の情動に反応しないこと，大人の注意を引こうとしないこと，他者の興味や目的に反応が悪いこと等などの間主観的問題は，阻害された中核の自己確立の問題に比すれば二次的といっても過言ではない。

第2章　ギフティッドASにおける3つの型

1．類型からの視点

　ギフティッドASについて，知的能力が高いという特質に加え，気質の特徴から本書では3つの類型を検討し，臨床像をより明確にしていくことにする。

　たとえば誕生時から大人しく，手がかからないように見える従順な子どもがいる一方で，論に長け，鋭く，攻撃的と思えるような子どもや，人とよく関わり仲間遊びも問題なさそうに見える活発な子どもなど，一見すると全く違って見える子どもが，共通項として自閉スペクトラム的な気質を持ち合わせていることがある。言い方を変えると，ギフティッドASの子どもたちの多くが慎重で，危険がありそうな活動には手を出さないと言われる一方，非常に幼いころから多動性・衝動性を示す場合もあり，また子どもによってはさまざまな種類の挑戦的行動をとることもあるなど，臨床像は混在している。

　このように，まったく違って見えるのだが，総じて，どの型も認知的・感情的に自分の情緒体験をキャッチするのに疎く，理解が知的や理屈に偏る。結果的にうまく他者との距離を測れず関係性に疲弊することが多くなる。更に，コミュニケーションの仕方は全般的に，直截的でときに挑発的である場合や絶対的な従属のように両極端で，純朴にさえ見える。

　ギルバーグGillberg,C.(1998)は，AS（自閉スペクトラム症）とAD/HD（注意欠陥・不注意症と衝動・多動症）は併存することを挙げ，ASの60〜70％はAD/HDであり，子どもがAD，HD，ないしはASかを区別することは難しいと述べている。長年臨床の場でASの子どもたちに接して，私はASに注意欠陥・不注意性（AD）と衝動・多動性（HD）の特徴が大なり小なり混在し，前景に表れる特性によって3つの型に分けることができるだろうとの考えに至った。

　まず，＜寡動・従順型＞のギフティッドASは好奇心が旺盛で興味は長く持続する。彼らは長期に興味を発達させていく。長い時間をかけて自己発達

を遂げていくと考えられる。次に，＜活発・積極型＞のギフティッドASである。彼らは他の子を仕切って積極的に働きかけ疲れ知らずに見える。また，コツコツ頑張るのは苦手で，気が向くと集中して一気にやってしまう。3番目は，＜孤高・独り行動型＞の，自閉的特性優位のギフティッドASである。「なぜ？」を尋ねる内容が，哲学的であったり科学的であったりする。

　優れた知的能力を持つギフティッドASに関して言うなら，AD，HD，ASの特性を持っていても，障害というのはいささか彼らの実像とは的外れで，発達のでこぼこはあったとしても，せいぜい独自な発達の仕方をする群として扱われるほうが妥当であろう。いわゆる，限りなくグレーゾーンにいて，養育者が診断基準に照らしても，該当するところもあるがどうも違うと感じるだろう。彼らは，社会性において，自然な情緒のやり取りで相手の期待や意図が分かるというより，人間関係の自身の失敗体験から，知的な方法でやりくりし体裁を整えていることもある。この場合，本人の疲労感は他者に気づかれにくい。各分野でリーダーとなりうる潜在的な能力を持つギフティッドASが，独自性や他者との違いを障害として扱われ，持ち前の優れた気質を伸ばすことが邪魔されている場合もある。

　彼らは，前述のように，性格が真逆に見えることもあるが，いずれの場合も自分にとらわれがちで，他者の立場や感情で捉えるより，より知的理解や情報からの推論のほうが先行するだろう。

　ギフティッドASの特性を持つ子どもたちの多くは，非常に賢そうに見える部分と，「ずれている」部分が奇妙に混在していて，相手の意図や要求，情緒を読み取ることが苦手である。しかし他者が今どう思っているのか，何を感じているかを分からせようとする方策はことごとく失敗し，教えようとする側も言われる側も双方が疲労困憊してしまうだろう。彼らが屁理屈を言い出すのは，情緒的な満たされなさを訴えるひとつの方法であり，サインである。言葉のやり取りに巻き込まれず，しっかりと聴く態度が，彼らの気持ちを静め，主張を通そうとする頑なさを緩和させる。一般的になされている，「他者の気持ちを考えなさい」と教え込もうとして躍起になることは，害あって益なしともいえる。

　彼らはたいてい感覚優位で，相手の怒りを過剰に感じ，強い口調に叱られ

たり脅されたりしていると感じたり，責められていると感じたりしがちだ。これは，当人の適正を超えた過剰刺激に晒されている状態を意味している。

　親や教師はともすれば彼らの頑張ろうとする生真面目さに乗じて，彼らを「ふつう」の鋳型にはめようとして時には褒め，時には叱咤激励し，「ふつう」にやれている彼らを見て安心するということが起きがちである。これは本人の主観的体験を無視して他者に合わせることをよしとし，彼らの本当の情緒や感情からどんどん遠ざかることになるので気を付けなければならない。彼らは自分自身の感覚をつかめないうえ，本当の感情は認められないもの，理解されないものと感じると，たとえ反抗しないまでも，自然な感情や情緒や考えをすべて抑圧してしまうだろう。

　逆説的であるが，彼らが社会や他者とうまくいくには，文化的一般常識の枠から逸脱しても大目にみる寛容さが大切になる。その方が，常識の鋳型にはめ込もうとするより結果的に彼らは周りと適応的でいられるだろう。

　日常の出来事から生じる外界刺激に反応する自分自身の感覚は，主観的な情緒体験であり，それをキャッチすることを行動の判断基準にすることが重要になる。たとえ周りが称賛したり叱咤激励したりしても，不快な情動が湧くと知覚できれば，それが自身の主体となる体験であり，活動を辞めたり退却することもありうる。反対に周りが牽制しても，調子がいい時に可能性にチャレンジすることを止めないなどの場面が出てくる。これこそが中核の自己である「私」の存在感覚をつかむ手がかりとなる。

　自分の感覚を掴めないギフティッド AS の子どもは，不快なストレスや我慢できない感覚刺激に晒された続け，しばしば限界を超え，パニックという形で現れることがある。「パニック」は限界を超えて不適切な場や状態に居続け自分自身のコントロールを失った状態である。理屈や一般論で諭すよりストレスや好ましくない刺激を取り除けば，即座に消え失せることがある。

　高い能力を持っているギフティッド AS にとって，学び方が学校の教え方と違っていることがしばしばある。たとえば，算数では，先に答えがわかるので答えだけ書くと，それに至るまでのプロセスがないので点数に評価されないとか，丸暗記は苦手で意味を問う傾向があり，なぜそうなっているかを知って納得しないと先に進まないなど，学び方の違いの問題だけではなく知

的能力が高くても他の子どもと同じやり方ではなかなか能力を発揮できない場合もある。

　字が極端に不味い場合や，姿勢が悪かったり行儀が悪かったりするいギフティッドASの中に，発達性協調運動障害で体育が苦手な子どもがいる。

　カエルの子はカエルといわれるように，気質については遺伝的要因がかなり占めていると考えられるが，あまり社交的でない両親（もしくはどちらかの親）に人間関係が苦手な子どもが誕生するのは自然の法則といってもよい。そうした子どもに，もっと社交的であるよう指導することは逆効果になる。その反対に過剰に社交的に見え，活発でたくさんしゃべりたい子どもを制止をし，言動を抑制するよう指導する場合も同様のことが言える。

　ギフティッドASの子どもで，特に活発に動き回るHD優位の＜活発・積極型＞のギフティッドASは，繰り返しの単純な積み上げ作業にはやる気を起こさないために，平均的な子どもより飽きっぽく，努力をしないと取られがちである。彼らの頭には素晴らしいアイデアが浮かぶ。しかし，それを実行することが難しい。書かれたものを口述することは簡単にできても，それを書きとめることができないことがしばしばある。記憶力に優れ多くの情報を知っているが，それらをプレゼンテーションのために組み立てることができないということもある。

　次に，こうした其々の特性を実際の例で示しながら理解を深めていきたい。

2．寡動・従順型のギフティッドAS事例

　まず，この型のギフティッドASの子を持つ母親の振り返りを紹介する。

　　乳幼児期からとてもおとなしい子どもで，されるがままという感じでした。「何が欲しい？」と尋ねても何も要求しないので，お誕生日なども親が与えると，喜ぶ風でもなく嫌がる風でもなく，それに没頭して遊ぶということもありませんでした。

　　保育園の懇談の時，気に入ったおもちゃを持って逃げるなど，みんな

で遊ぼうという素振りが見られないといわれました。その頃，親がお気に入りのおもちゃの包み紙を捨てたことを非常に嫌がり，普段はおとなしい子が泣き叫び，どうしようもなく，そのためごみ箱をあさって探すことになったことがありました。こだわりがきついと感じました。

　本人が行きたいというより，親が進める形で，3歳から水泳（6年まで）と体操（5年まで）とピアノ（4年まで）を始め，なんでもやりこなしました。学校では色彩感覚がよく，お絵かきで賞をもらったりしました。でも本人は特に何が好きという様子はありませんでした。小学校の間は，「放課後に友達と遊んだら？」といっても，授業が終わると即効で家に帰ってきました。塾は嫌がらず，トップの進学塾に3年から行き始めました。本人に任せていると用意が間に合わないので，親が代わりにしていました。何をするにもゆっくりで，学校では集団での行動も遅れをとり，「またあいつか」といわれることが多かったせいもあり，担任に，中学になったら「いじめられますよ」と言われました。私は，「早く，早く」と絶えず急かしていたと思います。

　小学6年の時は，受験塾の難関校クラスに入っていましたが，6年になってから成績が落ち始め，最高レベルクラスの個別指導を受講させたのですが途中，しんどくなり算数は取りやめることにしました。

　受験校はすべて合格しました。親はひといき休ませるほうがいいかと思ったのですが，担当していた塾の先生から，合格後あまり休むと勉強の癖が抜けてしまう，リズムが狂うと言われ，入学プレ講座と入学した学校の課題を入学式まで続けました。

　この型は，乳幼児期からとてもおとなしく，従順な点が特徴である。決断するのも苦手で，「どう感じている？」「何が欲しい？」など，情緒にまつわる判断を求められることが非常に苦手である。

　保育園や幼稚園でも，まだ集団生活をするには社会発達という点から早すぎる場合がある。気に入ったおもちゃを持って逃げる行為やお気に入りのおもちゃの包み紙への固執は，環境と内的世界の不一致感に対する不安を示し

ており，こだわりというより，自分の一部と感じている大切なものを奪われる不安を示唆している。ウィニコット Winnicott(1971) が移行対象と呼んだ，不安を補償するための愛着の対象であると言える。安定を得たい気持ちが行動となってあらわれている。フロイトの自体愛―自己愛―対象愛という発達ラインでみると，リビドーが自己に向いた状態〈自己愛(ナルシシズム)〉の状態である。リビドーが自己以外の対象に向く状態〈対象リビドー object libido〉には至っていないにもかかわらず，幼稚園では対象愛 object love を要求されている状況で，子どもが希求しているものとずれを生じている。このずれを埋めるために生じた行動であると言える。発達的には，まだ多くの園児の中で一緒に遊ぶことを楽しむに至っていない状態である。お気に入りのおもちゃが，当人にはかけがえのないものであると了解したうえでの対応が望まれるところだ。

　このタイプのギフティッド AS は，小学校までの間は特に，本人も自分の意志や感情が把握し難く，親や教師にも欲求が見えにくく，言われるがままに動くという感じである。

　習い事や学習塾などから，本人も意識していない潜在能力がちらほらと見え隠れすることがある。しかし何事もゆっくりで，事前の用意は苦手で遅い。ひとりでさせるなら充分時間がかかることを了解し，焦らせたり怒ったりしないようにしなければならない。強制力ではなく，一緒に共有できる時間を遊ぶ感覚で進めていきたいものだ。

　方向感覚が鈍いこともある。学校での集団行動や体育でのチーム競技や集団のダンスや体操などで戸惑ったり，動作がゆっくりだったりするので，教師が配慮しなければならない。事例の教師の「いじめられますよ」と自分にはあたかも関係ないことのような発言は，学校で子どもが危機的な状況にあっても援助の手を出さないことを意味している。親が充分に子どもの様子に気をつけておきたいものだ。

　保育園や幼稚園など集団生活が始まると，ますます強制力の強い環境に置かれることになる。従順で知的能力が高いために環境に適応的に振る舞うことができるかもしれない。彼らは問題のない子どもと判断されやすいが，主体的自己，あるいは本当の自己を確立していくという心的発達上の観点から

みると，脆弱性を孕んでいることもある。彼らにとって早期の集団生活が時に，自分がない自己喪失を招いている可能性がある。

　集団生活では，決まった時間を基準にして動いていくことを要求される。元来自分の状態と情緒に疎いギフティッドASの場合，自分のペースをつかむより周りの活動について行くことでいっぱいいっぱいになる。「早く，早く」と絶えず急かすことが，後に「お母さんはいつもがみがみ言っていた」，「いつも怒っていた」という思い出になり，被害感を増強していることがある。また急かされることによって引っ込み思案で自信のない性格になる可能性もある。

　其々のタイプの気質は基本的に生来的なものである。気質として乳幼児期から大変おとなしく，従順さが乳幼児期から見られれば，長じてもこの傾向は続き，決断するのに時間がかかるだろう。「どう感じている？」「何が欲しい？」など，情緒や情緒にまつわる決断を求められることが非常に苦手で，平均的な子どもより自己主張がないため，養育者や周りによって決断の先取りをされることが多くなる。そして，ますます受け身的で自分自身の好き嫌いや要求が掴めず，あたかも自分の要求などないように感じていることがある。

　しかし，自分の好みや考えがないわけではない。それどころか，周りが驚くほど一徹で自分を曲げない面を見せることさえある。自分の好みや自分の考えを育てようと思うなら，親や教師は出来る限り待つことを覚悟することと，気持ちをうまく引き出す両方の関わりが必要となるだろう。

　知的能力が高いので，理解力は素早く，集中しているときは高い評点を獲得するが，限度がわからないことや嫌なことをしている感覚を自身で意識してとらえることができないため，どうしても限界を超えて頑張ってしまうのも，このタイプに生じやすい。大人しく，成績もよく，問題も表面化しないで過ごしたのち，身体症状が出たり抑鬱症状を呈したりする恐れがあるので，親は子どもを守るという立場から，限界を超えて様子がおかしいと感じたらできるだけ早く休ませる方がよいだろう。

　＜寡動・従順型＞のギフティッドASが，過剰適応によって症状化する際

の例を，この型の子どもを持つ母親に振り返ってもらった。

<中学時代①>

　入学して間もなく声が出なくなり，かすれ声になって話ができなくなってしまいました。病院で機能性発声障害と診断され，ボイストレーニングに２～３回通いましたが自然に治りました。

　学校の勉強には意欲的で，英語と数学の塾に通い始めました。しかし，一つ一つにこだわり，丁寧に完璧にやらないと気が済まないことと，字も何度も消して納得して書くという調子で，スピーディにできず，寝る時間が午前１時ぐらいになり，起床は６時半に無理やり起こす毎日が続きました。スピードが遅いために私が頭をきつく叩いたり，泣かしたりすることもありました。

　中学になり，時間割が込み入って教科書の中で途方に暮れているという感じでした。生活上の塾の準備や服の着かえを待っていると間に合わないために，結局母親がすることになるのですが，いつもなぜ頭は良いはずなのにこんなことができないのかと思っていました。親の指示が多いせいか，日常の出来事でも自分でどうしたらよいかわからず，「これでいいか」と確認を問うことが多くなっていました。

<中学時代②>

　疲れを訴えるので，親が理由を伝え，部活を退部しました。自分では決められなかったのですが，結果的に大変ほっとしたようでした。しかし早く帰宅しても，宿題をひとりでさせると，スピードが遅く眠る時間は前と変わりません。

　２学期半ばからだんだん勉強を嫌がり始めました。特に数学の問題では時間がかかり，わかっているはずの基本的な問題にも時間がかかるようになってしまいました。机に向っていても，ぼ～っとしていていることが多く，親が，異変に気付き尋ねると，「頭が働かない。授業も週によってできるときと出来ない時がある」との答えです。顔も精彩がなく，もともと

口は重いほうではありましたが，更に何もしゃべらず，ぼ～っとふさぎ込んでいるように見えるのです。しかし一方で，塾は休みたくないとか，英検もうけたいとなどと言ったりするのです。

　ぼ～っとしていることも長くなり，家に帰ると倒れこみ，服も脱げない状態になりました。やっと着かえたと思うと，次の食事をするが動作がスローで，食べるのに1時間以上かかります。後はまた，ぼ～っと虚ろな目になっています。期末テスト対策も全くしない，宿題も全くできない，表情は暗く，行動もさらにのろく，トイレも長い状態です。

　上記の事例にみるように，疲れているにもかかわらず自覚がないことが多い。耐性の限界を超えていることが身体症状として現れ，ようやく周りからも気づくということになる。しかし，そんな時でさえ，本人が訴えないので，親や教師は，本人が意志の力で頑張れば乗り切れると考える場合が往々にしてある。結果，無理を重ねて回復を遅らせ，心身ともに悪い状態を長引かせてしまうことになりかねない。

　もともと完璧主義の傾向があることが多く，不安が強くなるとそれが昂じて，「これでいいか」と親に何回も確認することがある。強迫性症状が現れているといえる。背景に，＜寡動・従順型＞のギフティッドASが，物事を決めていくときに自分では判断できない不確かさが起因していることがある。落ち着きかたもわからない，緊張と不安な心理状態を示している。親が状況を見て「あなたのこの状態は，限界を超えているよ」など，状態を明確化し安心を与えることが必要であろう。でないといつまでも辛い状態を忍耐して，その後もずるずると本意とは異なる行為や活動をつづける羽目になってしまうからだ。

　わかっているはずの基本的な問題にも時間がかかったり，ぼ～っとしたりすることが多い状態は，かなりの疲労感を示している。本人には「頭が働かない。バカになってしまった」という感じで表現される。

　早急に休息を取る必要がある。

　このような，慢性疲労の状態になると医師のもとに行く場合もある。その

際，以下のようなケースに出会うこともある。

┌─＜医師の対応①＞A医師の母親への助言─

　このままいくと，すぐ勉強にもについていけなくなり，学校も行けなくなります。今学期に通学できたらラッキーくらいに思っていてください。来年転校したとしても学校にいけるかはわかりません。その場合でも，君は悪くないんだよ。難しい勉強もできるし，全く問題はないんだよと安心させてやってください。いつでも親は味方だよと言ってください。

　この表現は，一見肯定的にみえる。しかし実は，否定的な予想を断定的に言う事によって，親及び子どもの不安感を煽る結果なっている。自分の個人的推測を現実にすり替えているので余計混乱を生じさせてしまう。本人の心身の状態，両親の混乱と不安を了解したうえで，よりよくなるためのもっと具体的対応を提示することが親子のニーズを満たすことになると考える。

　＜感じること＞と＜事実＞と＜個人的推論＞が混同されると，誤った方向付けが生じてしまう。憶測として使われる＜だろう，かもしれません，と思われる＞などの表現でも，患者としてはかなり断定的な響きに感じられ，あたかも個人の推測が現実のような印象を与えかねない。

　最も大事なことは，不安に感じている親子に何が今必要とされているかを医学的見地から提示することではないかと思う。

　同じ訴えを，B医師が受診した。

┌─＜医師の対応②＞B医師の見解─

　この数日休みということもあり，過眠型の睡眠状態になっていることを心配しておりますが，かろうじて学校に通うことは出来ている状態なのでこの状態を何とか守るほうが良いと考えます。ただ学校に行っても勉強にはついていけないだろうとご本人も考えているようです。学校か

らは転校を勧められているようですが，今転校してもあまり問題解決に
なりません。昼からでも良いので学校にはつながっている状態をお勧め
します。過眠状態が定着しなければよいがと思っており，そのことで2
週間経過を見るようにしましょう。早急な結論は避けたいので，来月の
時点で，次の方向性を相談したいと思います。幸いご家族は理解ができ
ているように思います。次回の様子を見て少し無理をしてもらうか，あ
るいは休養方向に向かうか考えます。

B医師に通院したあとの，母親の報告である。

　このところ比較的落ち着いております。夜は寝つきが悪く朝起きるの
が非常に大変ですが，朝の食欲もまあまあです。学校にもなんとか行け
ています。
　この2～3日，将棋をして帰ってきました。機嫌はそれほど悪くない
のですが，日曜日に私がちょっと勉強のことを言ってしまったため，私
への反抗が著しく激しく，「お母さん，憎いからあっち行って…」と手
厳しく言われてしまいました。やはり勉強の方は家ではできません。放
課後学校で友達と少ししてくるのですが，家でとなると，とたんに厳し
い顔になります。

　寡動・従順型のギフティッドASは，課題をやり遂げることはできるので
すが非常にゆっくり取り組み，時間を掛けて完璧にしようとする傾向がある。
　また自ら決断や判断を苦手とすることが多く，自分で選択したり，決断し
たりすることを要求に従ったりすることを避け，自分より強い子に任せるこ
とで自ら選択するのを避けようとしているように見える。中には選択性緘黙
症の状態になっている子どもや極端に内気な子どもがいる。しゃべり方はど
ちらかというとゆっくりである。

一つの行動から次に行動に移るのにさっさとできないのもこのタイプのギフティッドASの特徴である。進み方はゆっくりで，ぼ〜っとすることが多く，調子が悪いと動作はさらに緩慢になり，生気が失われ，昼間から自分の空想世界に浸っているように見えるだろう。

　このように動作はどちらかというとゆっくりであると同時に，自分の想像世界は生き生きと豊かであることが多い。

　彼らは発達の仕方が活発・積極型の子どもよりも発達のでこぼこの格差が大きい。一般的に心配性で恥ずかしがり屋，無口・寡黙で引っ込み思案という性格特徴で表わされる。早くから字を覚えたりするなど記憶力がよいと思われる一方で，簡単な日常的なことができないことがある。その理由のひとつは短期記憶の機能がうまく働かないということがある。

　短期記憶はワーキングメモリーとも言われ，事実や何かをしているときに頭に浮かんだことを留めて置く，保持しておく能力のことである。ワーキングメモリーはコンピュータのRAM機能のようなものである。短期間，事柄を整理し，置いておく能力のことである。短期記憶がうまく機能しないと次のようなことが，脆弱性として生じる（Lovecky, 2004）。

【よくある脆弱性】

◇　**短期記憶の容量**

　　知的能力の高い低いに関係なく，聞いたことを記憶しておくこと，指示を思い出すこと，要求に応じて事実を呼び起こすこと，数字で表された事実を覚えておくこと，単語をつづること，また数に関する問題で特定領域や質問のある部分を忘れないようにしておくことが短期記憶である。短期記憶が働かないと，事実をうまく記憶することができないということが起きる。興味がわかないと宿題をしない。叱られてもまるでこたえていないように，毎日同じことで注意を受けることになってしまう。物忘れが多く，同時に複数の事柄を記憶しておくことができない。新しい事柄を記憶するためには，注意を向けることへの気力を余計に払わなければならない。ところがそんな時にもまた，注意散漫の特質が現れ，ワーキングメモリーが減衰するという悪循環をきたす。

◇　**優先順位**

　注意を向ける優先順がわからないことがある。二通りの考えを保留したり，比較検討することに弱いので，課題の内容のどこにポイントを置いて要約すべきか，項目別にどう分けるかに困難を感じる。彼らはたくさんのことを目の前に提示されると，何を先にすべきか，何が最も重要なのかわからず迷いが生じる。いくつかの考えのうちからどれが一番重要かを選び出したり，判断し決定したりすることはとても難しいことに感じられる。こうした特性のために，物事の輪郭を想像し，頭に描くことが難しいのである。知的に高いレベルのコースにいる子どもが自分の能力を発揮しようとする際，特に優先順位を決めることへの困難の問題は高いハードルとなる。学校などでは，能力があるにもかかわらず，課せられたことをやり遂げることができないと思われてしまう。

◇　**時間の感覚**

　一連のことが要求されているとき，見通しを立てて行動していく心の準備ができない。物事が起こるターゲットになるアイテムを待っていないと考えられる。なので，積極的にきっかけのボタンをキャッチし，それに反応して動いていくという流れにならないのだ。彼らは，あることに貼りついて次の行動に移りにくいのと同じように，何に注意を向けるのか，いつ反応すればよいのかがわからないため，見通しを絵や文字で順に書いておくことは役に立つかもしれない。

　頭の中に出来事を保持しておくことができないために，過去の出来事を呼び起こして，生じた過ちを顧みるという，過去の失敗体験を生かすことができにくい場合がある。過去から現在，そしてその流れから将来起こるであろう出来事を予測し，心構えをしておくことが難しいのだ。過去の出来事が今につながっている実感を得ることも難しいともいえる。彼らは時間の経過を判断できないし，時間感覚がつかめないので，物事をするのにどれくらいの時間要するか，どれくらい待てばいいのかなど見当がつかない。将来の事を，過去，現在の流れで推察し考えることが難しいのである。起こりうる結果を想像することができにくいのだ。物事をどう変更すると順序良くスムーズにいくかの予定を立てて

動くことがなかなかできないといえる。見通しが立てにくいということは，乗り越えていくための障害物を想像したり，打ち勝つために計画を立てたりすることが苦手だということだ。効果的な問題解決の道を見つけるためには，助力者が共にいて，段階を経ながらその方法を獲得していくことができるとよいだろう。

◇ **行動調整のためにルールを利用すること**

同時に複数の要求をこなすことが苦手だ。二つの異なる動作を適宜やりこなすことが難しい。たとえば先生の話を聞きながらノートに書いたり，板書したりなどだ。二つの機能を同時進行でできないために，相手の要求を取りこぼしてしまう。そのためルールを知識としてはわかっていても，それをどうやってタイミング良く適用すればよいかを捉えることができない。また同様の理由から，その場のニュアンスや，動きを変えた方がよいと伝えている表情をくみ取ることができないために社会性がないと言われてしまう。

以上の特性を持ったギフティッドASの子にTECCHやSSTを利用するのは，自己の統合や心の発達的視点，そしてワーキングメモリーの傾向から考えても，あまり適した方法ではないことが分かる。

彼らは受動的で待ちの姿勢になっていることが多いのが特徴である。一連のことが要求されているのに，その心の準備ができていない状態である。あることに貼りついてやり出すと，次の行動に移りにくいのと同じように，何に注意を向けるのか，いつ反応すればよいのかには関心がなくなってしまう。

彼らは注意を喚起させることが難しく，物事を始めるのがなかなかである。大人しいけれど扱いにくく，情緒的なつながりを持ちにくいと感じることが，親でさえあるだろう。始めることはなかなかなのに，一方で，自分の興味関心のことには没頭し，集中し過ぎて止めることができなくなる。また白昼夢に陥る傾向があり，特に自分を攻撃する恐れのあるような外界からの刺激を避けようとするあまり，自分のファンタジーと外で起きていることの境界が明確でなくなることがある。空想は意識せずに，ほとんど自然に浮かんでくると思われる。

いろんなことについて議論をするのは積極的なのに，書くことをひどく嫌がる子どももいる。筆圧が調節できないこともある。その場合，体育などで運動調整機能について苦労をしていないかを確かめる必要があるだろう。すぐ気が散漫になるのも，常にストレスを受け疲労していることが原因になっている場合もある。何か課題をやっていても，外で物音がすると，窓に走っていき何の音だったのかを見ようとするのは，聴覚が鋭敏であることや注意を向ける優先順位が分からないこと，また今何を要求されているかを理解できていないことなどが原因であると考えることができる。また作業も上の空にみえるときは，頭にファンタジーのシーンが思い浮かんでいるのかもしれない。

　自分の興味のないものは，生活に必要でも覚えておくのが苦手である。聴覚との関係もあるが，気がそれることが中核の特徴である。抑制できないというより，注意を集中することが困難で作業のペースがゆっくりに見える。

　彼らは多くの場合完璧主義者で，やっていることの結果を気にする。うまくやれているときでさえ，常に次には失敗するのではないかと気に病んでいる。何かし忘れるのではないか，大きな失敗をするのではないかなどと，強迫的ともいえるほど，間違いをとても気にしている。常に心配で，ホッとすることがない状態になりがちだ。こうした心境が抜けないまま，物事をスタートするので，初心者として始めるときでさえ，完璧にできない自分が浮かんで一歩が踏み出せない，という状況に陥る。初心者なのだから時にはだれかを頼りながらすればいいのだとか，初心者はできなくて当たり前なのだと思えない。自分がやっていることは，いつも不十分なような気持になっている。

　これらの心配は，先の見通しを想像することが苦手という特性に加え，それまでの成育史の影響で＜心ぐせ＞になってしまったとも考えられる。度重なる失敗と注意，叱責の為に，またそれが繰り返されるのではないかとの恐怖が潜んでいることが多々ある。短期記憶が機能しないために，一連のメッセージがすっぽり抜けて忘れていたり，間違ったことをしてしまったりする経験のために，他者とは比較にならないレベルでできている場合でさえ，充分やれているという実感に繋がらない。そのような心ぐせに起因するという

ことだ。重なる失敗体験のために，優秀な領域においてさえ自信が持てず，自分は何をしても充分にやれていないという気持ちを持つことになる。そして，ときには抑うつ状態へと向かってしまうこともある。自分の優れた部分と苦手な部分を明確に認識しておくこと，苦手な部分は人に任せるなどの切り替えは，自信喪失から身を守ることになる。

　彼らは，過剰に熱中する特徴を持ち，ものすごい勢いで勉強したり物事をしたりするだろう。そして，いくらやっても気がかりな気持に捉われ，内的エネルギーが枯渇してしまう結果，疲労や無気力が生じる。実際彼らは，非常に一生懸命しているのに，まだまだきちんとやれていないという気持ちから，勉強を止められないということも起きる。こうしたことは，達成や成功をしたいと思う知的レベルの高い女の子にしばしばある。しかし，当たり前であるが，全てできるはずはなく，その結果，学問的なことに偏り過ぎて，人との楽しい時間や自分のゆっくりする時間を犠牲にしてしまうことがあるのだ。度を越した不安と完璧を訴える場合，ギフティッドASのなかでも，AD傾向が併存している時に起こりやすく，訴えをアセスメントする際に，そうした背景がないかを考えてみる必要がある。

　理解力もありよくできるのに，びっくりするほどやることがスローな子どもに対して，ペースがゆっくりであることを非難しないようにしなければならない。彼らは課題をこなすのに長い時間がかかる。家でも，宿題以外何もできない状態になる。空想家で，課題が自分の興味関心を惹かない場合は，特に自分世界にはまって，例えば始まりのベルが鳴っているとわかっているにもかかわらず，授業の準備をすることができない，というようなことが多々生じてくる。ある瞬間，ハッと我に返り，自分の課題が全く進んでいないことに気づいてびっくりするという調子だ。自分が作業をしていなかったことを覚えていないし，作業以外のことに心を奪われていたことすら覚えていないこともある。

　たいてい受け身で大人しくて成績もよく，ずば抜けてできることがあったりするので，表面的には教師の手をわずらわすことはない。そのため，注意の問題を抱えているとは気づかれないことが多い。しかし，体育の合同練習などで次の動作がわからずワンテンポ遅れたり，忘れ物が多かったり，時間

割ができていないなどで気づかれることがある。がみがみと急かせて，自信を失わせないようにしなければならない。でないと，彼らは不安や気がかりを強く感じやすく，そのために能力があるにもかかわらず，怖れて社会的に撤退するかもしれないからだ。

　この型に現れる特徴を5つに種別できるとロベッキー Lovecky, D.(2004)は言っている。1つ目は，作業を行う際，体を整え態勢に入ることの難しさ，2つ目に，あるものに注意を集中して持続することの困難さ，3つ目に，作業をする際にエネルギーを保持しながら努力することの困難さ，4つ目に，感情をうまく操作することの難しさ，5つ目に，短期記憶・ワーキングメモリーを思い出し活用することの困難さ，である。

　これは実行機能が十分に働かないために生じると考える研究者もいる。彼らはとっさに敏捷な身体の動きという点から見ると，より動きが鈍いように見える。忘れ物や無くし物が多く，今聞いたことを覚えていないとか，夜遅くまでかかってした宿題を忘れていくなど，いろんな場面で気づかれる。これはワーキングメモリーがうまく機能しないためである。また情緒的コントロールが下手で，動機付けや活発さに欠けるように見えるだろう。特に午前中元気がなく，新しくやらねばならないことに気持ちを移行させることが難しく，課題を始めるのに時間がかかる。

　以上の特性傾向を持つギフティッドASの子どもにとって自分の主観的な体験に耳を傾けてもらい，理解してもらうことは，社会で自分の力を発揮していくために必要不可欠なことである。自分を肯定的にみてくれる安定した関係が形成できれば，過敏反応や被害的捉え方，怖れ，気分の変移など，彼らに特徴的な二次的症状は減衰し消失さえするものだ。つまり対象との安定した絆が展開でき，しかもそれが保持されうるかどうかは，ギフティッドASの主観的世界をどこまで了解できるか，その了解の程度によって決まってくるといっても過言ではない。

3．孤高・独り行動型のギフティッドAS

　次に孤高・独り行動型について紹介していく。この型のギフティッドAS

の乳幼児期をある母親に振り返ってもらった。

<＜乳児期～幼稚園①＞>

　誕生直後から抱いていないと眠らない子でした。1歳までよく食べていたのですが，テーブルに並ぶ料理の出来た物から手で食べるのを，夫や義母からしつけがなっていないと言われ，きつく叱ったところ，以後，食べなくなってしまいました。寝起きが悪く，2歳のころ毎朝泣きながら起き，余りに泣くので私は片手で抱きながら，長男の弁当作りをしました。後追いがはげしかったです。

　あまりしゃべりませんでした。おもちゃにも興味を示さないので，遊ばせるのが難しかったのですが，鉛筆を持てるようになるや，ずっと絵を描いていました。場面をよく記憶しており，緻密で生き生きとした絵でした。

　3歳で幼稚園に入れたのですが，連れて行くと泣いて母から離れず，喘息発作を起こし始めました。アレルゲンもなく，母親との分離不安が影響しているのかもと思い園長先生に相談すると，だんだん慣れてくるから，と言われ，通わせ続けました。

　当時スイミングスクールに行かせるのが当たり前だったので始めたのですが，プールの中で震えて，嫌がって泣き叫ぶのですぐに辞めました。

　お泊まり保育が，母親と一緒ではないと言うことを知ったあと，喘息発作がおき，そのうえ薬の副作用で全身の状態が悪くなってしまいました。

　誕生時から泣いて眠らない事例はよく報告される。外界を過敏に感じているのだが，往々にして親の方はミルクかおむつかくらいしかその原因が思い浮かばず，子どものニーズを了解できないこともある。微かな音，例えば料理で卵を割る音で2階に眠っていた子どもが泣いてしまうなど，聴覚に関係しているのか，あるいは，母親の隣に寝かせると眠る，などは嗅覚に関係しているのか，明るさ，気温，衣類の肌触りなどが関係しているか，多様な点

から子どもの不快要因を探ることが大事である。

　知的能力が高く感受性の強い子どもが，きつく叱ると反抗せず，泣いたりもしない場合でも，理解したのではなく厳しい空気を察知したため素直な感情を抑圧したということもあり，その場合，恐怖体験が表に出ないことがある。悪夢を見て毎朝泣きながら起きる場合などは，そうした恐怖体験や不安体験が夢という形をとって表出されたと考えることができる。

　おもちゃにも興味を示さない場合や，言葉や文字や数字を早く覚えるなどもよく見られる。描いた絵は年齢の割に精緻で色づかいも特徴がある場合が多いものだ。音楽も年齢の割に音の幅が豊かで難しい曲を好んで聴いたりすることがある。

　安心感を充分体験している場合は，他児同様，3歳ごろで親から離れて仲間あそびを楽しむが，分離の時期にはその子にとって時期があり，適切な時期ではないときに無理に引き離すと，後年，その反動が表れることがある。

　仕事や経済的事情のために，子どもを保育所に預けて仕事を再開させるとき，どうしても大人の都合に子どもが巻き込まれてしまうこともある。暦年齢で考えれば，幼稚園も通えて当たり前であっても，分離が時期尚早の場合，子どもにとっては泣き叫んでも誰も助けに来てくれないという非常な恐怖体験となってしまう。

　子どもを母親から離すときの子どもの心細さと不安感，不信感や猜疑心を了解し，預ける機関と充分きめの細かい連携対応が必要となる。無理やり引き離すことの後遺症は容易に想像できるだろう。

　上述のケースでは，喘息発作などの身体症状に出ており，言語表現ができず，また自分自身に起きている状況を理解できない場合に身体言語として表れている状況といえる。子どもの体験している不安は明白である。さらに言うなら，上述に挙げた子どもは，体験している恐怖から身を守るために，ますます自閉的に絵を描くことに没頭せざるを得ない，ということが起きている。その意味でさらなる恐怖体験となるスイミングスクール（適切な時期に学ぶことはよしとして）をすぐやめたのは正しい選択であった。不安の強さが慣れることの閾値を超えていたことはお泊まり保育が，母親と一緒ではないと言うことを知ったあと喘息発作がおきたことからも自明のことである。

＜乳児期〜幼稚園②＞

　好き嫌いが激しく食べられないものがたくさんありました。特にチャーハンのように，色々なものが混ざっているものは嫌いでした。私は，栄養が偏ることも心配でしたし，甘やかして好きなものしか食べないのはしつけとしてもよくないと考えていました。子どもが物心ついた頃を機に，「農家の方が一生懸命作ったものだから残していけない」と言い聞かせて，食べないと拒否する子どもに無理に食べさせようとしていました。泣いて鼻水だらけになり，吐きそうになっているのに，そのとき私は子どもを許さないという気持ちでした。

　ギフティッドASのなかでもAS優位の子どもの中には，極端に好き嫌いが激しい，というより食べられるものが少なく，食べられないものは身体的にも受け付けないこともある。調子が悪いほど，味覚や触覚が鋭敏になるため，例えばミンチ状の肉は受け付けなかったり，香りの強い柑橘類や種のある果物が食べることができなかったり，熱いものは冷めるまで飲めないなど，子どもによって異なるものの，食物に対する何らかの過敏性見せることがある。

　これらは，子どもが親をわざと困らせようとしているわけではないし，自分に注目を集めたいためにしているわけでもない。身体反応として，子どもの状態に添って調整をする必要がある。

＜小学校時代①＞

　1年のとき誕生会を開き，皆が来てくれるのを心待ちにしていたのですが，当日都合でなかなか友だちが来てくれなくて，悲しい思いをしました。

　運動会のかけっこで，途中から歩き出し，皆の見てる前で最後まで歩いてゴールしました。理由を聞くと，途中で，もう順位が決まってしまったので走る意味がなくなったいうことでした。

第2章　ギフティッドASにおける3つの型　　73

２年３年と素晴らしいベテランの先生に受け持ってもらえました。彼の才能をよく伸ばしてくださり，友達みんなからも認めてもらえる場面を作ってくださいました。

　彼は勉強や創作はとても優秀なのですが，生活上でできないことが多く私は気になっていました。勉強がいくらできても，普通のことが人並みにできないといけないと悩んでいましたが，先生が「誰だって出来ないことの１つや２つはあります。素晴らしいお子さんじゃないですか」といって下さり，息子をだめな子と思わず付き合えるようになりました。息子はいい点を取って帰ると母親は喜ぶと，サザエさんのアニメで思い込んでいましたが，よい成績は取るのは当然になっており，私は余りほめず，「そんなことよりお片付けが出来ないとダメなのよ」といってきました。

＜小学校時代②＞

　４年生のとき，熱もないのに学校を休みました。小児科で，精神的な原因だからそっと休ませるよう言われました。このとき初めて，いじめにあっていたのを知りました。息子は学級委員をしていたのですが，みんながわざと話し合おうとせず協力しない状況で，担任がそれをわからず，まとめていけない委員長である息子を叱るということが起きていたのです。こうしたことの繰り返しにたまりかねた息子が，協力しないことを先導しているうちの一人の頬を，赤くなるまでつねったのでした。私はびっくりし事情も聞かず息子を叩いてきつく叱りました。担任は子ども同士の喧嘩と思っていたようでした。

　図工は得意でしたが，直ぐにできてしまうのです。教師に「友達の作品が仕上がるまで待たないのはわがままだ」といわれたりしました。しばらくして帯状疱疹が身体の３分の２になり，医者からこれ以上広がると危険な状態だといわれました。

たとえ孤高・独り行動型の子であっても，決して友達を求めていないわけではない。むしろ気の合った友達を求め，周りから認められることを希求している。誕生会の出来事に象徴されるように，期待をし，裏切られるという体験は，幼な心に人間不信と同時に人間関係の失敗という傷を残したといえるだろう。

　ギフティッドASの評価は，担任の教師によって全く違うことがある。運動会のかけっこで示唆されるように，本人特有の正当性に基づく価値基準が組まれており，思考の特徴を読み取ることができる。競争して勝ち取る，という他者からの相対評価に彼らの関心向かず，時に見えないものへの深い精神性しかし明晰でロジカルな思考によることもある。あるいは感情に捉われないが作用していることもある。大方の周りの反応は，否定的かそこまでいかなくてもユニークで変わっているというものであろう。感心されるか否定されるかの周りの反応によって，自尊感情の発達の仕方に影響を及ぼす。

　しばしば教師だけではなく親も，学業ができることは当たり前，できないことに殊更目が行きがちになる。知的に高いのに当たり前のことができない場合は特になぜできないのか，と期待を裏切られる気持ちを周りが抱くであろう。親は，そんなこともできないのかと改めて衝撃を受ける場面がしばしばあるかもしれない。事例では，持ち前の学力の高さや創作の見事さについては誰も褒めないで，焦点はできないところに集中している。彼らにとって生活上のことで，年齢で期待されることができない点については手伝うことは支援の杖でもあり，時間があるときは要求のレベルを下げて気長に教えていけばよい。

　小学時代までは言われるがままに周囲に合わせることに努力し，無理をしていても気づかないことがほとんどである。身体症状，逸脱行為，など，限界を超えたときに漏れやすい症状化を把握し，それをバロメーターにして休息をとるなどの工夫が必要となる。なぜなら，本人は自分が無理をしていると気づいていないことがほとんどであるからだ。

┌─**＜中学校時代＞**─────────────────────

　心配や不安が原因で，尿検査で蛋白がひっかかり，脈拍が早いとか血

圧が高いとか言われました。薬アレルギーもありました。

　学習塾へ行かせたら，行く前にお腹の調子が悪くなり，「聞いてても
わからない説明は聞いても無駄だし，わかっていることは聞いても時間
の無駄だから家で自分でやる」といって，独りで勉強しました。

　中3でクラス替えがあり，ライバルがいないのでつまらないと，愚痴
を言っていました。学年でもトップクラスだったのに，音楽，体育，美
術の通知票評価が悪くついていました。しかし，音楽や体育，美術も，
筆記テストはやはりクラスでトップ，音楽は楽器もうまく，音感もいい
し，絵はコンテストで賞をもらったり，現にその年も美術展に出品され
ていましたのに，5段階評価で2がつく理由がわかりませんでした。教
師との関係がうまくいかないことが理由で，副教科は実力より低く評価
されていたのですが，何も言えませんでした。

　親と歩いたりするのは恥ずかしいことだ，それくらい常識だとクラス
メートに言われ，ショックだったようです。

　中学になると，小学生時代に自分に適さない環境で無理をしてきた反動が
出現しやすい。身体が鋭敏に反応する場合，周りの同学年の多くの子どもと
同じようにしてきた無理がたたり，疲労困憊し，不登校を引き起こしやすい。
この時，すでに慢性疲労症候群の症状を呈していることが殆どである。副症
状が，その子の特に脆弱なところに様々なかたちで現れる。

　中学時代の発達特性として，周りの目を気にすることが強くなること，成
績が優秀でも日常が不器用な場合，自尊感情が育たないことがあること，自
分の疲労の限界をいつも超えていると，ストッパーが利かず自己調整が困難
になること，等が絡み合い，不安や怖れ，パニック，攻撃的反応など身体化
や行動化の形で出現する。この年齢特有の同年代の子どもとの興味関心の違
いも，ギフティッドASの子どもにとって混乱を生じさせる一因となる。自
分自身の内面にかかわることだけではなく，中学生になって親と歩いたりす
るのは恥ずかしいことと言う他の生徒の感覚にびっくりして，自分を周りと
異質な存在として感じ，心的混乱を深めるという具合だ。外界における同年

齢の子どもたちとのギャップの問題に，「それでもあなたはあなたなので心配はいらない」と支える対象が必要である。

　でき過ぎるための周りとのギャップも，意図せず現れる。学校生活においては集団行動や規律など，自分の意に反することや過敏性を我慢しなければならないことも多く，この型のギフティッドASにとって，身体と心理的な安定を維持することは大変難しい。安定を図るため，彼らの身体サインや症状サインがあるときは，親として休ませる選択をし，子どもが自分ペースで過ごすことを許すことが，状態を悪化させない方法である。通常の環境が過剰に影響することは，芸術の領域で強みともなるが，平均的な人の中にいて絶えず異質性を突き付けられることは，自分の有能性さえダメージを受けることもある。

　学校で教科担任の主観が大きく左右する科目では，自分が正しいと思う説を主張することが生意気に取られたり，攻撃的だと間違われたり，グループ作業で協調性がないなどと判断されと，実際の能力を下回る評価を受けることがある。

　合点がいかないときは，何を基準に評価しているかについて，保護者が尋ねるとよい。子どもの特性について専門家の所見などの後ろ盾があればなおよいだろう。学校に説明し理解を促すことも必要かもしれない。

＜高校時代①＞

　予備校を申込んであったのですが，行こうとしないので無理に家から出すと，「降りる駅を間違えた」と帰ってきました。「引き返して，また乗りなおせばいいのに」と言うと，「なんで，こんな事もできないんだろう」といっていました。

　学校の補習授業に「しんどくて行けない，何とかして」というので，診療内科に行きましたが，どこも悪くないということでした。その結果を聞いてから，気を取り直して学校へ行きました。

　体育祭のデコレーションを描く役でしたが，しんどいので行きたくないといっていましたが，電話で呼び出され，出て行きました。作品は皆に褒められ優勝しました。

しかし担任が，良いところを少しも評価してくれず，三者面談で「君なんか社会でやっていけないよ」と言われました。私も息子も言い返せず聞いていました。

＜高校時代②＞

　ある日，家族の外食を父親が強引に言うので，息子はやむなくついて行かざるを得ない状況になりました。でも，店で，何も注文もせず，一口も食べないことがありました。父親は「ああいうことを許していたら，ろくな事がない」といい，私もそう思いました。

　大学入学試験の1週間前に，「もう勉強するものはない」と言って，新しいゲームをしていました。親には怠けているとしか思えませんでした。父親が，「自信がなくて逃げているんだろう。パソコンを取りあげろ」と怒鳴り，息子は「もうするものはないと言ってるだろ」と返しました。父親は，「落ちたら働け」と激しく興奮しました。

　結果は合格でした。

　＜孤高・独り行動型＞ギフティッドの子どもは自閉的特性優位である。この型の子どもは運動面で不器用だったり，変化への上手な対応ができなかったりする。

　社交的な場面で，他者と相互にやり取りをして関係を築いていくことに負担を感じる点が特に特徴的である。人がどう思っているかとか何を考えているか，どう感じているかについて，見通しを認識するのに努力を必要とする。努力をしてさえ，気遣いばかりで，タイミングや相手の意図や期待を外した応答が多くなる。情緒的側面では相手の情緒のみならず，自分自身がどう感じているか，どう考えているか，何を欲求しているかについての認知が不確かである。彼らは感情をうまく表すことが難しく，表現の仕方が変わっていたりする。表情や言語で上手に表現できないために誤解されやすいが，大抵強い感情と傷つきやすい感受性の持ち主である。

この型のギフティッドASは頑固で融通が利かない印象を与えるだろう。いったん決めたルールや自分なりの習慣は反復的活動となりがちである。細かなことにこだわる完璧主義のようになるかもしれない。

　自分をうまく調整できず，完璧さや強迫的行為によってバランスを取ろうとして，さらに症状が悪化する場合もある。知的レベルが高く時に容姿端麗な場合，表情に出ないことと相まって，超然として近寄り難く相手に冷たく横柄な印象を与えることもある。ポーカーフェイスと，もったいぶっていて緩慢に見えるしゃべり方は，どちらかというと古風で堅苦しくみえるかもしれない。内面的には傷つきやすく鋭敏な感受性の持ち主であるのに，表面的には客観的物言いをし，淡々として見える為に，両極の矛盾に当人は苦しい思いを抱いている点を，親や関係者は見逃してはならない。他者に何を伝えて何を言わないでいるかなど，心的距離感のみならず，実際の距離のとり方も苦手で，近づきすぎたり離れすぎたりしがちであるが，それ以上に誠実で純粋な人柄のために，魅力的な人物として好感をもたれていることも多くある。厳しい社会規範枠に押し込めることなく，優れた能力を内外ともに探求していく手助けをすることによって，社会との折り合いをつけていくことができるだろう。

　社会生活の中で，他者と関係をうまくやっていくためには，次に何が起きるかを予想しておくことが，人がどう感じているかとか，人の意図や信念を察知するのと同じくらい大切になる。しかし＜孤高・独り行動型＞のギフティッドASは，全体をつかめないために社会的な状況でトラブルが生じる場合がある。自分の役割だけに焦点が向き過ぎて，周りを見ずに結論にとんでしまうことがあるのだ。彼らの状況判断は，現実的に重要であることより，自分の強い熱意に動かされている。そのため正確な予測から外れてしまう事がある。

　彼らは人の意図を取り違えたり，深い意味はない事柄を，何か意味があるのではないかと考えてしまうことがある。全体像をみることができないので，予定が変わってしまうというような，計画通り物事が運ばないことがありうるということが，彼らにとっては，何か目論見があるために変えられてしまったと，勘違いをすることもある。状況を把握する手掛かりをつかめず，

全体を理解することが難しいため，合点のいかない部分を間違った自己流の理屈を組み立てて納得しようと躍起になるということも生じる。なぜそうなるかについて，知的に説明できれば彼らはそれほどの混乱を招くことなく，理解ができるのだが，よくある失敗は，親や教師が一般常識を用いて説明しようとすることである。

　人間関係の中で，自分自身の感情をわかること，そして他者の感情を読み取ること，また感情は，情報・メッセージに表されているものとはまた別次元で動いているものであることをわかること，行動をチェックし制御すること，フラストレーションをどう対処するか，強い感情が生じるときにどう操作するか，行動するときには適切なタイミングとその場に見合った動きがあること，こうしたことすべてが人間関係に影響をしてくる。

　＜孤高・独り行動型＞のギフティッド AS の子どもには，人とうまくいくための努力をソーシャルスキルなどで強いるのではなく，自身の感情や内的な情動の動きを察知することに集中して動くことを助言すべきである。とっさに状況の予測ができず対処できないときは，次にはこうするのだと説明すればよいのだ。状況理解を誤って捉えたり行動が浮いてしまっても過度に失敗と捉えないことが大事である。

　ニュアンスがわからないので，相手が強い感情を見せた時ようやく反応するということに加え，あることに集中すると外界はおざなりになりがちであるので，周りから浮くことは致し方ない。それをよしとする環境に身を置くことを考えることは，心身の安寧にとって重要なことである。

　彼らは，感情を情報・メッセージと分けて考えることも難しい。彼らがもし何かするときにネガティブな感情を抱いたら，言われたことすべてが悪いとなってしまう。強い調子で言われた一部分に反応し，他の部分は抜け落ちていることがある。しかし，彼らはあとで尋ねられたら，自分が聞いたと思っていることを言われたのだと主張するだろう。たとえそのやり取りの録音があったとしても，なお自分が正しいと主張することもあることだ。

４．活発・積極型のギフティッドAS

　活発・積極型のギフティッドASについて，母親の振り返りを見てみよう。

┌─＜乳幼児期〜小学校①＞─────────────────────┐

　２か月半ごろからあやすと笑い，３〜４か月になるとよく声をだし，親の呼び掛けに反応しました。６か月で離乳食を開始しましたが喜んで食べてくれました。９か月ごろには指で小さいものを掴むことができるようになりました。つかまり立ちが10か月，独り歩きも１歳２か月で順調でした。

　夜泣きはほとんどなく，眠るまでに何冊も何冊も絵本を自ら持ってきて，「読んで」とねだりました。好きな言葉のフレーズは暗記してよくしゃべっていました。手先が大変器用で，ハサミも早くから使えるようになり，絵を描いたり，工作が大好きでした。言葉を覚えるのが得意で多くの言葉を覚えて使いました。赤ちゃん言葉はありませんでした。

　３歳になるかならないかの時に，空を見て，「お月さまが笑ってる」，「お月さまが，こうこうと照ってるね」と言ったり，田んぼを見て，「お米がダンスしてるよ」，と言ったり，虫を見て，「虫さんたちがかくれんぼしているね」などと言って親をびっくりさせました。この時期にカルタに興味を持ち，一気にひらがなを覚えました。外遊びが大好きでとても活発に同年齢の子どもとも遊びました。遊びも，かけっこ，滑り台ブランコなど幅広く，何かに偏るということはありませんでした。

　３歳で幼稚園に入り，とても喜んで登園しました。友達も自分で見つけ仲良しになりました。おてんばで活発で世話好きな子どもでした。他の子ができないと，「こうやるのよ」と教えてあげて，みんなを仕切っていました。

└─────────────────────────────────┘

─<乳幼児期～小学校②>─

　乳児期にはすぐ目を覚まし，眠らない赤ちゃんでした。3か月のとき
ベビーベッドの真ん中に寝かせていると，動きが激しく，いつの間にか
端に移動していたり，立てるようになると柵を越ええようとしたり非常
に活発でした。歩けるようになるとじっとしていることができず，母親
が買い物に連れて行くと手を振りほどいてどこかへ行くのが常でした。
食べ物の好き嫌いが激しく，特に柑橘類ときのこを嫌がりました。私は，
できるだけのびのびと育てたいと思っていたので，もしかすると，よそ
のお母さんなら叱るところもそんなことくらい，と接していたと思いま
す。自分自身が，ちょっと他の方と違っていると感じていたので，基準
が違っていたのかもしれません。そのせいか，子どもはとても元気いっ
ぱいで走り回っていました。繊細なところがあって，動きの活発さと傷
つきやすさがあると感じていました。非常に賢そうなことを言うのに，
テレビ番組では子ども向けのストーリさえ怖がったりしました。

　活発・積極型のギフティッドASは活発でよく動く子どもという印象が強
い。相手に臆せず近づいていき，抱っこして貰ったりお構いなしにどこへで
も入っていくので親は目が離せない。買い物に連れて行くとすぐどこかへ行
ってしまうので連れて行けない状況となる。幼稚園も元気に喜んでいってい
るように見えるが，親は我が子が勝ち負けにこだわり，興味のあるものを見
つけると危険物があってもすっ飛んでいく，ストッパーがきかないなどで，育
てにくいと感じている場合が多い。

─<小学校時代①>─

　小学校3年まで活発な優等生でリーダーシップをとりました。音楽会
のピアノ伴奏に立候補したり，絵画コンクールに選ばれたり，発表や本
読みにも積極的で，先生が言われたことは絶対守る子どもでした。今振
り返ると，生真面目過ぎる印象であったと思います。

82

小学４年ころから徐々に活発さが見られなくなりました。しかし４年生の時の担任が，「子ども扱いをしないできちんと話してくれる」と言って活発さはないものの落ち着いた感じでした。「小学校生活でいちばん充実した学年だった」と本人も言うように，この学年の時は，書いたり調べたりすることに夢中になり，読書感想文特賞，コンクール入賞，絵画展に選ばれるなどあらゆることに意欲的で，評価もされました。

　５年生で担任と合わず，不信感を募らせていきました。４年の時に仲良しになった子のクラスに行っての友達と一緒にいるのを注意されたり，絵画コンクールも，去年選ばれているから他の人に譲りなさいと言われたり，友だちにしてあげたのに「ありがとう」と言われなかったことを担任に思い切って相談したのに「あっちへ行って」とまじめに取り合ってもらえなかったこと等，先生とも友達ともぎくしゃくし始めました。

　学校に行きたくないと言い始め，自然学校の後，学校に行けなくなりました。担任が迎えに来て，嫌がるのに無理に連れていくということがありました。私もその時は，無理にでも行かせるほうが学校に慣れていくのだと思っていました。学校に行ってしまうときちんと何事もないよう過ごすので，何度か担任が来て無理やり連れていくことがありました。でも，以来，私との関係が悪化し，「裏切り者」「死ね」など激しい罵倒を浴びせられました。

　休んだ日は，「学校へ行っていない悪い子だから，外に出られない」と自宅の裏庭にも出ない状態が続きました。

　６年でクラス編成も配慮してもらいましたが登校しませんでした。

＜小学校時代②＞

　小学校では積極的にお友だちを求めていきました。でも，一方的に割り込んでしゃべったり，お友だちに「くさい」と言って咎められたりすることが日常的に生じ，本人は理解できないままクラスから排除されていきました。

運動会のムカデ競走で先頭になり，うまく動けず，「負けたのお前のせいだ」と責められたり，ドッジボールでは，ルールがわからないことと球が飛んでくる感覚が分からないなど，体育関係で辛い思いをしました。数字への関心が強く，電話番号や誕生日などはしっかり記憶していました。言葉が曖昧に使用されるとこだわり，理由と意味を納得がいくまで尋ね続け，私の方はかなりイライラさせられました。例えば，救急車の音と姿が現れるのにずれがあるのはなぜか，数学では公式の根拠，などの質問で，合点がいくまで追いかけてきて繰り返し尋ねました。

本人は学校いじめと気付かないまま，親も教師も深刻に受け止めていませんでした。何か居心地が悪い程度の認識でした。ところが，ほどなくして登校前になると腹痛，帰宅後母親への強いしがみつきを呈し，登校できない状態になりました。些細なことで大声を上げたり泣き叫ぶようになり，同時に強迫的潔癖症と確認行為が始まり，匂いの過敏性が強く出てきました。

小学校の低学年では，学習の呑み込みも早く活動的で歩き回るもなく優等生ぶりを発揮していることが多い。授業中も真っ先に手を挙げて，あてて貰うと満足している。

なんら問題なく過ごしていると思っていると，中学年になり，友達関係で少しずつ違和感を生じてくることがある。これまでのように，リーダーとして自分の思うとおりに友達を従えて行動していくことが続かなくなる。他の子どもが互いの状況を把握しながら平等な関係で友達関係を作ろうとし始め，ゲームの話題やテレビの話題などで楽しむ中で，遊びにおいても自分がいかにできるかを他の子どもに見せつけようとしたり，勝ち負けに拘り過ぎて，時に＜ずる＞をしてでも皆を動かそうとするなどして，次第に仲間集団から浮いてしまうことがある。

事例のケースでは，そうした状況に加え，自分が優位にできることで肯定的な注目を浴びていたのに，教師の能力評価の方法がフェアではないと感じたことや，他の児童より優秀であることで支えていた自負心を否定されたよ

うに受け取ったと想像することもできる。

＜中学校時代①＞

　中学入学２日目の対面式で，１年生代表として全校生徒の前で堂々と
挨拶をしました。勉強はクラスでトップ。負けたくない，悪い点は取り
たくないとの気持ちがあったようです。1年生はコンクールにも入賞し，
活動も勉強も順調に見えました。特に英語は優秀でした。

　中学２年１学期後半に，文化祭に向けて英語劇の脚本作りを引き受
け，リーダー的にクラスメートを指導し，熱心に取り組みました。そし
て夏休みに，塾の宿泊に行ってから体調を崩すも，皆に迷惑をかけるの
で休めないと通学を続けたのですが，腹痛と蕁麻疹で動けなくなりまし
た。欠席していても宿題や小テストが気になり，心配ばかりでした。し
ばらく欠席した後，通学し始めたのですが，体育の時間にねんざしたり，
さらに気管支炎を発症したりと続き，調子は悪いままでした。そんな状
態でもテストは80点以上の成績でした。

　その後，長期欠席になりました。そんな状態でも，通信教材を取り寄
せ，自分で勉強を始めました。春休み前に父親が，「これからどうする
つもり？」と尋ねてから，顔を合わすのを避け，口も利かなくなり関係
が悪化，部屋に閉じこもることが多くなりました。

　中学３年で昼夜逆転し，夜眠れない日が続きました。気力は低下のま
まですが，ちょっとでも調子が良い時は，あれもやりたいこれもやって
みようと気持ちが動きます。しかしすぐに疲れ，気分が落ちて，「もう
生きていても仕方がない。死にたい」と言い始め，泣き叫び，否定的な
言葉を大声で言ったり，物を投げ，暴れるなど，悪い状態が続きました。

　＜活発・積極型＞のギフティッドASのなかには，一番や勝ち負けにこだ
わる子どもがいる。勝つことや一番でいることが，自分が認められる方法で
あると思い込んでいるので，負けることは許されないと固く信念のようにな
っていることがある。その心性の背景には，自分を誰より注目してほしいと

いう願いがある。それが叶わないときは，絶望といってよいほどの大きな失望感を抱く。体調が悪いと気分の変調が極端になり，よいときには色々なことに手を伸ばし，好奇心や関心のあるものをあれこれやってみたい欲求にかられ集中して実行するのだが，その状態は自分が期待するより長く続かない。その時は，やり遂げたときでさえ成就感ではなく集中しすぎて許容量を超えた疲労感から，精根尽き果てた状態で打ちのめされ，うつ的状態に陥ることもある。絶えず急かされて頭は覚醒して働き，休む間がないといった状態である。

　自己調整より先に，衝動的に動く方へ向かってしまうのだ。

＜中学校時代②＞

　学校へ行っていない間に本を200冊読みました。全部記録しています。

　一回やり始めると止まらなくて，200冊読んだのもそういう感じかもしれません。ジャンルはさまざまで，いろいろな新しいことを知ったり，何か動いて予定がないと落ち着かず，何もしていないと自分を責めてしまいます。

　最近動画をダウンロードしたり，写真をオーディオに送ったりしていますが，終わって気づいたら3時間くらいたっているのです。気づかないうちものすごく集中しているみたいで，目がとても疲れます。疲れているのに，次は，次は，と頭に浮かんできて，覚醒し眠るのに苦労します。

　勉強もしないといけないとずっと焦っています。ドイツ語，英語，韓国語，フランス語，ギリシャ語に興味を惹かれてやっているけど，これは趣味であって勉強ではないので。

　本でも非常に影響を受けやすいです。言葉も影響を受けて，方言なんかでもすぐ入ってしまう感じです。

　それから，よく物をなくします。もの忘れというか，置いた場所を忘れるんです。手袋探していて，目の前の机にあるのに違うところを探しているって感じです。

　ドライブしていて，例えば音楽がコースやお天気，それから道路の雰囲気と合わないとすごく気持ちが悪くてたまりません。家族にいうと，「何言ってんの?」と，取り合ってくれません。

「なにをしてるの?」って興味を持たれるのが好きかも知れません。敢えてやってみて，人に見てもらうのが好きかも。でもそれは，他の人にとっては変なことかもしれません。たとえばフルーツキャンディの包み紙を全部剥いて，ガラスのコップに入れていろいろなキャンディを混ぜて写真を撮るとか。その時，「なにやってるの?」「何でそんなもの撮ってるの?」と言われるのが好きです。部屋の飾り付けをしていて，ふと思いついて世界地図みたいな古い感じのものを壁に貼ったりします。でもある程度したら，後はぐったり。あとはしんどい。でもやめるのに勇気がいるんです。

　この型のギフティッドASは，自閉スペクトラムの特性がありつつ衝動・多動性の特性が優位に出るタイプである。さまざまなものに興味関心を示し，落ち着きがない。次々にやることが閃いて，優先順位より全てを完璧に仕上げていかねば気が済まない。人によっては軽い躁エピソードが非常によく見られ，活動の増加や落ち着きのなさ，いつも以上の口数の多さ，集中力の著しい低下，睡眠時間の減少，過度のなれなれしさや，意外な愛想のよさが現れることがある。浪費やその他の無謀・無責任な行動の形をとることもある。

　<活発・積極型>の子によくあるのは，しゃべり過ぎるという特徴を示すことだ。教師が，自分の席近くに来ても，お構いなしでしゃべっていることもある。相手の子どもに積極的にかかわり，面倒を見たり世話をしたりしようとする。しかし一方的な場合が多く，他の子どもは，それを過干渉で独善的と感じたり，流れを邪魔されると不満に感じたりすることもある。それに気づかず，自分がした一生懸命さの見返りを期待する場合は，両者に尚更大

きなギャップが生じる。そのずれは，他者との関係にギクシャク感をもたら
すだろう。

　自分にとって適量が掴めないので，なにかにつけてあまりにも情熱を注ぎ
過ぎて，すっかり疲れはててしまう。一見自分勝手に動いたりしゃべったり
しているように見えて，本人は他の人が思うほど自分を表出できているとは
感じていないのが大方である。他の人が気になって仕方がないとか，新しい
ことをやってみるのが大好きで指示を待ちきれないなど，何かする時，積極
的に動く。はじけるように手を上げて，人前に出てアピールすることにも物
おじしない。認めてもらえるチャンスでもあるが，教師によってはできるこ
とを鼻にかけていると感じ，教室で無視されたり否定したりする為，どう行
動してよいか混乱し，臆病で内気になってしまうことがある。この場合，な
ぜ自分が否定されるのかわからないので，怖れと怒りで苦しい状態を引き起
こす。テンションが非常に高いかと思うとすっかり落ち込んだように見えた
り，外からは情緒の振幅が大きく見える。

　自分が発揮できている時は，新しい課題に小躍りして喜び，ユーモアたっ
ぷりで明るく，賢い面が現れるだろう．注意を要することは，快活さが許容
量を超えており，本人も楽しく過ごし，周りにも原因が見当たらないのに一
日の終わりにはぐったり疲れはてているという点である。こうしたことが重
なると，自他とも原因がわからないのに疲労が蓄積しイライラして反抗的，
攻撃的になる。

　彼らは案外と友達との関係を結びにくいと感じており，友だちの歓心を買
うために適量を超えて物品をプレゼントしたり，過剰な気遣いを相手のため
にしたりすることがある。しゃべりかたはどちらかというと早口が多い。

　学校では気をつけているが，ときに勉強している最中でさえ，しゃべって
いることがある。よく見ると，誰かに語りかけているというのではなく，夢
中で没頭しているときに自分自身に向かって何か言っているのだ。自分をど
うコントロールするかを声に出してしゃべっていることもある。仲間づきあ
いのなかでつらい思いをして自分を制するときなど生じることもある。

　＜活発・積極型＞のギフティッドASは，全体像から思考が働く。それで
細かいところに注意が行かない傾向がある。社会的状況で，今起きているこ

との要点はわかっているのに，肝心な手掛かりを取り逃がしてしまう。

　彼らは全体像に気がいくために，人とのやり取りで生じているニュアンスを見逃してしまう。つまり相互の関係性のなかで相手が行動で示している手掛かりや，相手が気持ちを表しているサインを見過ごしてしまうのだ。

　行動にはタイミングやリズムがあるという事も理解しにくい。物事を行う時にいつが適切なのかを誤るために，挙動不審のように思われることがある。そのため，集団活動で待たなければならない時に動いたり，相手との会話のタイミングでいつ話すか，自分の思いついたアイデアをどう割り込ませていけばよいかわからなくて，意図せず会話の流れを壊したりしてしまうことがある。

　彼らは人の行動から次の予測ができないので，自分が動いたときに相手が否定的な反応をするとびっくりしてしまうだろう。相手がこういうとどんな感情で返してくるかについても予測することが難しいので，同様，否定的な反応に対してびっくりしてしまう。周りの流れに自分の言動が沿わない為に起きた結果であることを，理解するのが難しいと言える。そのため，原因と結果の間の結びつきを正しく把握できずに不安に陥ったり，怒りで応答したりすることが生じるのだ。

　知的能力が高い彼らが，知的に理解していることと，集団の中で状況を取り違える両極のギャップは，周りからは予想外のことと映る。

　しかしそれを認識できないと，相手側をおかしいと感じ，論破しようとする傾向がある。それが大人であっても，正しいと思えないと受け入れることは大変難しい。

　また自分は大人に対しても同等であるという意識が強く，理論的なやり取りで結論を出していくべきだという考えを前面に出しがちである。理屈だけでは問題が解決できないことがあるという事や，別の見方があるという事を思い至ることが難しいのだ。

　さらに彼らが理論的で理屈に合っていると考えている事柄が，必ずしも道理に合っているとは限らないという場合もしばしばある。ときには彼らが自分の考えを主張して親や教師を打ち負かし，相手を操作できると思うと，自分の望むものや望むことは正しく正当化されたと感じるだろう。

5．質問紙から見る3つのタイプ

　DSM（Diagnostic and Statistical Manual of Mental Disorders）とは，うつ病などの精神疾患や発達障害の診断の際に，症状が当てはまるかどうか判断する世界的な診断基準である。第4版では自閉症とアスペルガー症候群は別個の扱いであったが，第5版では自閉症スペクトラム症として自閉障害からアスペルガー症候群を連動したスペクトラムと捉えていることが特徴である。

　クレッチマー E.Kretschmerが多数の臨床事例の観察を通して，体型・気質・病前性格との間にある相関関係を発見し気質類型論を提起したように，本書では，障害や症状という捉え方ではなく，ギフティッドASの生得的特性を気質類型論的に3つのプロトタイプがあると考え，その事例と併せて紹介した。

　いわゆる発達障害と呼ばれているAD，HD，AS，LD特性は，単独に持ち合わせているというより其々の特性が併存しており，ひとりの人においてさえ，状況や状態によって突出する特性が変わることがあることを臨床体験から見てきた。一人の中に特性の重複性があることを理解するために，私は次のページにあるような質問紙を作り実際の臨床の現場で役に立てている。

【方法】

　非常にあてはまる3，だいたいあてはまる2，あてはまるところもある1，全く違う0　をつけてください，と教示を与え，それぞれの合計点を棒グラフにして作成するというものである。

＜表2-5-1　3～8歳用発達特性質問紙＞

1	1度に2つの事を頼むと1つは忘れている。	21	ぼんやりして無気力に見える。動きが遅い。
2	すぐ手足をそわそわ動かしたり，体をもじもじしたりする。	22	過度に社交的で集団の中で必要以上にテンションが高くなり，しゃべったり行動する。
3	じっと見つめすぎたり視線が合わなかったりする。	23	理屈が達者。その一方でいつまでも母親にべったりくっつく。
4	よく似た言葉を聞き違える。	24	量や時間の概念を理解するのが困難。
5	自分のものと人のものとの区別がつかない。	25	興味のない活動や課題を続けられない。
6	買い物や病院などに連れていくとじっとしていない。	26	人が質問をする前や質問が終わる前に出し抜けに発言する。
7	動作やジェスチャーが不器用でぎこちない。	27	知らない人や場所に慣れるのに時間がかかる。
8	文字の形や升目にこだわる。鏡文字が目立つ。	28	知的に遅れていないのに数もしくは文字を覚えるのが遅い。
9	整理整頓，かたづけができない。	29	玩具や文具など活動に必要なものを失くす。
10	不適切な状況で走り回る，高いところに上る，跳ぶなどする。	30	順番を待てない。興味のあるところへ勝手に行ってしまう。
11	感情が分かりにくい。感情が表情に出ない。	31	日課や動作に決まりがあり融通が利かない。
12	筆圧が強すぎたり弱すぎたりする。	32	たどたどしく話す。もしくは非常に早口だ。
13	思い込みや早とちりがある。	33	外からの刺激に簡単に影響を受け，注意をそらされる。
14	絶えず動いている。過活動的だ。	34	わざとでなく会話や遊びに割り込む。
15	友だち遊びに興味を示さない。	35	文字や数字，音楽，描画のいずれか，もしくは複数に強い興味を示す。
16	丸やひし形をうまく真似をして描けない。	36	聞き渡しがある。
17	内容を理解しているのに，何度言っても毎日の活動を忘れている。	37	覚えていて当然と思う事を忘れる。
18	新奇なものへ興味関心を抱く。興味関心が次々代わる。	38	親しくない人へ話しかけたり自ら抱かれたりする。
19	興味は間のあることに没頭し，ひとりで楽しむ。	39	身体，もしくは五感のいずれかあるいは複数に過敏なところがある。
20	個別だといいが，集団の中だと聞きとりが難しい。	40	絵を描くのが苦手。

＜DSM-Ⅳ Gillberg and Gillberg, Szatmari et al を参考に林が作成：2009＞

以下は9歳以上を対象にした質問である。

＜表2-5-2　9歳〜用発達特性質問紙＞

1	ケアレスミスのために，能力に見合った結果が出せない。	21	物事を進めるとき，優先順位を考えるなど順序だてて物事が進められない。
2	すぐ手足をそわそわ動かしたり，体をもじもじする。	22	集団の中で必要以上にテンションが高い状態でしゃべり続けたり行動したりする。
3	じっと見つめすぎたり，視線がまったく合わなかったりする。	23	話に加わるタイミングが分からない。
4	適切な速さで本が読めない。語句や行を抜かしたり，同じ行を何回も読むなど詰まる。	24	量や時間の概念が分かりにくい。
5	勉強や作業で，しまい忘れ，し忘れ，忘れ物，が多い。	25	努力を必要とする活動や，課題が続けられない。避ける。
6	年齢で期待される時間座っていられない。座っていることを要求される状況で席を離れる。	26	人が質問をする前や，質問が終わる前に出し抜けに発言する。
7	動作やジェスチャーが不器用でぎこちない。	27	「なぜ」とよく言う。あたりまえと思われることをしつこく尋ねる。
8	思いつくままに話すなど，筋道の通った話し方をするのが難しい。	28	知恵遅れでなく，簡単な計算に時間がかかる。計算の暗算ができない。
9	話しかけているのにしばしば聞いていないように見える。	29	玩具や文房具をはじめ，活動に必要な持物を失くす。
10	不適切な状況で走り回る。高いところに上る。飛び跳ねる。	30	順番を待つことに非常なストレスを感じる。割り込む。
11	自他の感情がつかみにくい。感情が表情に出ない。	31	日課や動作に決まりがある。融通が利かない。新しい変化になじむのに時間がかかる。
12	文字を書くとき筆圧が強すぎたり弱すぎたりする。	32	黒板からノートへ書き写すのが困難だ。
13	質問に早とちりや思い込みがある。	33	外からの刺激に簡単に影響を受け注意をそらされる。気が散る。
14	静かに余暇を過ごすことがない。過活動的である。	34	人の会話やゲームに干渉して流れを中断させる。
15	友人は求めるが集団は嫌い。集団行動に疲れる。	35	数字や文字，絵画，音楽のいずれかもしくは複数に強い興味を示す。
16	読みにくい文字を書く。	36	答えを出すのに自分流に偏る。
17	内容を理解し，自分でもやる気はあるのに結果的に指示通りやり遂げられない。	37	覚えていて当然と思われることを悪意なく忘れる。明らかな事実を違うと言い張る。
18	新奇なものへ興味・関心を抱く。興味関心が次々と変わる。	38	整理整頓，片付けができない。
19	大勢の友だちより少数で深く付き合う。	39	五感，あるいは身体に過敏性なところがある。第六感が鋭い
20	句読点がない。正しく句読点を打てない。	40	学年相応の文章題の意味を理解するのが難しい。

＜DSM-Ⅳ Gillberg and Gillberg, Szatmari et al を参考に林が作成：2009＞

この質問紙の結果をいくつかあげながら，その特徴を観ていきたい。

＜事例1＞　8歳男児

　落ち着きはあり友達と会話も共有できる。しかし授業が始まっても読書に没頭し，始まりの挨拶が始まっていることに気づかない。授業中も空を見上げ，自分の世界に入り話を聞いていない。算数が非常によくできる。文章題もよく理解しスピードも速いがケアレスミスが多い。漢字は，形で覚えていて大抵満点である一方，書き順が無茶苦茶で鏡文字になることもある。プライドが高い。人の失敗を大げさに言うので言葉で仕返しを受けやすい。

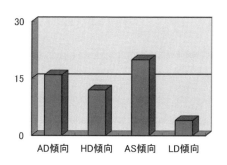

＜事例2＞　15歳女子

　早くから文字を覚えた。ずっとアトピーに悩まされてきた。小さいころからおとなしく小学生のころから授業中も空想にふけって上の空，意図せず人を無視していることがある。ずっと自分は周りと違うと感じてきた。人づきあいもうまくいかない。一人でいるのが好き。わかっているのに簡単な計算ミスや漢字ミス，単語のsを抜かしたりケアレスミスが多い。本が大好きで記憶力がよいが成績に反映されない。

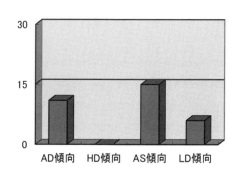

＜事例3＞16歳男子

　性質は大人しい。しかし予定通りでないとパニックを起こして物を投げ

る。ファンタジーが好きで豊かに空想が広がる。共同で何かすることに抵抗があるが妹と遊ぶのは大好き。予定が変更することに強い抵抗を示しパニックになる。自分中心の言動が目立つ。実験が好き。字義どおりに取りやすい。母親への愛着が大変強い。自分に注意が向いていないと被害的にひねくれる。見捨てられ感や無理解に対して暴れて母親を攻撃したり家の中の物を壊したりする。

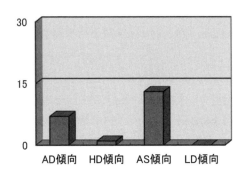

＜事例４＞17歳男子

小さい時に遊んだプラレールもまだ残している。自分の使ったものが不要になっても捨てられない。怖がりで不安が強い。音楽が好きピアノに限らず管楽器も上達が早い。クラシックをずっと聞いていた時期がある。言葉表現が下手。持物を捨てることができず部屋が物置状態。幼稚な面があり，母親が無関心でいると不安定になる。自分が理不尽だと感じると友だちにしつこくメールを送り嫌われる。嫌われても送り続け自分の言い分を通そうとする。傷つきやすい。

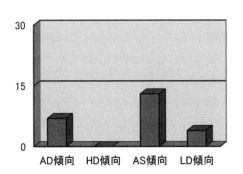

＜事例５＞10歳女児

大変元気がよく，活発。頭の回転も良い。思い込みや周りの音に大変影響される。学校では落ち着きがないこと，自分のペースで突っ走ること，自慢

をするので，友だちづきあいが難しい。塾で脳の病気といわれ母親がショックを受ける。音やにおい，触覚に敏感でひそひそ話が聞こえてしまう。ちょっとした音に気を取られる。布や砂のさわり心地について詳細に語る。記憶力がよく，反応が良いが根気が続かない。周りの動きを敏感に察知する。動作が不注意でよくぶつかる

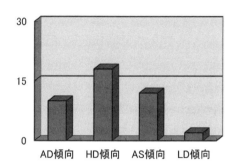

<事例6＞17歳男子

じっとしていられない。注意をしても言う事を聞かない。忘れ物が多く，宿題はしようとしない。学校へ行くのにランドセルを忘れる。スポーツも好きだが一人で勝手に練習をして共同ですることは嫌う。共同でしているのはほかの子に命令をしている時。片付けをだらだらする。体を動かすのが大好き。赤ん坊の時からよく動いていた。テレビで年齢からすると当然わかっているストーリが理解できないようで，簡単なことを質問する。手先が器用で細かい作業を没頭してきっちりする。没頭するが続かない。独創的な絵を描く。

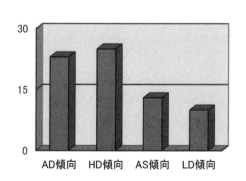

<事例7＞17歳男子

幼少時から怖がりで人見知りが強かった。小学生時代は自分だけ理由なく教師に怒られ恥をかかされ理不尽な扱いを受けたと感じている。中学時代は

女生徒からいじめを受け女性と怖くて話せない。記憶力と理屈に長けている。成績は優秀。特に中学受験でやり方を学んだ現代国語はどのような問題でも大体解ける。一方，人といつ何をどのように話したらいいかわからず自己評価が非常に低い。どのように受験勉強すればよいかの情報を多弁に語るが実行できない。顔のコンプレックスが強い。

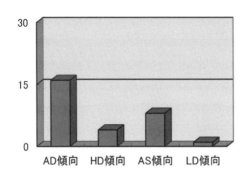

＜事例８＞９歳女児

本が大好きで開くとやめられない。とても表情豊かに場面がわかるように音読する。漢字への興味が強く，習っていない漢字もすぐ確実に覚え文を作る。音楽が好きできれいな声で歌う。こだわりが強く，予定が違うと涙が出て作業ができない。整理整頓が苦手。置き忘れやなくし物が多い。水が大好きで，手洗いやトイレに行くとなかなか帰ってこない。一方で水に顔がつけられず泳げない。習字は墨をたくさん出していつも真っ黒。

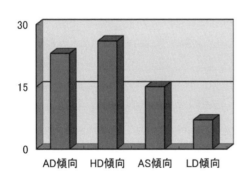

＜事例９＞17歳女子

幼少時から聡明に見えた。自ら文字に強い関心を示し，幼稚園には漢字も覚え始める。小学校でリーダーシップをとることもあったが，自分を出すといじめられる体験から，受身になり自分の感情や考えを抑圧することが当たり前になる。新しく学年が変わるたびに慣れるまでに時間がかかった。小３頃より創作，物語を書く。高校２年で自己顕示の強い部員から攻撃対象にさ

れ学校に行けなくなる。

現在ウェクスラーの知能テストがASの診断の際,取り入れられているが,知能テストだけで客観的判断の手立てにするには難しい。さらに言えば,知能テストの結果が130以下であったからと言ってギフティッドではないとか,それ以上であったからギフティッドであると断定することもできない。乳幼児期からの詳しい成長のヒストリーを聞くことはもちろんであるが,知能テストとこのような質問紙に加え,感覚プロファイルや性格,気質についても検査を組み合わせ把握することが必要である。

6．自己調整の難しさ

ボウルビィBoulby, J. (1973)は,乳児は子宮外での人生における身体・情緒・環境からの調整を独力で取り扱うために必要な,高等神経装置を持たずに誕生してくると述べている。そのため養育には,他の動物には見られない,きめの細かい注意と環境設定が大切になってくる。通常発達の乳幼児でも,ウォリンWallin, J. D. (2007)が言うように,生存するためにはより強くより賢い他者による保護を必要とする。ギフティッドASの場合,自らの安定した判断基準を構築し維持するために,通常以上の配慮と保護を必要とする。

高崎（2007）は,知的障害のない高機能自閉症の人が思春期及び成人期になって,初めて臨床機関を訪れることが多いことを指摘しているが,乳幼児期から児童期,思春期を通して過敏な身体感覚故に,ごく普通の環境であると思われる場が,その子にとって忍耐を強いられる過酷な場となり,情動発達と絡んで症状化するということはありうることである。

たとえ社会規範や一般的ルールを「そうあるべき」ものとして取り入れている場合でも，ギフティッドASの場合，他の人は自分と別の価値観や別の感情を持っていることを理解したり，共感を持って人の話に耳を傾けたり，相手が言っていることに注意を集中させたりすることにはあまり関心がいかないだろう。まずは自分の発言を聞いてほしい，賛同してほしいと感じていることが多い。ギフティッドASの子どもたちが，ときに他者の言動を脅迫的，被害的に感じることがあることは，よく見られることだ。これは，彼らの感じやすい身体特性と鋭敏な感受性と優れた能力が，家庭環境あるいは学校環境のなかで，適切に取り扱われないままであった背景を想像すると，彼らが外界に疑念と不信感と恐怖を覚えるのは，しごくもっともなことなのかもしれない。

　心的安全感や安寧感のためには，彼らが感じるほど外界が迫害的ではなく，友好的でさえあり，関係をつないでいくことが可能である体験をしなければならない。そうでないと，一方で外とつながりたいと願う気持ちがありながら，間違った形での自己顕示性を行使し，認められようと逸脱する行為に走る可能性がある。それは他者へのいじめや脅迫のように見えたり，恐怖からのパニックが武器を振り回し暴れているように見えたり，自分への過小評価が自傷行為や暴力となったりして現れる。多くの場合，真意が伝わらないための行動化であるのだが，背景にある傷つきは理解してもらえず，それよりまず反省を促され叱責を受けるパターンが大抵である。そうしたことに起因した行動化は反省を強いられると更に相手への憎しみを増幅する結果にしかなりかねない。

　ギフティッドASの多くは冷徹さと優しさ，穏やかさと激しさ，高い自尊感情と傷つきやすさ，の両面を持っている。この二面性のために感情はさまざまに複雑になり情緒のコントロールは普通以上に難しい内的作業となるだろう。独創的な発案や情緒を揺さぶられる出来事，高い理想と道徳的ジレンマにより矛盾を感じやすいという特徴を持っている。大抵の子どもは一般社会で生じている問題については自分に関係のないよそ事と流し，常識をさほど疑わずにいくのだが，彼らはそれを受け入れがたく感じる。多くの子が距離を持って見る出来事も，より自分の問題として捉えがちである。感受性の

強い子どもは，他者の痛みを強く感じ過ぎることがある。彼らはそれを他者への共感のように捉えることがあるが，自分自身の自己愛的な痛みに発しており，当人が感じている痛みとはずれていたりすることがある。AS特性を持つ人と神経症や精神症状は，非常に関係があると考えられる。不安，抑うつ感，離人感はギフティッドASがしばしば共通して訴える症状である。

　友情を育てるためには，相手の得になることを考えたり，分けあったり，交互のリズムがあったり，助けたり助けられたり，また肯定的なコメントが一般にやり取りされ，友情が続いていく。ところが感覚が鋭敏であることや，深い情緒体験で物事を思考する傾向，アイデアが普通以上にひらめいたりすると，日常的な事柄でさえ，周りの人たちと体験を共有し難く，他者の体験を共感できないのは当然であろう。結果的に，ギフティッドASは，周りとうまくいっていると感じることが少なく，溶けずに＜だま＞のまま存在する感覚になる。しかし，気の合う者に出会えると，彼らは，繊細で裏表がなく，いったんこの人と思うと深く信頼し友情を長く継続させることができるため，学校選びなど，所属する場は似た子どもがいるかどうか充分に検討を要する。

　さもないと，彼らの特性として持っている，容易に刺激を受けるところと，どうしても自分を曲げない両面に悪影響を受ける恐れが出てくるからだ。また，適応しない場所では，知的能力が上手く生かされず，知的に高いと思われるのに努力をしないし，無気力状態をきたす。

　ギフティッドASの多くが「夢想家」の部分を持って居て，「ここ」にいるのではなく，自分の世界の中にいて，何かまったく違うことを考えているように見えることもある。彼らはゲームにしてもアニメや本にしても，その世界がファンタジーで現実ではないことは認識しているが，環境が余りに過酷になると，自己防衛のために仮想世界に撤退し，現象的には学校に対する拒否が生じ，さらにはひきこもりを呈するほどになる。周りに現実と彼らの世界の橋渡しができる人間がいないと自分の世界を現実と乖離させ，鬱や統合失調様の症状を呈するかもしれない。

　できるだけ，彼らの世界を一緒に遊び，どんな体験をしているのかに思いを馳せることができるなら，互いの関わり合いを自然に楽しむ体験となるだ

ろう。自分を囲む環境が本人にとって過酷であればあるほど自分世界に身を
おかないと，文字通り身が持たない彼らの事情をわかると，関わる際の応答
や表情など，態度がおのずと変わるというものだ。「あれをやめろ」「これを
しろ」という前に考えるべきことである。

　彼らの体験世界を了解すれば，言語化する以前の情動体験がどのようなも
のであるか，いかに多くの子どもにとって普通の世界が彼らにとっては混沌
とした世界に見えるか想像できるだろう。こうした外界と内界を上手くつな
ぐための橋となる人物が，乳幼児期，学童期や青年期前期のあいだは特に大
切になる。そうした体験を軸にしながら，自己の調整が可能になっていくだ
ろう。

第3章　探究する心の軌跡

－ギフティッド AS・翔の世界－

1．翔のこれまで

┌─＜振り返ると＞─────────────────────────┐

　うーん今気づいたんですけど，今まで一回も誰かに好かれたことない
んですよねー。

└──────────────────────────────────┘

　多くのギフティッド AS の子どもたちは，平均的な子どもたちよりより強
烈により繊細に，さまざまな形で乳幼児期の早期から心理発達途上の危機を
体験する。これらの体験は感覚的，情緒的，社会的，道徳的，知的領域にお
ける不揃いの発達の仕方が起因している。正しい理解がなされないと彼らは
問題をより抱えやすくなる。

　彼らの頭の良さは単に知識を詰め込む能力にたけていてよい成績をとる，
というのとは少し異なる。同年齢の子どもより物事をより哲学的に，あるい
はより鋭く捉えようとする傾向がある。決まりについてその意味を問うた
り，正義や公平さについて同年齢の子どもたちよりも深く考えたりする。情
緒においては感じやすく傷つきやすいところがある。また，感覚に鋭敏で優
れたところを持つ。翔には，こうした多くのギフティッドの子どもの持つ特
徴があった。こうした特性は，学校集団では特に，自分がほかの子どもと違
っていることによる疎外感や孤独感を抱かされる場面が多く出てくる。ギフ
ティッド AS の体験する世界と他者の体験世界の違いを理解し，どこに人間
関係や社会規範の中で不具合が生じているかを見極めることが本人を了解す
るきっかけとなるだろう。この点を外してしまうと，専門家でさえ彼らの問
題の中核を見逃してしまうだろう。

不ぞろいの発達は，スペクトラム様の濃淡はあるとしても，認知や情緒発達に年齢どおりにいかない部分があり，ギフティッドの場合はでき過ぎる点においても周囲とずれが生じるかもしれない。

```
┌─<からかい・いじめ─小学校─>────────────────┐
│                                                  │
│   小学校もいじめられて，友達とか言ってすぐ裏切られました。仲良く │
│  しても2〜3日……。こっちが助けたのに。「遊ぼう」とか言われて， │
│  喜んで付いていったらからかいだったり。しかも，その子は前一緒に仲 │
│  良く帰ってた子で……。前，仲良くしてもらったから，「この子は絶対 │
│  大切にしよう」って思っても，別人くらいみんなと徹底的にからかって │
│  くるし。                                          │
│   学校でかくれんぼしてたら鬼の連中が，本人がいないと思ってこっそ │
│  り馬鹿にしてたりしましたね。                          │
│   他のみんなにはできないこともできたから，一生懸命教えてあげて。 │
│  仲良くしたかっただけなんですよ。それを勝手な取られ方して。それが │
│  ほぼ毎回，誰と遊んでもまた，ですからね。1年から6年まで。思い出 │
│  す限りほぼ毎日ですよ。                              │
│   何もない日とか，なにもない期間はほんとにラッキーで。仲良く遊ん │
│  だ日は有頂天です。そんなことはすぐ終わるんですけど。基本，何言っ │
│  てもだめで，ありとあらゆるパターンの汚いことされました。        │
│                                                  │
└──────────────────────────────────────┘
```

　幼少時，翔は人見知りが強く，比較的おとなしいレゴ遊びや工作に没頭する子どもだった。物覚えが良く，読み書きも苦労せずに勝手に覚えたという感じであった。

　しかしあまりしゃべらない子どもで，幼稚園や学校から帰っても，自分からどんな出来事があったなどは話すことはなかった。両親は子どもが学校でからかいの的になったり，いじめられていたりすることは全く気づかなかった。表情もそれほど変化があるように見えなかったし，成績も優秀で学校の教師からも問題があるようなことを言われたことはなかった。

ギフティッドASの子どもは，小学校時代，リーダーシップをとることもあるし，問題を起こすこともなく過ぎていくように見える。自らの情緒体験を具体的に語ることは，おしゃべりに見える子どもでさえもあまりないだろう。後になって振り返り，自分がいじめを受けていたのだと気づくというように，当時はいじめを受けていても本人が気づいていないということがある。

┌─<からかい・いじめ─中学校─>─────────────────┐

　中学もそこそこからかいがありました。基本こっちが優しくしてるから上からくるんですかね？基本，自分からは仲間はずれは無しなので，周りから急にいじめられ始めた子とでも関係なしに，向こうが近づいてきたら仲良くするんです。一緒に帰ったりとか。そのうち，その子がいじめてた仲間に受け入れてもらって復帰したら，平気でからかう，というか半分いじめてくるでしょ。周りもね，普段は優しい子でも，からかわれてる時にその子をふっと見たら楽しそうでね。それは小学校と全く一緒ですけど。別にこちらに恨みも何もないような子でさえも，見下した感じで距離置くんですね。人間平気で裏切りますね。

└─────────────────────────────────────┘

　ギフティッドASの子どもには，翔に見られるように他者との距離感や目まぐるしく変わる他者の心意を掴むことが苦手である。何がからかいを引き起こしたかも合点がいかないのに，非常に理不尽な扱いを受けている状況に置かれ，混乱を招く。自分が当然で正しいと思うことが何度も破られたり裏切られたりする体験は，心的安定が揺らぎやすく，自分に対しても，他者に対しても懐疑的になってしまう。自分で状況を理解してもらうように言語化することも難しい場合があり，帰宅した時に元気がない様子が窺えたり，顔の表情がこわばって見えたり，学校を行き渋るなどが表れた場合は，限界を超えた刺激過剰のサインとして丁寧に話を引き出し，耳を傾ける必要がある。口で言わない場合でも子どもの様子そのものが，疲労のバロメータとなる。感情や情緒をことばではうまく説明できず，ときには「あいつ殺してやる」とか「死ぬ」など，過激で極端な単語を使用して自分の感情を表すこと

もある。周りは，単語に反応しがちであるが，「そんなことをいってはダメ」などと制止せず，そうした言葉がどのような状況から発せられたかを知ろうとすることが大事であろう。

　人間関係の中で，ギフティッドASは自分自身の感情をわかること，そして他者の感情を読み取ることで関係を築くというより，感覚優位，知的理解優位である。感情は情報・メッセージに表されているものとはまた別次元で動いているものであることをわかることは難しいだろう。それを分からせようとするより，本人の行動をチェックし，フラストレーションをどう対処するか，強い感情が生じるときにどう操作するか，行動するときには適切なタイミングとその場に見合った動きがあること，これらの関係性に影響する対応の仕方を本人にとって負担のないやり方を選択しつつ，サポートすることが必要である。

　彼らは自分の感情も人の感情も読み取るのが難しく，とっさに状況の予測ができず対処できないために，状況を誤って捉えたり行動が浮いてしまったりすることがあるのだ。

　体験は，優れた記憶力と感覚と知的理解に基づいて解釈されるために，何かするときにうまくいかなかったり，言われたことにネガティブな感情が湧いたりした場合，その経験がすべてが悪かったとなってしまう。強い調子で言われた一部分に反応し，後の部分は抜け落ちていることはよくあることだ。

　また，知的能力が高くても遠まわしな言い方，ちょうどよいタイミング，待つこと，忍耐することを要求されると，ギフティッドASは，なかなかできないだろう。

　ギフティッドASの多くは，激しさと傷つきやすさの両極面を持っており，この二面性のために感情はさまざまに複雑になり，情緒のコントロールは普通以上に難しい内的作業となる。多くの子が距離を持って見る出来事も，より自分の問題と重ねて捉えがちである。感受性の強いギフティッドASの子どもは，ときに弱者の痛み(時に動物や虫にも)や他者からの痛みを強く感じ過ぎることがある。そのとき，それは一見他者への共感のように見えるが，自分自身の主観的な痛みに発していたりする。

　しかし他の人は自分と別の感情を持っていることを理解したり，共感を持

って人の話に耳を傾けたり，相手が言っていることに注意を集中させたりすることは，その子なりのペースで進んでいく。

ギフティッドASは深く感じ，深く考えたり，アイデアが普通以上にひらめいたりして友達関係作りが難しくなる。

彼らは性別，年齢を問わず，同じ興味関心について発展的に刺激しあいながら，親和性を深めていくやり方で信頼感を形成し友情を続けていくだろう。

＜からかいのネタ＞

塾で，ひとり仲良かった子がいたのですが，一回，断りなしに黙って帰ったら，翌日から嫌われていきなり呼び捨てされました。そこで，ともだちは終わり。

勉強では目立っていたので，クラスでは「勉強できていいなー！」みたいなことばっかり言われて，しかも，「できるから調子にのってる」みたいなことまで言われる。教師すら，試験が終わったから遊んでいたら，「自分が早く終わったからって調子乗るな～！！」みたいなこと言ってくる。

勉強ができるのは中学では更にマイナス要素でした。＜合理的＞とか使ったら「むずい単語使うねー」みたいな感じになったりして。

反対にスポーツできる子が幅を利かす感じでした。私は運動神経が悪くて見下されていました。
男子にも女子にもいきなり嫌われて。理由は知らないですけど。それから喋れないです，うまく。
おまけですけど，気分転換で帰りに景色に惹かれて見とれていたら，上級生に笑われたりとか。

学校は，決してプラスにならなかった。
親もあてになりませんしね。

ギフティッドASの子どもは，理屈を説明することは得意な子もいるが，えてして情緒や感情を表現したり，自分の思いや考えを表すことは不得手なことが多いものだ。

　家庭では穏やかに過ごしている子どもでも，学校では他の子どもたちと自分が違うことから起きる失敗や傷つきが起こりがちだが，外観では分かりにくい。理解されにくいひとつの理由に，感情が表情に出にくいことがあげられる。いい意味で落ち着いていると見られるかもしれないが，何か事が起きている場合でも，態度が横柄だとか何をされても笑っている，あるいはすましているなどといわれて，感じているにもかかわらず，その感情を言葉だけでなく表情にも出しにくい。その為，誤解をされることが多々出てくる。

　こうしたことが，学校という場でいじめの誘因となっていることがある。子どもからのいじめだけではなく，教師からも心ない注意を受けたり叱責されたり，みんなの前で中傷的な事を言われたりして，自己評価を下げ，人間不信のリスクをより多く背負っている。

　いじめは，単に何かをされたからというだけに限らず，存在を無視される場合にもあてはまる。何もしていないからいじめていないとは言えないのだ。いじめは集団生活の中で強い疎外感を抱かせ，自尊感情を傷つけるものである。しばしば長期にわたり行われるいじめが与える影響は，抑うつ感情や自殺願望や実際の自殺行為へとつながってゆく。いじめを軽視せず十分気をつけておかねばならない。

　いじめは大人の社会でも起こるが，子どもの場合，多くは学校で起こる。学校は集団組織であり，その中で，どのような理由にせよ，他の子と違っていると思われるとターゲットになりやすい。近年，いじめは単純ではなくなっているようにも見える。いじめにはたくさんのやり方があることも注意しておかねばならない。罵声や侮辱する言葉かけ，テキストやメールへの書き込みや送信文，そして暴力などがある。そしてギフティッドASの場合，注意をしなければならないのは，感覚の鋭敏からくるものだ。たとえばギフティッドASの子どもにとって，聴覚が鋭敏な場合，何気ない言葉の音調や強弱，リズムによって影響を受けやすい為，罵声まで行かなくとも，怒気を含んでいると捉えやすい。聴覚に限らず，触覚が鋭敏な場合は，周囲から見る

とちょっとした刺激に対して大仰に反応するように見られ，それを面白がって意図せずいじめとなっている場合もある。教師からのからかいや注意叱責がいじめに匹敵することもある。また相手の気持ちや意図が読み取りにくいために，その場にそぐわない応答をしてしまった時の周囲の反応が，いじめに類した傷つきを与えてしまうこともある。

　子どもの特質を知らない教師が，無意識にいじめにつながる対応をしていることもある。教師は大きい声でないと子どもたちに伝わらないと感じており，そのために，普段から大きな声があたりまえとなっている。注意を促すきには更に大きな声，きつい声となる。また，やんちゃな子どもへの叱責のはずが，言われた当人はけろりとしているのにAS特性を持つ子どもが落ち着かなくなり，あたかも自分が叱られているかのように感じてしまう場合がある。またギフティッドASの態度が横柄に見えたり，感じていないように見える子どももいて，内心の傷つきが適正に見えない点も先に述べたとおりである。

　また，自分がいじめを受けていることをわかっていないことがある。我が子の顔にペイントをされていたり，腕に「死ね」とか「ガイコツ」など描かれていたりするのに気づき，親が尋ねても，友だちと遊んでいるだけと答えて自覚がないというようなことがある。保護者は，暦年齢にこだわらず，過保護と思われても，子どもを守る責任を負っている立場から，事情を明確にし，いじめとして学校と協力体制で臨むことが望まれる。なぜなら，情緒面と社会面の発達が遅いギフティッドASは保護を必要とされるからである。

　子どもに次のような兆候がある時は，親として注意をしなければならない。

◇　学校へ行かなかったり，朝，学校行き渋る。
◇　帰宅時間が極端に遅くなったり，よくないグループに所属している。
◇　頭痛，腹痛，不眠が見られる。
◇　気分が変化しやすく，言動が荒々しくなる。
◇　成績が低下する。

　もし子どもがいじめられていると告げた時は，その言葉を無視してはいけ

ない。子どもが言うことに注意深く耳を傾け，子どもが直接いじめを受けているとは言わなくても，子どもが自分に何が起きているかを話しやすい応対で状況を具体的に聞くことが大切だ。子どもの話は，途中で遮ったり，誰にでもあること，社会勉強の一貫などと考えず，真剣に受け止めなければならない。

　学校にはいじめをさせないとのスローガンはあるだろうが，学校が動くことに任せているだけでは問題解決の保障とはならないだろう。親と学校がともに機能することが重要だ。学校の問題に対処する態度が満足できるものでなければ，専門家や教育委員会へ相談するということも考えられるかもしれない。相手や学校と敵対するという意味ではなく，重要なことについてより理解を促すということについて，子どもを守るという視点から親機能の円滑な対応が，子どもを追い詰められる前に救うことになると考えたいものだ。

　いじめのサインとして，はっきりした理由がないのに問題行動が見られたり，説明があやふやだったりつじつまが合わないようなけがをしているなどには，注意が必要である。また，逃げて帰ってくるとか，学校行かないというときなども，子どもの言うことに耳を傾けることが第一にすべきことである。

　もし子どもがいじめを受けていると思われる時は，親として，まずは担任や学年主任にサポートを求める行動は大切だ。学校外の場合は学内の時と状況が異なるかもしれないが，いじめている側の親と一緒に解決方法を探ることも可能であれば有効であろう。

　何はともあれ，いじめを我慢してはいけないこと，そしていじめにあったらその場から身を引き，話せる友人か大人に伝えるよう教えておくようにすることだ。子どもの言うことに耳を傾け，安心させ，子どものためにそばにいることは，子どもの不安や時には罪責感など，ネガティブな情緒体験を妨ぐのに役に立つだろう。子どもに，偏見やいじめは受け入れられるべきものではないことを教えておくこともギフティッドASにとって大事なことである。

　高校はいじめ系はなくて，……。でも部活の部長やってた子がまた，めんどくさくて。部活で理不尽なことがあってキレた時，「なんで怒るのか，理解できない」みたいな話を延々としたり，悩みとか言うと，「弱いからだ！」みたいなことをいってくるし。議論になっても，「その考えは凝り固まってるからもっと柔軟に」とか，たまに変に大人びたところがあるから頼ろうとすると，「自分でやりなさい」的な感じになるし。遅くまで付き合ってくれたと思ったら，帰り道，えんえん説教でした。

　競技では，背が低いから目立って，相手側に何回も馬鹿にされて。そのことを訴えても，教師からも仲間からも平気な顔をされてるのは辛かったですね。

　小中学校のときに，私をいじめてた子も，卒業して時間たったら平気な顔で話しかけてくるんですよ。こういう話を高校の友達にするでしょ，たいがいこっちがうっとおしがられます。「昔のことでしょ」，「全部，相手のせいにしすぎ」，「誰にでもあることだから」，「考えすぎ」，「勘違い」，「気にしてたらしんどいから」，等など。
　そりゃ誰だって自分が大事ですからね。人のために共感なんかできないですよね。気分暗くなってまで。

　ギフティッドASの中には，不器用な点がからかいのネタになるうえ，他の子どもより秀れた分野がからかいの的になって，意識的に自分の知的能力を隠して，好かれるために他の子どもに合わせようとする者がいる。
　翔の場合はそれほど努力しなくても試験の点は取れたが，宿題や課題は期限ぎりぎりか，内容によっては提出しないこともしばしばだった。こうしたことは，教師から，自分が課した指示に従わない反抗的な子ども，と捉えられたり，まじめに取り組んでいないと，誤解されたりして，悪意に取られて

しまう事があった。特に劣等コンプレックスの強い教師や自分の許容能力一杯いっぱいでやっている教師，忙しすぎて余裕を失っている教師の場合，こうしたことがよく起こる。

　ギフティッドASが課題をギリギリまでしないとか，しても自分の興味のないものに取り組むのに非常な心的負担を感じてしまい，集中ができないことがある。怠けの場合と特性の場合との違いは，特性が起因している時は，何度言われてもそうなってしまうという点である。注意されると，自分ばかりが叱責を受けていると感じて，被害感や恐怖感を募らせるだけという場合もある。実際，いわゆる空気が読めず，教師が見ていようと見ていまいと状況に無関係に，友人から声をかけられると普通の声で応答するということがある。すると，自分は声をかけられたので応えただけなのに，叱られるのは自分だけという結果になってしまう。

　ギフティッドASの子どもにとって，行動にはタイミングやリズムがあるという事も理解しにくい。いつ何が適切なのかを誤るために，挙動不審のように思われることがある。集団活動で，待たなければならない時に動いたり，相手との会話の話すタイミング，自分の思いついたアイデアをいつ割り込ませるがわからなくて，意図せず会話の流れを壊したりしてしまうことがある。

　彼らは人の行動から次の予測が難しいので，自分が動いたときに相手が否定的な反応をするとびっくりしてしまう。相手がこういうとどんな感情で返してくるかについても予測することが難しく，同様，否定的な反応に対してびっくりしてしまう。相手の反応が，自分の流れに沿わない為に起きた結果であることが，すぐに納得できないのだ。そのため，原因と結果の間の結びつきを正しく把握できずに不安に陥ったり，怒りで応答したり，傷つきを深めてしまうことがある。こうした心情は同年齢の子には理解ができず，大人，大抵は親や教師や専門家が，当人にとっては矛盾することや傷つきを了解しながら，他者に視点を置いた時にどう見えるかを上手く論理的に説明をすると腑に落としていく。

　何度も繰り返すが，ギフティッドASの子どもは年齢のわりに幼い部分と，年齢以上に深く物事を捉える部分がある。そのために興味関心が同年齢の子どもと異なることが多く，その意味でも学校集団で違和感を覚えながら過ご

しlove ていることが多い。このような状況が，毎日，朝から夕方まで続く中で暮らす心的負担は，相当のものと推察できよう。

　特に知的能力の高いギフティッドASの子どもの場合，認知的に理解していることと子ども集団の中での状況を取り違える，両極のギャップが非常に大きいように映ってしまう。どうしても皆の視点がそのギャップに行き，ギフティッドASの持っている得意な領域への賞賛へといきにくいことは大変残念なことである。

　楽しみや喜びや興味を共にする仲間を強く求めているのだが，さまざまな失敗のせいもあり，他者に対して警戒心が強く，緊張が強く出ることもある。また言葉化や会話の軽いやり取りが難しいので，どうしても知り合うチャンスが多いとはいえない。しかし，いったん心を許すと信頼を置いて，年齢，利害を問わず，関係が続いていくだろう。

　翔はなかなかの美貌の持ち主だった。しかし第一印象は硬い感じで，ちょっと何を考えているか，こちらが発信したことがどう届いているのかを捉えるのは，すぐは難しかった。

<気分の変動>

　　昨日，急に気分落ち込んできて，一人でそういう雰囲気になってたら先輩とかやたらと気を使ってくれて，でもクラスからは変な目で見られ，結局そういうのが耐えられずに逃亡したんですけど，昨日はほんとに自殺してまうんじゃないかと思ってましたよ。

　　よく気分が変わります。雑誌やテレビなどを観たりしたときに特に変わります。姉以外，家族と最近めったに話しませんが，その姉とでも，ちょっと言葉を交わしてそうなることがあります。

　翔が訴えているように，ギフティッドASの子どもが，日常的に起きている出来事から受ける感受性は非常に繊細で，気分の変動を生じさせる。彼らは気分や感覚のセンサーで物事をキャッチするように見える。それでいて，

自分の情動，感情，意志，考え，を自分のものとして明確にすることが苦手なことがある。記憶力が良い場合には，本の引用をそのまま使ったり，人の強い意見や状況に巻き込まれて，それに翻弄されたりしがちである。つまり，感受性が強いということは多くの刺激を取り込むということで，受動的に取り入れたものを吟味し，今度は能動的に自分自身の能動的・主体的なものに再構築するのに時間がかかる。深く物事を捉える子どもは，心理的安定を獲得するのによき応答してくれる対象を必要とする。またよいモデルがあると吸収して具体的な目標とすることもできる。

　一次的に感じたものを二次的に自分の情動体験として意識する際，周りの捉え方とずれがあると，例えば「痛い」と感じているのに周りから「それは痒いこと」と言われて混乱するというようなことが生じるということである。感情の名前を選択し思考する以前の，本当の主観的体験がギフティッドASでは軽く取り扱われ，しばしば顧みられず誤った認知にすり替えられるリスクを持っていると言えよう。心理的発達のはじまりとも言える感覚領域における過敏性から生じるこうした問題は，安全感を脅かす恐れがある。

　通常の感受性を備えた子どもでも乳幼児期の重要な養育者，主に母親との共生的経験が重要であることは周知の事実であるが，安全感が脅かされやすい子どもにとっては，身の安全弁としての保護機能に母親がより気をつけておく必要がある。通常よりちょっとした刺激の影響を受けやすい子どもには，多くの子どもにとって適切な身体分離経験の時期が早すぎ，トラウマ的体験となる可能性がある。健全な心理的発達にとって，不安や不機嫌を受け止めてくれる母親と一体である体験は基本的な必要条件である。マーラーMahler（1975）は心理的子宮を提供する母親との共生的結合が，赤ちゃんの心理的発達を促進し，これによって精神的世界に向けての覚醒が出現すると考えたが，母親と結合して安全である体験を経なければ，年齢が何歳になっても安定した心の状態が望めない。心の誕生は，子どもが必要とする母親が行う身体的なケアと環境調整と深く関係する。

┌─＜攻撃・破壊欲求＞─────────────────────
│
│　なんだろう，破壊衝動？　みたいなものが常に自分の中にある。うっ
│　とうしいのが。壊すものがなくなってもまだ衝動だけがある。
│
│　　携帯，水没したといっても自分で水槽に放り投げたんですけど，他に
│　もパジャマとか色々水槽に放り込みました。
│
│　　学校などで結局大人しくしていると，破壊衝動は，後手に後手にと回
│　る体をとりながらも湧き出るので，単純にストレスがたまります。つま
│　り塾や学校で大人しく勉強していて，それを潰したくなるんだけど，敢
│　えてしたくない作業を完璧にやって，野次馬相手に「これが見たかった
│　んでしょ」とやるような感じです。
│　　＜無分別＞という仮面を付けられた破壊は，いったん舞台袖になりを
│　潜めるわけです……
│
│　　でも，どこにいても自分は自分でしかありえないわけですよね，人に
│　影響されていると100％思い込んだところで自分なんです。
│
└─────────────────────────────────

　常識的には無謀で，不合理で，反抗的にさえ見える振る舞いは，それまで
の外界とのやりとりで過度に防衛的にならざるを得なかった反動であると考
えることができる。
　極度の苦痛があるのに，その原因や意味をつかめず理解できないとき，苛
立ちは自動的に感覚運動，つまり爆発的な衝動行動によって，自分を安定さ
せようとする力が働く。こうした行動は，自分自身をなだめようとして生じ
ると捉えられる。
　誰からもなだめられず，自分自身でも適切な防衛が働かず，危険に身を晒
した状態に居続けなければならないとき，自己制御を超えた身体反応，運動
反応が作動するシステム機能のようなものだ。それは，激怒した感情が爆発

する熱，その熱は人格の成長や発達のよりどころになるはずの中核や，人間的な共感につながる架け橋をも溶解させてしまう。

　最悪の行動化にならないために，程よくネガティブな激情を鎮め，原始的パニックや恐怖を調整する体験を，子どもの日常生活のなかで与えるのが親機能の1つである。それはビオンの「包み込むcontain」という概念，またウィニコットの「抱えるholding」の概念で表されている。

　心的感覚の中核にある＜自分が存在している感覚＞は，身体感覚こそが最も原初的な基盤となっている。身体感覚においては，リズミカルで感覚的なビートや強弱，さらに包み込まれる感覚で抱えられるという身体的体験がなければ，子どもは外界に馴染めず，時に，頼る人も助けてくれる者もいない，異国の地にたった独り，投げ出されたような体験を引き起こしてしまう。大事な愛情対象との一体感が作られないと子どもは空虚な世界に取り残され，途方にくれた気持ちを抱いてしまう。

　自己の発達は，身体的特性と心的特性の両者について考えることによって，身体と精神のバランスや矛盾を解くことができるように思う。ある部分に鋭敏に反応する身体特性は，心理の不調同様気遣われなければならないものである。フロイトが，「自我がまずはじめにあり，それはまず，身体的自我として存在する」（Freud 1923）と述べたことは，身体的感覚への注目として意味深いものと言えるだろう。

＜鬱的気分にさせるもの＞

　明日昼までに，死ぬ程しんどいレポート。

　やっぱりね，元気に限界がある。絶対寝ちゃうんだから，勉強になったら。

　たぶん他の人にとっちゃ，ちょっとしんどいマラソンの練習に行くぐらいの感覚でしょうけどね。

　なんだろ，もうその場しのぎの，ごまかしの燃料で1日もたして走ってるだけ。燃料も遊びに使ったらあとは眠くなるだけ。小説崩れ，詩崩れのあそびもただの燃料代に消えて，あとはガス欠。

とにかく起きてても勉強できないんですけど……どうしよ。どうしましょ。

呼吸困難，奇声，泣く，ハサミ，飛び降り→できない→奇声，立っていたら膝から落ちる，そして犬の様に四つん這いに……いやだ〜〜ワウ，とかなるんですよ。勉強始めようとするだけで。
　全身で拒否してる感じ？　というか，拒否して何が悪い。言い訳なのかな？と考えてすっきりしてからとりかかっても，フリーズ。

しかし理性がすごいので，人に頼るのも絶対に，完璧に，拒否。馬鹿ですよね。……馬鹿なんて言ったら自分に格好の餌を与えてるだけです。馬鹿じゃなければ，やっぱりただの甘えん坊？うーん。そこが難しい。
　やっぱ弱気だな。

　ギフティッドASの知的能力は，中学受験から始まる偏差値教育の流れに巻き込まれていく傾向がある。ギフティッドASの子どもの多くは進学校に在籍する。学校の勉強量が増えるだけではなく，人間関係の疲労も重なり，眠りも小学校時代よりもっと必要となるにもかかわらず，睡眠の確保が難しい問題となるだろう。
　進学校のスピードを重視するシステムと試験と課題に追われる訓練所ともいえる学校と塾・予備校に身を置くと，意味や深さを求めるギフティッドASにとって矛盾をはらみながらの生活を強いられることになる。自分の本来の興味や関心は後回しで，要求される課題はしなければならないものとして存在し，主体的な知的探究や創造的活動はマイナスであるような考えを，早くから徹底的に叩き込まれることも多い。完璧主義ですべて真面目に取り組もうとするギフティッドASのなかには，それが足を引っ張り，葛藤状態に陥りエネルギーの枯渇に陥っていく子どもがいる。
　翔は課題アレルギーというか，期限までに提出を迫られるなど強制力への

拒否反応が出ている。睡眠の問題もある。翔のようにギフティッドASの子どもには生活リズムが不規則で，朝が起きにくいと同様，夜，眠りに就くのが難しいことがよくある。睡眠の問題は，刺激を受けやすく神経が覚醒状態になって静まらない事に起因するとも考えられる。

　人生の早い時期での分離とか喪失といった苦痛に満ちた出来事が，成人になって反復性うつ病に罹病しやすくさせることは容易に推察ができるが，ギフティッドASにおいて乳幼児時期の母子のかかわりに別段問題がなく，環境からの外的なストレス源がなく適応していると見える場合でさえ，小学校の高学年に上がるに従って学校生活が次第に苦痛になっていき，学校ストレスや塾ストレスを蓄積させていく場合がある。特に進学校と言われるところでは，思考より点数で結果を出すことに重点が置かれ，偏差値のヒエラルキーが幅を利かす。しかし，翔のように，それに矛盾を感じ，感覚的に反発が生じ，意図的に有名大学への拒否というような反動が表れる場合がある。

　反発までいかずとも，学校の成績も優秀でリーダーシップを取り活発であった子どもが，次第に元気をなくしていくときには，学校生活と塾生活のやり方が本人には合わないのに無理をしているだけではないか，過敏性がありながら自覚的には鈍感で気づいていないのではないか，この両者の作用の中で原因を考えねばならない。

　幼少時からある領域に特に秀でており，感受性が強く，多くのものから深く影響を受ける知的能力の高い子ども，つまりギフティッドASのなかには，一日の大半過ごす学校というシステムの中で慢性的なストレスが本人さえ知らず知らずのうちに蓄積し，疲れ，うつ的状態を引き起こしている可能性がある。個々の発達上の特性に対する適切なアプローチがなされないと，先行するライフイベントによってもたらされた内的な葛藤が，ストレスという負荷を増加させるかもしれない。

　ギフティッドASに関して言うと，問題の要因は母子関係のみで片づけられないということだ。むしろ学校に身をさらしていることのフラストレーションについて取り上げなければ，いつまでたっても彼らの持っている感受性をよい方向に伸ばしていくことが難しいのではないかと感じる。

＜感覚の認知＞

　自分に合う色の卵を見つけて，ずっと追いかけるのですが，ふとした機会に視界が拡がると，もう幾百通りの色(に見える)をした卵に囲まれているのに気付くといった，そんな世界の中にいる。

　更にその視界の拡がりは，小さな水滴が真実の波紋を自分の周りに伝えるといった気持ちのいいものではなく，間に合わせのまずい壁紙が無骨に剥がれて下地が剥き出しになっていくといった塩梅です。それも極めて無感情に。

　感覚が鋭敏なことから来る体験は，時には深い感動を生起させる体験ともなるし，一方で状況によって反対に不快体験となる。両者の極の幅がギフティッドASでは非常に大いと想像される。

　ある疲労時に一過性で急に視力が落ち，心因性視覚障害といわれることもある。小学1年の男児が，登校の道のりでさえ休憩しなければならないほど疲労したとき，彼には壁にかかっている額の絵やものが歪んで見えると訴えたことがあった。雨の日に頭痛がしたり，天候に体調が左右されたりするなど気圧に対しても体調が影響を受けやすい事もある。体臭やものの臭いを普通以上に耐えられないと感じることもある。こうした子どもは，例えばヘアドライアーの音や，掃除機の音，子どもの泣き声や電車が停止する音，犬の鳴き声に強い不快を感じたり，突然ドアが開いたときそばにいる者がびっくりするぐらいの驚愕を示すなど，日常で普通に生じている音に対して過剰といえる反応をする。特に疲労時にはフォビアといってもよいくらいの状態になる。また，他者と感じ方が異なる理由の一つに，共感覚を持っている場合がある。共感覚とは，数字を色で感じたりにおいを音で感じたりするように，ある感覚を別の感覚で感じる特性のことである。

　こうしたことを理解されず環境調整がなされないと，積み重なる神経疲労から，無気力，うつ状態，身体症状が生じる。そうした状態になって初めて

何かおかしいと感じ症状を治そうとするが，これらは二次的に症状化したものと理解されなければならない。

　感覚刺激を脳が過剰に危険であると察知すると，ますます防衛的反応が働き，不安や恐怖が生起する。そのうえ周囲との関係性のなかで自尊感情が傷ついたりすると，非常に脆い自我状態になってしまう。症状の起源に，鋭敏な感覚に自他ともに気づかないまま，過剰な外界からの刺激を受け続けている可能性を検討することは意味あることである。適切な対処につながっていくだろう。

　また身体感覚特性へ注意が促されないと，「そんなことくらいで」，「そんなこともできないのか」と逆に叱責される体験ともなり，自己評価を下げ，自分をだめな人間だと同定してしまうこともしばしばある。この叱責には，他者からだけではなく成育過程で形成した価値観に背く自分自身を非難する声である場合もある。

　感受性のずれによって，ギフティッドASと養育者との情緒的つながりに困難が生じ，ギフティッドASが人間不信，（他者から見ると）被害妄想的言動，自己中心的主張が増えることがある。理由を言い訳ととられ相手にされなかったり，しつこいと嫌がられたりすることも多く，真摯に耳を傾けて体験を聞いてもらえないとの気持ちが根底に巣食ったまま孤立感を深めることもある。

　学校生活においては，ギフティッドASは知的や言動に常識を外れることが多く，それが本当の自分であるにもかかわらず，ほかの子どもと合わせようと努め，疲れ果ててしまうことがままある。

　＜社会・ルール＞

　　＜記号＞と＜規則＞について……。
　　＜記号＞には，例えば感情があります。

　　＜規則＞は人間の好きな解釈の仕方でくくったもので，主に文化や道
　徳などがこれにあたります。規則の在り方は，私にとっては兵士の訓練
　所のようなもので，戦いで負傷する面倒を減らすという意味で戦術，身

のこなし，銃の扱い方を学ぶのは，そこで生きるのに便利であって，多くの人間が青少年期に至る途上で据え付けられているものです。

その訓練が未修であったり，脱走兵であったりすることは，規則の世界での輝かしい勲章を自ら手放すことにほかなりません。

が，しかし，訓練所で得られる最高の勲章というものは，結局はすべてにおいて卓越した老練兵である以上のものではありません。せいぜい迷彩服やその着こなしの新しさで衆目を得る程度です。

私の場合，あまつさえ身の丈に合わない過酷な訓練に，まじめな性格が災いして，まるでそこに永遠に居続けなければいけない気がしていました。

私がほかの大勢の人々と違うのは，悩み方，即ち訓練所にいることの線上に何か希望を見出して悩むのではなく，そこにいること自体で生じる悩みです。そして気づいたことは，私には，敵も戦場も戦い自体すらもない時に，初めて有効になる武器があるということです。それが実証され，自信に変わった今，自分の中にある特殊な一群を見つけました。それは究極の無規則性に向かう，私が私であることを常に求める美の法則性です。

そしてあの美からの誘惑が，自分の名目上の目標として据えられたときに，簡単にルールを逸脱します。ルールを無視するのではありません。私自身がルールを逸脱するのです。ここに他者との本質的な差があります。

人は，受け身的に，機械的に，記憶力を磨いたり情報を入れたりするだけでは満足できない。全人格的成長には情緒的基盤が必須であることが分かる

だろう。

　現在の傾向は，学習にはさまざまな目標こそが必要で，そのための目標が立てられ，その目標のために徐々に訓練すること，訓練に慣れていくことだというものである。このやり方にギフティッドASの子どもが躓く理由として，マイルドな，あるいは強硬な偏差値教育的システムであり，資格目標システムである。そして逸脱すると様々なやり方の罰を与えようとしていることに起因していないだろうか。

　ギフティッドASはしばしば逸脱した行動を見せる。しかし，その行動の陰に独創性と傷つきやすさが隠れている。彼らのギフトに配慮するなら，成績を上げるとか良い学校に入るなどの現実的ゴールと目標設定を強調し過ぎてフラストレーションを高じさせるより，安全感と安心感を基盤にした主体性重視の体制のほうがしっくりする。逸脱行動の沈静化を生み，人間本来の自ら伸びたい，自ら学習したい欲求に自然に導かれるだろう。安心を揺らがせ，傷つけられたと思われる体験は，どのような教育的意図があろうと，心の平和に脅威であるはずだ。

　見通しがきいた枠組みと包み込むことのできる環境こそが，成長を促進させるカギとなる。

＜親との関係＞

　親にもさほど好かれてませんね。

　大学受験しないって言ったら父に異常なほど叱られました。基本的に彼は本を読んで満足できるタイプです。大学受験一瞬しようかなと思ったときの本のサポート能力は高かった。

　父が右折しようとしてたとき，先に誰かに言われたら馬鹿ほど怒ります。あの，セコく守ってたものが侵されて怒り狂う姿が醜くていやです。

　親と議論をしたのは千回くらいです。この数字を覚えていてください。この前母と議論しているとき，明らかに母に分がない話で，340分

問い詰めたらやっと母が不利なのを認めました。

　ギフティッドASは，大人に対しても同等であるという意識が強く，親や教師の発言をおかしいと感じると理論的やり取りで結論を出していくべきだという考えを前面に出しがちである。腑に落ちないまま大人の権威を受け入れることは大変難しい。

　理屈だけでは問題が解決できないことがあるという事や，別の見方があるという事に思い至ることが難しい面がある。また，当たり前として流されている事柄に対して，彼らが納得できる科学的根拠や意味を説明することができないこともある。そうした場合，ギフティッドASは，相手がきちんと自分に対応せずはぐらかされた気持ちになる。もっと言うなら自分を無視して関わりを拒絶しているのではないかと感じてしまう。

　似たようなことがさまざまなところで重なると，ギフティッドASの子どもは普通以上に，自分には支えがない，理解されていないという感じるだろう。子どもが自分の悩みを話せるよう，たとえば眠る前のわずかな時間でも，子どもの話を聴くための時間を作ることは，非常に大切なことである。

　わが子が楽しそうに見えないとか，学校，塾，お稽古への意欲が見られないとか，日常で子どもが無気力になってはいないか絶えず注意をしておく必要がある。

　日本の文化では，できたことよりできていないこと，肯定的な面よりネガティブな面に注意が向きがちになる。毎日の生活の中で，子どもを抱きしめたり愛情を表わす言葉を口にしたりすることは，日本では意識していなければ難しいことである。しかし，子どもが自分を価値あるものと自覚して育つためには，どんなときでも子どもを大切に思っていることを伝えることはとても重要なことである。

　ギフティッドASは，大切な養育者やパートナーといった愛情の対象と，物理的に離れていても繋がっていて護られている感覚である＜対象恒常性＞が獲得できにくいファクターがあるといえよう。ギフティッドASの子ども大人を問わず，知的に高いと思われるのに社会でうまくやっていけないよう

な気持ちに悩まされることと関係があると思われる。心をなだめてくれる対象が居なければ、不安や恐怖に陥りやすくなるのは当然であろう。彼らがパニック反応を起こしやすいのも、ひとつには同じ理由からなのかもしれない。

　親が目の前にいても、安全を確保してもらえなければ、自分とは分離して自分の中に存在しておらず、絶えず不安にさらされる。周りには自分をいつ襲ってくるかわからない脅威で満たされている。そこでは、自分の存在は卑小で弱く、あたかもつぶさてしまう人間であるかのようになる。もし、抱えて映し返してくれることを期待できないとすれば、猜疑心と同時に深い孤独感に満ちた世界に居続けなければならなくなる。対象は自分の元には永久に現れない、ずっと怒っている、永遠に嫌われる、永久に見捨てられる、といった、非常にネガティブな感情に支配されてしまう。

　ギフティッドASとの関わりには、持続的に、彼らを良い者として映し返しすことが大きな目標となる。

　たとえば幼児との＜いないいないば～＞の遊びに象徴されるような、何度も母親が消えても帰ってくる経験を繰り返しする必要がある。帰ってくる体験とは対象とつながっている感覚を強化させることであり、不安や恐怖を減少させる。これは薬物療法によって、単に症状を消失させることを目的にするのではなく、もう少し根本的な治癒を目指す。理解されていると感じる対象との関係性の中で、態度や言葉や行為のやり取りを通して、自分を効果的に映し返してもらえる体験の積み重ねが不安を沈めていくだろう。

＜聞く耳＞

　両親とも、私の話を聞く気はないです。普通に聞かれたことがありません。

　「とにかく物を投げたらダメ」っていつも言ってます。とにかくそれがいつもなので、話の流れはもう寝てても書けるんですけど。

　①親が話しだす→②私が物を投げるか、言葉遣いが乱れる→③話続行の希望はなくなって、親は②の話以外できなくなる→④とりあえず一段落→⑤私が話を元に戻そうとする→⑥親が「話はもう終わったでし

ょ？」もしくは，「あなたの話がむずかしいからわからない」か，問答無用で「仕事があるから寝る」，となって終わります笑笑笑笑。

「話はもう終わったでしょ？」の場合は，運がよければ最初からやりなおして同じ循環に入れます。

「あなたの話がむずかしいからわからない」の時は，結局時間をあげても黙ったままで，寝るに移行するか，「それっておかしくない？　だってどう考えても物は投げちゃだめよ」という感じになります。

「仕事があるから寝る」場合は，「睡眠ぐらい……」と言うと危険です。「仕事はどうしてもしなくちゃいけないでしょ」，「あなたみたいにダラダラしてるだけじゃないんだから」，「生活があるでしょ。あなたは生活なんてってまた言うんでしょうけど，生活があるんだから」となります。

　議論の合間には基本的に「近所迷惑だから静かにしゃべって！」，「わかったから＜アンタ＞っていう言葉遣いやめなさいよ(理由：社会で恥をかくから等)」がはさまれます。ちなみにこれは母の場合です。父は横で人任せの雰囲気で困った顔してブツブツ言っています。

　二人とも真面目に聞いてるんかな？？分かんないですけど，とりあえずまたその話か……面倒くさい，という雰囲気は漂わせています。

　この人たちには実際，た・よ・れ・ま・せ・ん。

　テンションが上がって楽しく話をしても，まともに聞いてもらえることはないです。壊されます。

　正直，話聞かない割に要求はしてきます。議論のときに「まともに喋って！」とか言うのもそうですけど，毎晩「テレビがうるさくて眠れないから小さくして！」と言います。ギターしてたら「(お父さん／お母さんが)くつろごうと思ったのに」の言葉で本当に気分害されます。話もまともに聞かないのに態度がでかいです。

いよいよとなると互いにかばい合います。「おとうさん/おかあさん
　は悪気があるわけじゃない」。
　　……と言うふうに，まったく好かれたことがないので，まともに人と
　接せれないですね。

　親の言い分と子どもの言い分には，第三者としてみるとそれぞれに納得の
いく点がある。しかし子育てという観点から見ると，親は子どもにとって甘
える対象であり，それはボウルビイが愛着を寄せる対象といったものに相当
する。愛着の対象とつながっているという感覚が心的安定感に大変大きく影
響する。
　もし子どもが自分を見てほしい，わかってほしい欲求を十分に満たされな
かったと感じると，リビドー的な本能欲求や行き過ぎた抑圧や圧迫感，そし
て満たしてくれない親へ憎しみを抱くことがある。常に愛情と安心を求め，
求められないための憎しみを抱くという構図が出来上がってしまう。
　ギフティッドASが親にかまってもらいわかってもらいたいという欲求
と，安心を求める気持ちは非常に強く，要求が拒否されればされるほど，興
奮を伴う爆発や他者への操作，命令へと向かっていく。それが更に拒否され
ると憎悪が生じ，将来，親との関係性に大きな亀裂を引き起こしてしまう可
能性がある。
　ギフティッドASの子どもを持つ親側からすると，知的能力がいくら高く
ても日常生活を無難にやっていけないかもしれないという不安に捉われるこ
とがある。この不安は，親自身が自分には抱えきれないため，自分レベルの
安心枠にはめなければという焦りのことがある。つまり親自身が余裕のない
状態になるのだ。その結果，子どもに対して会話というより，言い聞かせで
あったり，注意であったりの応対が多くなり，親子関係がぎくしゃくするこ
とになる。親は，支配-被支配の二項関係で子どもを何とかしなければとい
う思いに捉われがちになるので注意を要する。

┌─＜親とのギャップ＞──────────────────┐

　10年以上，本当に事あるごとに言われ続けたストレスのために，行
動をするときに邪魔になり，好きなことにすら集中を欠くという，長い
年月だったのに，いまだに「言ってることが難しい」，「私達はこういう
夫婦なのよ（それでいいのだと開き直り？）」，「あなたの気持ちを理解
してなくてごめんね」と，さらに追い打ちをかけられ言い続けられたら
狂いますよねえ。というか，或る程度，基本は狂っていますけどもうそ
れ治す気ないですから。

　大体上記3つを組み合わせてこちらが何を言っても返してきます。
　最近は「大人」の特権として持っていた彼らの知識よりも，私の方が
上回ったので，親が怒るみっともなさを笑いつつ，「まあ良かったら気
づきなさいよ」とだらだらやってる感じですね。

　要は子どもできたからといって親じゃないよ，と。それさえ分かれば
良かっ，，，たのに！！ですよね。
　感謝もしてますし，申し訳なかったと思いますけど，本心から。

└──────────────────────────────┘

　ギフティッドASが理論的で知的に考えようとし，理解も一般常識だから
というのでは納得できず，合点がいく説明を求めることと逆説的に響くかも
しれないが，彼らが最も求めているのは情緒的な繋がりである。もっと言う
なら情緒的安寧感を与えてくれる対象であり与える対象ではない。情緒的に
十分理解される強い欲求があるのだ。そして理解されたと感じるカギとなる
のは，本人の刺激の閾値，つまり適量の刺激かどうかに拠る。
　関わりが少なすぎるということは勿論であるが，過剰であってもならな
い。関わりというと，ともすれば積極的に世話を焼くようなニュアンスに取
られがちである。至適なかかわりとは子どものニーズを読み取るということ
である。そのことが最も大事なことと了解されなければならない。共にある

情緒体験がないと，自分の情動的なニーズは他者に受け入れがたく恥ずべき ものであると思い込んでしまう。それは心理的なひきこもりを引き起こし，他者と心と心を通わせるチャンスがあっても自分を出すことができず，関係性の断絶を生じる危険をはらんでいる。

　ギフティッドASの子どもが，養育という点からともすれば手がかかることや，応答が養育者の期待したものと違うことから，親が教示的で過干渉にはなることがある。

　臨床上の問題が，幼少時期からの理解を得られない体験に端を発していることが非常に多い。

　親の応答の積み重ねが子どもの自己像の原型を形作る。子どもは体験を共有され，承認され，了解されるプロセスを通してして揺るがない自己を作っていくと言える。

＜侵襲性と攻撃性＞

　あのね，1つ言うと，私は人の心に土足で踏み込んでくるヤツを，死ぬほど困らせるのが大好きなのよ。

　そういうヤツは最初からナメてかかってくるから，時期を見計って容赦なし。

　元々競争や争いを好まないギフティッドASであるが，心的テリトリーに踏み込まれると非常に強いリアクションを起こす場合がある。多くの人が感じないことをも深く感じ，同時に自他の情動把握が苦手なギフティッドASは，周囲の事柄に影響を受けやすく，自分の安全圏を確保する必要がある。

　彼らの神経の鋭敏さに対して，乳幼児期を通して程よい世話がなされた場合でも，母親との身体的分離はほかの子どもと比べるとゆっくりだといえる。

　何歳で何ができるという，暦年齢で輪切りにした一元的発達論では，発達の不揃いについての説明が難しい。そこで，スターンD.Sternの概念である多層的にいくつかの領域が複合して自己を形成していく発達領域論で捉える

と，ひとりの人に，非常に発達が著しい領域と遅い領域が併存して存在することが理解できる。ギフティッドASのように，知的には抜きんでて優秀でありながら社会性においては幼いということが生じうるということである。しかしこうした両極が併存する発達の在り方は，本人にとっても自己調整が難しく，他者からは理解されにくい。社会性を獲得するのに時間を要する幼児が，人生の早期に，愛着の対象との早すぎる分離とか喪失といった苦痛に満ちた経験をし，補償されないままだと，内的な傷つきやすさや不安感などがその後の人生においても持ち越しの状態となることを，特にギフティッドASの場合には注意したい。

　翔の場合は，より強固な対象へ自分を自閉的に同一化してしまうということは生じていないが，何かが侵入的に自分の領域に踏み込もうとしていると感じると，身の危険を感じ排斥しようとする心理機制が働く。閾値を超えた刺激への自己防衛が働くといってもよいだろう。これは，自律とか自己発達という視点から見ると自然で健康な反応と言える。

　自分と他者は別人格で，自分の身体は自分の意志で動いており，感情は自分の主体的体験から生じて独自のものという感覚は，幼少時に，養育者と自分を同一のものと感じる安心感を得た後，自分は他者とは異なる身体を持ち，自分には独自の感じ方や考え方があることを確立したいという欲求が生まれる。こうした発達過程は，マーラー Mahler, M.（1975/2001）の分離・個体化の概念と結びつく。

　自分が他者のものでなく自分は自分であるということは，自分の内的状態をどう感じ，どう意識化し，どう同定するか，そしてどう判断しどう行動するか，と深い関係がある。スターン Stern(1986)は次の4つの要素を中核の自己の確立に重要なものとだとしている。包括的発達については，第1章の「発達領域の視点」のところですでに説明しているが，以下にスターンが中核の自己領域の要素にあげているものを示してみる。

① 活動や行為の主体者は自分であって，能動的な動機に基づいていること。自分の行為は自分の意志や欲求で動いているという一致感。
② 自分の四肢・身体を動かしているのは自分自身であって，他者が操作し

ているのではないという他者と自分の間には身体的な境界があると感覚。自分の身体運動は自分がコントロールできるということ。

③ 内心から発信された自分の気持ちや感情，欲求を，それを誘発した人物のものと混同することなく自分自身のものと感じることができること。

④ 自分の存在は記憶や語りを遡って連続しており，過去と現在，現在から未来は繋がっているという時間的感覚があること。

　こうした感覚は，普段意識されずに動いている。これらの感覚のいずれかに不具合を感じるとき，それを意識化し何が安全感を脅かすのかを明らかにし調整することができれば，安定した自己の中核領域の発達が促進される。

　ギフティッドASの子どもが刺激を深く感じているにもかかわらず，周りが自分の反応と異なるために，適切な映し返しをしてもらえない。これは正しい自己像が形成されないことを意味する。結果，真の自分の情動を同定できなかったり，自分の感情状態に疎かったりして，自分の考えや判断がすぐに出てこなかったり，ストッパーが効かなかったり，ほかの人の世界と自分がガラスで区切られているように感じたりすることがある。本人の情緒，ニーズ，欲求，判断を待つこと，引き出すこと，了解することは彼らの心の発達にとって非常に重要なことである。

２．翔の内的深まりの軌跡

┌─**＜不安・気がかり＞**─────────────────────

　なんか(親元を離れて大学へ)…，行きたくはないです。はっきり言うと。もう，でも，自分で決めてやるしかないですよね。授業のコマも8日までに提出，焦ってますね。

　いつのまにここまで進んだのかって感じですね。
　でも気分いいです，行きたくなくても。
　強いて言うとどうなるかが不安ですけど。どうドタキャンするか……

└─────────────────────────────────────

ギフティッドASが漠然とした不安感を持っていることがよくある。不安反応が起こる原因にはいろいろあるが，一つは不器用さからくる失敗体験や，先の予測ができないことが起因していることがある。何が緊張や不安を喚起させるのかを丁寧に追っていくと，その漠然とした感情が次第に明確化されてくる。

　大きな環境の変化に加え，愛着対象から離れたくないのに離れざるを得ないときに生じる強い不安は，青年期でも起こりうるものだ。不安が限界を超えてコントロール不能のパニックを引き起こすことがある。見知らぬ土地に投げ込まれて，誰とも連絡が取れなくなったときに生まれる恐怖心と似ている。

　ギフティッドASの幼年期を振り返ってもらうと，保育園時代や幼稚園時代に登園を嫌がった報告があることが多い。特に母親と引き離されるときに泣き叫んで，あたかも助けを求める風である。不安でいっぱいの子どもを保育士や教諭がもぎ取るように母親から引き離し，母親は安心させる言葉かけもせずに逃げるように立ち去るという場面が生じることもある。そして迎えに来た母親に対して，その子どもが，あたかもいないかのように振舞った後，非常に強いまといつきや苛立ちを見せて，親を困惑させることがある。親や保育士・教諭はこうした子どもの様子を，一旦親から引き離すと大丈夫だと勘違いしがちである。しかし，こうしたリアクションは早すぎる分離のひとつの型である。愛着対象との分離の問題を想定して注意をしなければならない。迎えにいったときにすぐに母親を見て駆け寄ってこない場合は，母親への愛情を取り戻したい気持ちと見捨てられた怒りのアンビバレントな心情の裏返しであるかもしれないからである。

　不安や気がかりは，ギフティッドASにおいて，愛着の強さとあわせてしばしば重要な問題である。本人自体，何に反応して不安を感じるかがわからない場合が多く，漠然とした不安や恐怖として表現される。特に年少の子どもは，自身がどんな状態に陥っているかについて説明する術を知らない。

　安心感を獲得できないままだと，ほかの子はなんでもなくやれていると見えることが，自分には大変に思われ，ちょっとしたことでフラストレーションを感じてしまう。一般的には思春期に達するとその不安は増していく。

苦手とするある状況について不安を感じる子どももいる。それは，嫌な体験がまた起きるのではないかという気がかりによって生じる。たとえば給食で嫌な体験をしたとか，授業中に笑われたとか叱られたとか，掃除当番を押し付けられた等が災いしていることがある。あるいは，見知らぬ人に会わねばならない時や，全く新しい場所に行かねばならない時など，次に何が起きるか予想がつかない時などには非常な緊張状態にある。こういう時は表情の硬さや多動性の増大などで，言外に示されていることが多い。彼らの多くは，それまでの体験から，悲観的結末を思い浮かべてしまう。過去の理由のわからない叱責や嘲笑にまつわる話題が出たときには，たとえばかばかしいことを大げさに捉えていると思っても注意深く耳を傾けなければならない。そこに，不安や恐怖の源を，より明確化する手がかりが含まれているからだ。

　ギフティッドASの子どもによく見られるまじめくさった遠慮がちな態度や表情のなさは周りへの警戒反応であり，無感覚とか抑うつ状態と混同しないようにしなければならない。彼らの表情は感情が出にくいために情緒を読み取ることが難しい場合がある。彼らの無表情は，不快感ではなく緊張状態にあることを表している。

　ギフティッドASの子どもが本当に落ち込むと，往々にして苛立ちを見せたり，泣き叫んだり，しつこくぐずぐず言ったり，陰鬱で絶望し，厭世的になることが多い。自殺をほのめかしたり，血の表現を含むグロテスクな想像をしたりすることもある。しかし，グロテスクな話はそれ自体，その子の異常性ではない。むしろ抑うつ感情のサインとして受け取ることが大事である。

　思春期に双極性の気分障害の兆候が現れることがある。躁状態では，睡眠時間が突然減り，通常の状態時には考えられない問題行動や行為を起こすこともある。非現実的なことを考えて万能感に支配され，苛々感が募り，おしゃべりになって向う見ずな行為を引き起こす。万引きをしたり，だれかれなく親しく電話や訪問をしたり，性的逸脱行動となったりする場合がある。

　こうした状態は，医学的対応を必要とするが，ギフティッドASの場合，身体の鋭敏性をわかる医師でないと薬の副作用に苦しむことがある。

┌─<婉曲な言い回し>─

　覚えているか分かりませんが，私が自分は特別だと言ったのはそれはね，嘘じゃないと思います。

　大学に帰ったら，今度は自分は凡庸だと思い始めて，謙虚な姿勢が最高の宝のように思えました。

　結局嘘でも本当でも一緒なんです。

　永遠に風に恵まれない幻想の帆船なんて，幽霊船のほうがまだ無邪気なだけましです。

　ギフティッドASが，あたかも直接触れると痛いかのように回りくどい言い方や，わかりにくい比喩を用いて自分の感じていることを表現することがある。

　あるギフティッドASの男性は，子犬が甘えて母犬にじゃれている様を生き生きとと語ったが，それが自分の母親に対する気持ちの表われであると認めるのに強い抵抗を示した。彼は誕生直後から抱っこをしないと眠らず，言葉をようやく話し始めるなり「おむつをとってください」と母親に依頼し，一度もおねしょをしなかったという幼児期の報告があった。彼は，言われたことを遂行しきるまでやめない，徹底した真面目さで疲労困憊したために症状化したのだが，母親以外の人に強い緊張を示した。母親は諭したり社会の仕組みを言って聞かせたり一生懸命だった。そして彼も一生懸命に努力しようとするのだが，そうすればするほど自分にはできないことを突き付けられることになり，混乱と不安が増強し，身動きができない状態に陥った。彼が最も欲していた甘え，保護してもらうことからますます遠ざかる結果になってしまった。

　自分の内に潜在する能力を感じながら，舵もなく，目的地にいざなってく

れる風もなく，ただ荒波にとどまって途方に暮れるという心情のギフティッドASは多いのではないだろうか。

＜身体性：感受性＞

咳の出る日に．

誘惑は甘く，雨と熱帯魚の水槽をそれに絡めると更に甘美になった。
さてその男は果たして女に関係を求めた。女は上の空で，喜んで，実際，恐れた。
彼女は余りに伏目がちで，自分の周りの地面一部分しか見えなかったので，丸も四角も一メートルも蛙も同じに見えた。

奇しくも街灯の下でキスをして，みっともない恥もかいて，男は結局，肝心な所で夢は見れなかった。
友に夢までを話し，肝心な所は顔が気に入らなかったと虚栄心で誤魔化しておいた。

男と女が夢を見ない判断の正しさを認めるようになるには，また年月を待たねばならなかった。

男は現実と夢の混ぜものを平らげると，吐息が揺らす夜の木の葉に孤独を感じて，携帯に言霊とやらを打ちこんだ。

女はカチカチという音が雀の鳴き声と重なるとき，押入の枠にかかった干支の織物が目に浮かび，静の使者を演じる。

空想がざらつくのは幼稚園の砂場のせいで，これが分析という奴なのだと思って咳をする。

翔のこの感性が生み出す世界の，文芸的評価は別にして，ナイーブな吐露には，色，音，光，触感，など五感覚からの感受性が，風景を象徴的に介在させながら描かれ，心的状況を読み取ることができる。このように，五感の優れた感受性を詩や，音楽や，映像などに昇華していく可能性は，ギフティッドASの多くが秘めている能力でもある。

ただ子ども時代は感じすぎる五感について，周りには大げさで我が儘と取られ，対応が外傷的になることがある。

乳幼児期には感覚の鋭敏性には気づかれずに育った子どもが，疲労をきっかけに過敏反応の訴え，わかる場合もある。日常に起こりうる鋭敏性を例に挙げるといかのようなものが挙げられる。

＜触覚＞

◇ 肌や髪に触れられるのは不快だ。ハイネックの服やマフラーは我慢できない。

◇ 特にお気に入りの肌触りやぴったり感にこだわる。

◇ 暑さ・寒さ，熱い・冷たい，の調節ができない。

◇ 爪切り，洗髪，耳掃除を痛がる。

◇ 猫舌だ。

＜聴覚＞

◇ どうしても我慢できない音，声，しゃべり方がある。

◇ 怒っていないと言われても叱責されていると思う。

◇ 他の子が叱られていても自分が叱られているように感じる。

◇ 微かな音や会話でも聞こえる。

◇ 楽器など音程が狂うとすぐわかる。

◇ 多くの音が全部聞こえるので肝心の音(声)が聞こえにくい。

◇ 微かな音で目が覚める。

＜視覚＞

◇ 皆平気そうなのにまぶしいと感じる。

- ◇ 左右対称に惹かれる。
- ◇ 知らないうちに人や物を凝視している。
- ◇ 視力に関係なく興味関心のあるものや，気になるものがよく見える。
- ◇ グラデーションなど色合わせにこだわる。
- ◇ 数字やものが順番にそろっていると気持ちがよい。
- ◇ 置いていたものの位置が変わるとすぐわかる。
- ◇ きらきらするものに惹かれる。

＜味覚＞
- ◇ 微妙な味の違いが分かる。
- ◇ 好き嫌いが激しい。
- ◇ 味にこだわりがある。
- ◇ 好きなものは毎日同じものでも平気だ。
- ◇ 焼き加減，煮加減にうるさい。

＜嗅覚＞
- ◇ 他の人は平気そうにしているのに，臭くて耐えられないと感じることがある。
- ◇ 特に大好きなにおいがあり，それをかぐと気持ちが休まる。
- ◇ 気になってものを，つい嗅いでしまう。
- ◇ 人が気づかない匂いを感じとる。
- ◇ 微かな匂いの違いをかぎ分けられる。
- ◇ 匂いと場面が一体になって思い出される。
- ◇ 我慢できないにおいがある。

　こうした反応をした時には，注意が必要である。自らも自分の鋭敏な感覚に気づかないまま，理由はわからないのに神経疲労が溜まり，無気力，うつ的気分，身体症状を生じさせやすくなるからだ。
　状態を悪化させるのは，慣れさせるためと称して無理強いをし，不快な状

況をさらに増強させる場合である。特に学校を中心とした集団では，「そんなことくらいで」，「そんなこともできないのか」と，逆に叱責される体験となり，どうにかほかの子どもと合わせようと努め，疲れ果ててしまうことである。そうすると，ますます自己評価を下げ，自分をだめな人間だと同定してしまう可能性がある。

　感覚領域は情緒的かかわり以前に，子どもが生理的に感じる身体特性である。意志の力や無理強いをして慣れさせる質のものではない。このことを充分知っておかなければ誤った対応を導くだろう。

　幼少時の怖い体験は，養育者と安定した情緒的つながりを結ぶことが時として難しくさせる。人間不信，（他者から見ると）被害妄想的言動をもたらことになる。

　泣き叫んで嫌がる子どもを，しつけがうまくいかないと感じて，「なんでもないこと」に騒ぐ罰として，叱ったり，たたいたり，脅したりしている親や教師がまだいないとも限らない。きょうだいやクラスメートが，彼らの過敏反応につけ込んで嫌がらせをすることもある。本人はちょっとしたことで興奮状態を引き起こすことがある。こうした双方の状況を鑑みて，過敏性について把握しておく必要がある。

＜情緒特性：審美的価値観＞

　私にも偏見があります。下らない前置きかもしれないですが，普遍的絶対平等に基づく偏見と云うものです。

　まず一番は美しい人。これはもう馬鹿でも阿呆でも何でも良い。気にならない。

　次に美しくない人。この人達は特に可愛い。失礼な態度を取りたくないし，争いをしたくない。姉は美しくないので可愛い。美しくない人は大体平気です。

　その次は醜い人間。醜い人間がアホな場合は稀ではないのでこの位置だが，これも基本的には普通の人と同じで気にならない。見ていたくはないが，でもそれだけ。

最後が馬鹿な人間。これだけは腹が立つ。イライラしてしょうがない。いくら貶めてもキリがなく，常に攻撃に値する。馬鹿を殺しても仕方がない。よく言う様に馬鹿は死んでも治らないので，馬鹿に腹が立つといって馬鹿を殺してその馬鹿を永遠に葬っても仕様がない。まだその馬鹿を治そうと，双方に無益な気の迷いを起こす方がマシである。

　世界認識の程度による，知っている人間／雑魚の概念と同じく，私の中にある人間に関する階級意識のようです。美は個性がなんだというよりも普遍美。自己の普遍性に気付いたものは，おのずと普遍美を纏うようになる……賢い人間が美しくなる道理です。

　翔にはいわゆる社会通念上の視点ではなく，＜美＞的感覚を基底にした翔独自の価値感に基づいたヒエラルキーがある。

　ギフティッドASの子どもが一見わきまえないように見えたり，反抗的に見えることがある。しかしよく観察してみると，独創的なアイデアの発露を妨げられた結果であったり，既成の概念の受け売りを嫌って，「なぜ」から出た真実を探求する情熱から出ているものであったりする。一過性の流行りより，普遍的な理由を知りたい知的欲求に駆られると言ってもよいかもしれない。彼らがあることに没頭する様は，多くの人たちより狭くはあるかもしれないが深いかもしれず，現実的でないかもしれないが宇宙の高さがあるかもしれない。

　集団や組織の中でそうした特性はややもすると周りとずれることがある。彼らの対人関係における特性について，第1に，他者と同じ目的のために注意をともにするということの困難さがある。日常生活では，以下のことがよく見られる。

◇　頑固で一徹なところがある。自分のやり方を通す。
◇　1番でないと気がすまない。勝ち負けにこだわる。

- 相手を支配したり操作したがるように思われる。
- 独断で物事を決めてしまう。
- 人から注目を浴びたり目立ちたい気持ちが強い。
- グループ行動や，共同作業を嫌う。苦手だ。
- 同じものを一緒に共有することを嫌う。
- 会話で何を話していいか分からない。気軽な会話が苦手だ。
- 新しく出会う人への緊張感が強い。
- 相手, 場所, 時によって言ってもいいことと悪いことの区別がつかない。

第2に，相手の意図を了解し自分の意図を伝えながらやり取りすることに困難がある。

- 人が言っている意味を理解していないことがある。
- 相手の立場を理解するのが困難だ。
- 仲間に入るきっかけをつかめない。どのように仲間集団に入るか分からない。
- 学ぶ時は大勢と一緒でなく自分のやり方で学ぶのがいい。
- 自分ではなぜかわからないのに怪訝な顔をされることがある。
- 人の話を聞いていても途中で上の空になる。
- 話の内容ではなく単語に反応する。
- 人が笑っていてもなぜ可笑しいのか分からないときがある。
- 突然話題になっていることと関係ないことを話し出す。
- 含みが分からず字義どおり受け取る。

第3に，相手の情緒や感情を了解し，情動を相互に共有することに困難がある。気を使っている割に気が効かないように映る。

- 心的距離間をとるのが下手だ。過剰に依存したり強い愛着を示す。反対に極端に人を避ける。
- 謝るべきところでも謝らない。プライドが高い。
- 人の気持ちがわからない。
- 他者に対して懐疑的でなかなか心を許さない。

- ◇　他者の外傷や病気に痛みを感じない。
- ◇　よほどの人でないと一緒にいて楽しくない。
- ◇　知らないうちに人に嫌われているのではないかと思う。
- ◇　人に気を使って疲れる。
- ◇　親しい人にも敬語を使う。
- ◇　そんなつもりはないのに態度が横柄だといわれる。

　以上は，人とのかかわりにおける日常的な出来事として，ギフティッドASが体験しやすいことである。

＜知識・情緒・思考＞

　芸術とは，なんとなくの仕組み。それだけです。

　それを難しく論とかで括るから，授業で見たビデオの評論家の男はあんな小難しい顔になるんです。なんとなく「たつ」のカレーうどんが好きという感覚と殆ど一緒です。それか何も感じないか。それがそうなんだから仕方ないだろう，それ以上の詮索は「分からないもの」を分かろうとする矛盾に他ならず，不要そのもの。そういう感じです。
「それ」が何か？なぜか？ひょっとして，仮に，え？ん？……あ，……そんなの全て不要です。

「芸術一般の欺瞞」と，ある作家が表現していました。存在を，本質ではなく仮りの呼び名で別の存在として夢見る性質のことか，それに近いことを言ったものではないかと思います。
　例えば花があった時に，色やにおいや形に反応して反射的に「名前」を通り越してたとしても，私には，その花はただそういう存在以上にも以下にも見えないんです。

　目の前のものを本能的に，人生の中で美しい，醜い，あるいはこうこうだと見られる人は陶酔できる人なのではないでしょうか。それが芸術

ではないでしょうか。そういう人の作品は素晴らしいのでしょう。触れれば直感で分かるのかもしれません。私が好きな音楽や人は，そのまま＝(イコール)で右辺に繋がるだけです。字面の話です。

ここで翔が物事の何に反応して感じ，さらに深く発展的に思考し，そして判断しようとしているかの過程が描かれている。

ギフティッドASが感覚優位であることに注目すると，彼らが触角のように相手からの言語が意味するところ以前に発せられるサウンドとしての声色や，間合い，調子，強弱，色やバランスなどを指標として反応し，自分を形作っていくことは自然なような気がする。時に成育歴が一因して過剰に反応し，思い込みで断定してしまうことはあるが，彼らが自分の価値観を確固としたものにするために，優れた感覚と知力を手がかりにそれをツールとして利用することは無難な方法であろう。

しばしば彼らの社会性やコミュニケーション能力が取りざたされるが，何に依拠してコミュニケーションを図るかは，行動療法に基づくより彼らの特性から引き出す方がうまくいくだろう。一般的ルールを教え込もうとするやり方や，教科学習のように教示するやり方は，彼らの実体験として意味を持たない限り効果がない。

＜現実原則と精神＞

何も無い。今の時点で何も欲しないし何も手に入らない。夢を見ないと何もできない。醒めているだけで苦痛。

「現実は動かない。そういうものだから考えても分からないという気付きは諦めの色を持ちますが，それはそれで気分のいい色で，気は楽なんです。でもそれだけでは人間は生きていけないんです。

精神というのはそれが分かったうえで育つものですから，一回，本当に育ち始めると本当に霊験あらたかというかそういうものになる」

〈なるほど，なかなか込みいった話だな〉

「いえ，一番単純な話です。赤色を全く知らない他人に，赤がどういう色であるか説明しても，やっぱり聞いている方はちんぷんかんぷんでしょう」

〈そんなものかな〉

「私はちょうどこの灼熱のコロナの瓶からライムを取り出す様な知力が欲しいんです。それもこうサッと掠め取る様な魔力でなく，瓶ごと打ち割る力が」

　自分の能力を現実にどう具現化していくかは，ギフティッドASにとって非常に重要な課題である。彼らの持ち味を生かすという点で，何の領域に特に優れた能力があるのか，またそれと同時に何の領域を　苦手とするかについて十分な吟味が必要となる。これは知能テストや学校の成績では把握し得ない，もう少し多次元的な見方が必要である。

　彼らの持っている能力を大きく分けると次のようになる。

　第1に，言語にまつわる分野に才能を持っている場合がある。これは，以下のような点から推察することができるだろう。

◇　文字に興味を持ち，覚えるのが早かった。

◇　難しいことばや漢字をよく知っている。

◇　難しい単語を使って文章を書くことができる。

◇　書くことが自分表現の一部である。

◇　本が好きでよく読む。

◇　テストの点に関係なく語学が好きだ。

◇　表現にこだわりがあり適正な言葉表現を好む。

◇　細かな具体的な表現ができる。場面を詳細に覚えている。

◇　観念的思考傾向がある。

◇　単語を覚えるのに抵抗がない。特別努力を必要としない。

第2に，数字や数学的な分野である。

◇　数字に早くから興味を持った。数字の細かい計算は苦にならない。

◇　パソコン操作に優れている。

◇　機械の仕組みに関心がある。

◇　電子工作やロボットに興味を持つ。惹かれる。

◇　将棋，チェス，碁のいずれか（もしくは複数）が好きだ。

◇　科学が好きだ。年齢を超えた専門書に興味を持つ。

◇　物理に興味を持っている。

◇　生物のいずれかにかけては何でも知っているものがある。

◇　ゲームが好きだ。

◇　電話番号，誕生日，記念日，カレンダーの日付をよく覚えている。

第3に，物事を客観的に分析的に把握する能力が優れていることがある。

◇　物事を理論的に説明することが得意である。

◇　自分を見ている自分がいる。

◇　物事を細かいところまでよく覚えている。

◇　説明書・解説書・攻略本は細かいところまできっちり読む。

◇　人間個人より出来事や物事の成り立ちそのものを観察する。

◇　ストーリーを情緒的に追うより分析的な捉え方をする。

◇　説明や議論は得意だ。

◇　筋が通っていないと納得をしない。

◇　解剖図や内臓の機能に興味関心がある。

◇　物事を感情移入しないで判断する。

第4に象徴を利用して自分の世界を広げる能力に長けていることがある。

◇　ファンタジーが好きだ。空想の世界が豊かで神秘に惹かれる。

◇　基本的に純粋で正義感の強いところがある。

◇　自分の想像世界を持っている。

◇　本は流行のものより古典文学や外国のものに惹かれる。

◇　人生を深く考えたり哲学書に関心がある。

- ◇　手芸や緻密な作業が好きだ。
- ◇　音楽の世界に惹かれる。音楽を聴いて浸る。楽器を弾いていると我を忘れる。
- ◇　共感覚がある。数字を色で感じる。人の声を色で聞いて種別する。
- ◇　美術に関心がある。独創的な絵を描く。美術館に行くといつまでも浸っている。
- ◇　物を集めたりそろえたりするのが好きだ。

　感情表現が苦手だからといって，ギフティッドASが感じていないとか情緒に鈍感だということにはならない。非常に逆説的であるが，感じすぎるために，現状の環境でそのままでは生き残れないために感覚を麻痺させて自閉的に身を守っていると思われることもある。

　言語が生の体験を伝達する手段として不十分であることは，いざ語ろうとするとうまくいかないという経験で，誰でもわかっていることではあるが，ギフティッドASの場合は，とりわけ他者に伝えることに困難を感じることが多いのではないだろうか。言語で記号化され，社会化された一般的な認識と，自分が感じていることの間にある大きなギャップを，彼らは何か表出可能な方法，たとえば会話言葉ではなく，文章言葉を用いたり，音を通して演奏や作詞・作曲という形態を取ったり，色や濃淡を使って絵画や書道という形で表現したり，数に関する世界を自分表出する手段としたり，科学で不思議を探究し情緒を満たしていくなどで埋め合わせてバランスを取っていくようにも見える。

　翔が両親の理解を得ながら，次第に自分の欲求を明らかにし，自分を表出し，受動的な行動形態から主体的な自己として動き始めたプロセスは，第1章で述べた自己発達のプロセスを経ていることがわかる。

3．翔の社会との折り合いの軌跡

─＜仲間づきあい＞─────────────────

　　体調自体は良いです。部活をやっていたおかげで，こっちで知り合い
　が増えて，週一で練習をしたりして体は大丈夫です。

　　ひとつ学んだのは，冷静になることです。

　　自分自身が安定すると，自分に対しても他者に対しても信頼が強まり，相
手と協力する能力が磨かれてくる。これは，自我が発達してきたとか自己調
整力が形成されてきたという表現を使うこともできる。エリクソンErikson
(1950) は，人間のもっとも根源的で最初の自我発達の段階として，「基本
的信頼」ということを言っているが，ギフティッドASが他者に対して疑心
暗鬼で不信感を抱きがちな傾向がある一方で，自分を赤裸々に見せても繋が
る関係を普通以上に求めているというアンビバレントな心理が併存している。
　　翔が他者との関係を結ぶ際，自分が冷静であるときに上手くいくようだと
感じている点は，注目に値するものだ。

─＜抑うつ的感情の表出＞─────────────

　　どう言ったらよいでしょう？　よくわからないんですけど，とりあえ
　ずそんなに大したことじゃないかもですけど，そんなにいいことではな
　いです。状況的に。

　　うるさい馬鹿。
　　ついに書けましたね。

　　馬鹿，うっせえよ，ということですね。

こっちのカウンセリングいうのはどうもだめですね，＜死ぬな，死ぬな＞の一点張りみたいな感じですね。馬鹿ですね，馬鹿。馬鹿。ほんと殺したいですよ。うっせえよ馬鹿，ですね。

　そういうヤツに出会うと　うるさい！殺したい！　となるんですよね。
たまにこういう気分が一生続くとなります。
　さてどうしましょう。

　いまとりあえず宿題したくないですけど。

　翔は課題や宿題など，期日が設定されることに対して，内容が自分にとっては簡単なものでも嫌悪反応が湧いてくる。急かされることに対するアレルギー反応がある。
　自分のペースで主体的な感覚を維持できていると，将来についての希望や自分自身への信頼感に基づいた自信が，彼をよりユニークな魅力ある人間にする。ところが，相手の枠に自分をはめなければならないときの抑うつ的感情は，おそらく子どものころ体験した機械的で一方的な期日までの課題要求と重なり，追い詰められる不快感情を生むものと思われた。
　やらされ感への憤りと，やらなければならない義務感のはざまに追いつめられる。心理的な苦悩が感情の爆発を生む。
　自身が行為の主体であると感じられているときの穏やかで，冷静で，大変豊かなに広がる内的世界と，追い詰められたと感じる時の，鬱屈した気分の，両者の落差は，非常に激しく，しかも状態が悪いと急に変化する。本人の心情を想像できなければ，対応する側は専門家でさ躁鬱と勘違いしたり，どう彼を判断すればよいかに戸惑う事があるだろう。「死ね」とか「死ぬ」などの言葉で表現される彼らの状態は，陰性感情に満たされ，自分をよいものと思えず，不安で心的に安定しておらず，第三者的には未成熟とみなされてしまう。

＜自己確立が社会化の一歩＞

　どこ行ってももう結局居場所ないんですよね。情けなすぎるけど社会で生きていける気がしないです。

　落ち着くのが，学生全員のはけた後の教室ですから。

　色々な観念を取り入れて納得という点でうまくいっても，欲しかったものは，どっちに転んでも永遠に手に入らない仕組みになっている。

　しんどかったら帰って休んでいいって言われて，すごい有難かった。まともに見えても基本はそのうち嫌われるか馬鹿にされるかでしょうね。

　なんでこんな風になってんだろ。
　大学も無理，仕事も無理，じゃあどうしましょ？　ニート？　やだなあ。

　今，周りの人がどう自分を見てるとかは思わないですけど，この社会の仕組みだけはどうにかしてほしいですね。

　なんでこうなったんでしょう？　親？　勉強？　いじめ？　何？　なんで自分だけ我慢できない？
　いつからこうなった？　まじで。存在は私に何をさせたい？

　翔が，内的世界から外界を覗いているとき，彼の世界広がり文章は生き生きとして繊細で羽ばたいているように感じられる。ところがいったん内的世界から抜け出ていわゆる＜現実＞界に出て，レポートや将来を考え始めると，見る見る世界は潤いをなくし始め，荒れ，すさみ始める。
　翔が著わす世界は，豊かな彩りの内的世界と，時にエネルギーの全てをのみ込んで疲弊させてしまうブラックホールのような＜現実＞世界である。両

者は溶け合わず対立して存在する，二つの断片化した世界と言えそうだ。こ
れらの世界をつなぐには，おそらく幼児・児童が自分の分身とも感じる毛布
やお気に入りのぬいぐるみ－ウィニコットが＜移行対象＞の名づけたもの－
と同じ性質のものが介在する必要があるのではないかと思う。

　ギフティッドASはより深くよりファンタジーに親しむ傾向がある。生々
しい現実を感じやすい分，より強力な安全膜を必要とするかのようだ。社会
に居ても安全膜があれば，自分が揺れずに安全である感覚を維持できる。友
情を形成できるし，もし望むなら，ファンタジーの共通性を基盤にして，集
団を作ることもできる。怖れず，自分流の人間関係を構築できていくだろう。
芸術や科学や宗教の本質は空想を伴う遊びの部分を含んでいる。

　ギフティッドASが社会との接触を可能にする方法は，たとえばSST（ソ
ーシャル・スキル・トレーニング）のような，社会に合わせる視点から適応
を学ぶのではない。社会的規範や周りのやり方にギフティッドASを合わせ
彼らを矯正しようとする方法は，これまでやりすぎるほどやってきて成功し
ていないのが常である。彼らは，内的現実と外的現実を絡み合わせ続ける作
業をして独自の方法で適応的になっていくように思う。

　そもそもギフティッドASは，よほど意識的に配慮された場合を除いて，
大げさに言えば誕生したその瞬間から，人間の本性について対峙せざるをえ
ないような過酷な場面を，普通の子どもよりも多く体験する。そのような子
どもが社会と折り合いをつけるために，スキルを知的に押し付けられる苦痛
は，更なる重圧を課す以外の何ものでもない。ギフティッドASに対して形
式的な対人関係ありきの側面から述べられた見解は，たとえ機能的特性につ
いて想像力を駆使して詳細に論じても，やさしく丁寧に扱われたとしても，
やはり充分なものとは言い難いだろう。

＜自己洞察＞

　最初こっちに来て仲良くなった人がちょっと常識を外れてる人で，あ
まりにもルールを外れていて腹が立ったので，一瞬，小説の主人公の考
えを借りて，その関係は自分の無関心が生んだものだ，みたいに考えて
いたんですけど（まあ合ってるんですけど(笑)），何が言いたいかとい

うと，私もその人に負けず劣らず社会不適格だったよ，ということです。どれくらい皮を被っているかの話で。

不適格同士で仲良くなる気はないんですけど，自分がここまで社会に関わっていないということは驚きです。

私だって色々な欲は人並です。炎に燃えたらダメといっても炎が困るだけです。どうしてもというなら消すしかない。でもね，頑張ればどうとかいうのじゃありません。

翔が，他者に迎合も批判もせずに，自分の在る姿を冷静に見ている様子がうかがえる。対他者と自分，対社会と自分，という関係性の境界を明確にしつつも，自分の情動のありようを客体化した目で捉えていることがわかる。

＜情緒と自己観察＞

昨日，ある人とある話が深まって，……でもすごいですね，分かり合える限界，あの究極の悲しさはすごい。もはや愛というべきものです。それだけ嬉しくてシンパシーがあって，でも隔たりがある悲しさ。こんなのわかる人いますかね。

いねーよ。

大人も役割があって，社会のルールを外れるのを，そうそう許容するわけにはいかないので，ヤツらが何か言うのは仕方ないし，尊敬もするんですが，でも本質的な所ではその単純さを少し見下している。
こんな構造，分かる人いるんでしょうか？

いねーな。

こういう気分です。泣きそうになる。

　自分と他者がどんなに近づいても同一になることはあり得ない。「個」として の認識を新たにする体験から，他者には他者の，自分には自分の感情，感受性，意図や期待がありながらも，共にあることが可能であることを，翔が実感するエピソードでもある。断絶せずに自他の境界を明確に認識している。健康な心的発達の証である。

＜社会的構造と感覚の統合＞

　私がずっと考えてきた自分の悩みの構造は，世界の構造とつながるところがあります。世界の話をする時は普遍性が下敷になりますが，普遍性に気付いた後は主に"ルール"に関する悩み(もしくは考察?)に移行しました。

　社会的ルールは平たく言って"そういうもの"，ということで，従うことそのものがルールになっているような……分かっていても言わないもの，従うもの，といった雰囲気です。つまり教育等で自ら気付くべきもの，気付くことになっているものです。

　しかし内面のルールは，気づいてはいけないみたいになっているもので，でも本来的にはあるもの。うすうす気付かれているもので，構造はそのような感じです。実際それを知覚するのは感覚です。それにいかに従うかがいわゆる"ストイック"さや"甲斐性"の質ではないでしょうか。

　人間の物を見る根源は感受性であると思います。
　人間の世界は，感覚等含め全て言語を含む多種多様の「記号」で表されますが，本来は根源的感受性の度合いによりその世界の構成は3次元的構造を呈し，普遍性に到達するにつれてその立体性が浮き立ってくるのではないかと思います。

私の場合はごく最近，社会のルールが「そういうもの」，「従うになっているもの」だと気付きました。確かに一見感受性のまま生きると，成長するに従い記号の出現に戸惑って社会で生きにくくなるようにも見えますが，広大な感受性は社会のルールに抗わないことの普遍性を知覚することで「甲斐性」に則った生活を営めるんではないでしょうか。

　それこそ何の抵抗も無く単純にルールに従って，それ越しにしか世界が見えない人もいますし，またその逆で，ルールがまるであってはいけないことの様にしか思えない人もいるでしょう。結局，感受性はそうしたことに拘泥しないその間を突き抜けているものだと思います。

　芸術はもちろん感受性の受け持つ範疇にありますから感受性が問題になるのですが，芸術の本当のレベルはその感受性がどこまで世界を感受しているか，つまり普遍的世界に届いているかだという気もします。

　恐らく私は笑いに関することをします。なぜなら感受性が目指す普遍的世界は，人生は本質的に少し哀しいと教える。だからわたしの見る夢は楽しい。

　翔が社会を否定せず，且つ自身に無理強いをせず，＜感受性＞というツール通して調整を測ろうとしたことがわかる。物事を評価したり判断したりするときの基準を感受性においたということは，記号化した社会に色を添えるということである。
　言語は体験を相手に伝え，コミュニケーションを発展させていく手段ではあるが，我々が相手とのやり取りで注目しようとしているのは，言外のいわゆる言語化から漏れた，背後にある気持ちの部分であると言ってもよい。そもそも完全に相手の気持ちを読むということが，たとえ深く理解し合っていると感じている者同士でも，それは不可能であろう。それで，分かり合えた

と感じる喜びは果てしもない寂しさと表裏一体となって存在する。大切なことは，相手が何を望んでいるか，何を感じているかを我流で読み解こうとすることよりも，永遠に知りえない相手に対して聴く耳を持つということと言ってもよいだろう。生じ続けるずれを繕いながら関わることで，互いの間に共通する一体感を持つことができるともいえる。

　自分自身の感受性を水面に浮かび上がらせるために一人の時間を持ったり，スピードを弛めたり，ある種の瞑想を試みてみたり，言語ではカテゴリー化できない情緒体験を芸術作品によって知覚したりすることが，新たに相手と繋がることになるだろう。

＜生き方の着地＞

　私はもう止まる気がない。すべて自分のやりたいように生きる。注釈はない。手続きなど最初から踏まない。

　ルールがどういうものかさえ分かれば，落ち着いて自分の身の丈も測れるわけでした。どっちかというとルールのなさを破壊したい面はあったでしょう。逆だと思ってましたけど。

　変に心配することはもうないよ。
　それだけ！

　自信を持っても大丈夫ですね。これ以上悩むことはないです。何で悩んでるのか分かりましたから。はい。

　自分が心理的に発達を遂げているという実感は，ひとつに，自分が望んでいることが明確になるということがある。ギフティッドASの子どもが自分の特性に気づかれずに，周りに適応していこうとすると，親から向けられたニーズ，つまり子どもに親が満たして欲しいと願う親側の欲求を，子どもがかなえなければならないと思い込んで努力する。そのとき，子どもは親のニ

ーズを自分のニーズであると錯覚して，親の要求する自己対象になるが，子どもが親に満たして欲しいと願う子どものニーズは省みられず，子どもは自己の発達における脱線を体験することになる。自他の欲求の境界が分からなくなってしまうのだ。つまり子どもの自己の境界形成プロセスは妨害されることになる。親の要求と相いれない自分自身の中心的情動は，抑圧するか，ないものとして否認するか，乖離するしかない。自己の欲求を他者の欲求と混同せずに了解でき，その境界を認知できるようになることは自己発達のサインである。

　ギフティッドASの子どもは，良いか悪いか，○か×か，ゼロか100か，というように両極端に気持ちが動く傾向がある。多くの刺激に左右され，情緒的にも浮き沈みの落差を経験することも多いものだ。

　自分の中のネガティブな自分と完璧にできる自負心を持った自分の矛盾した内的体験の調整が，普通の子どもよりも難しいと言えよう。素直で明るい子どものときと，絶対譲らないような頑固な子どものときと，ご機嫌がよいかと思っていると，何が原因かわからないようにも思えるのに感情を爆発させるなど，強烈で矛盾した情動状態が，ひとりの同一人物の中に生じがちである。このとき，母親がこの情動に巻き込まれないで受け入れ，耐え，把握し，ついには理解可能なものすることのできる存在として機能できれば，子どもの発達に寄与できるだろう。よい時だけ良い子として扱い，聞きわけなく，ましてや激情の塊となっている子どもは許せなかったり我慢できなかったりして，子どもの両面を認められず一貫した対応で受け止められない場合，子どもの情動調整能力と，自分らしさの統合への進歩は著しく妨害されることになる。様々な感情が生起する人間として自分の中で生じる情動を実感として了解し，ネガティブな気分や感情や情動を収めて行くことができるようになることは，自己発達のサインである。

　ギフティッドASは，外界の刺激から影響を受けやすく，自身の情緒や感情が良くも悪くも揺らぎやすい。興奮しすぎたり落ち込みすぎたりして，非常に疲れ果てることがある。これは，耐性の限界地点を超えて自分の情動のコントロールが効かなくなった状態であり，ヒステリー発作やパニック発作，あまりにも状態が悪いと精神疾患様の症状を呈することもある。

陰性感情を我慢や遠慮や忍耐によってのみで対処しようとするとどんどん本当の自分から離れていく。自己発達や内的安定とは逆方向となる。情動発達を促すには，自分の感覚をキャッチすることができることが大切だが，その感覚を適切な言葉で明確化してもらうことが発達には欠かせない。その経験ののちに，内的な欲求や情緒など情動を，自分自身に対する信号として使う能力が発達する。このプロセスには養育者の応答が欠かせない。子どもの強烈な情動状態をしっかり識別し，耐え，それに適切に反応できる養育者の存在がなければ，子どもは自分の耐性を超えた情動に翻弄されてしまう。養育者がこの応答性機能に失敗したときは，人工的な精神療法的かかわりで再度体験しなおすことになる。養育者以外の人によって体験を塗り替えていくことは可能ではあるが，多くの時間と心的エネルギーを使わずスムーズに自己発達・自己成長への修正を可能にするのは，やはり養育者が"子どもを抱える環境"(Winnicott,1977)や，適切な応答機能である"コンテイナー"(Bion,001977)として機能することが一番重要なことといってもよいのではないか。

　外傷的な体験を代わり，なだめ，癒し，落ち着かせる養育者の調整機能能力が，必要だ。養育者が子どもの絶えず推移する情動状態を理解し，解釈し，受け入れ，共感的に応答することで，子どもが自分で自分の情動をモニターし，言葉化し，理解を持って応答できるようになる。このような親の機能は，心的外傷に対する"刺激障壁"あるいは"保護的遮蔽物"と呼ばれるものである。自己発達のためには情動を正しく同定してもらい，言語化してもらう養育者の能力が不可欠である。この対応がギフティッドASの発達に大いに寄与する。

　この対応の繰り返しによって自分のなかで移り変わる情動，つまり欲望や情緒や感情を，自己に対するシグナルとして利用する能力が発達し，心理的安定へつながっていく。

　その時々に自分の情動状態を言葉に置き換え，さらにそれを他者に上手く伝えることができれば，リスクを最小限にとどめることができる。

　身体を介在させて訴えるのは，暴力であったり暴れることであったり自傷行為であったりする。こうした身体を使った感情の解放方法から脱身体化と

情動状態の認知からの言葉化は自己の発達であり，心的安定へのサインである。身体的な状態を呈する早期の形から徐々に言葉化されうる体験へと向かうことは自己発達を遂げているサインの一つである。

（「翔」は本書の意図を伝えるため，実在の人物を基にして筆者が創作を加えた人物である）

第4章　ギフティッドASの特性理解と対応

　当然のことであるが，ギフティッドASの一人ひとりはそれぞれに違った個性を持ち，性格を持つ。しかし，不思議なことに共通しているいくつかの特性がある。ここでは，その特性を挙げていくことにする。特性のすべてが該当するわけではなく，また特性も強い弱いがあるが，彼らに関わるとき，可能性として念頭に入れておくことで理解を促し，彼らの体験に近づくことができるだろう。

１．　ギフティッドASにおける注意すべき特性

<フラストレーションの感じやすさ>

　ギフテッドASの子どもは，フラストレーションを感じやすい。そこで注意をしなければならないことがいくつかある。

　まず，子ども自身が，自分でフラストレーションを感じていることをわかることだ。フラストレーションを意識していない場合でも，症状として何らかのサインが現れているときには，自分のフラストレーションをサインから気づくことができる。自分で気づくことができないときには，周囲が，状態を明確に知らせることが彼らへの助けになる。身体のサイン，たとえば息苦しくなる，呼吸が速くなる，緊張感が強まる，あるいは「できない・耐えられない」という感情に押しつぶされるなど，心身の変化に鋭敏であることが大事である。この変化は，子どもだけでなく，周りが真摯に受け止めなければならない。当人にとって，過剰なおもりがのしかかっていることに気づかなければならない。そして早急に，緊張を生じさせている要因を減少させたり取り除いたりしなければならない。フラストレーションのために変調をきたしている自分の症状に気づくことが大切である。

　今体験している感情や情緒に耳を傾け，自分に起こっている身体のサインに気づき，何らかの手を打ってフラストレーションが，苛々からかんしゃくやパニックへとなることを避けなければならない。

次に，何がフラストレーションを生じさせているかについて，子どもと考えることが大切だ。たとえば，＜活発・積極型＞の子どもは早く答えがほしく待てない傾向がある。彼らにとって待たされる状態は，ネガティブな感情が生まれてくることを意味する。ゴールを見据えて我慢をしなればならない作業は，ほかの子ども以上のフラストレーションを感じる。たとえば学校で，やらされていることが易しすぎたり難しすぎたりするのか，やる気がわいてこないのか，退屈なのか，あまりに細かいことを要求されすぎていると感じているのかなど，きっかけを示して原因を引き出し，フラストレーションを言葉で表わしやすくなる糸口を与える。言語化されると問題が明らかになり，より解決を見つけやすくなるだろう。

　3つ目に，原因がわかったら，どのように対応するかについて考える。たとえばやれそうな分量を見極め，今終わらせることができるものを明確にして，さっさと仕上げるものと，後回しにするものは区別する，作業内容を変える，サポートや助けを求める，などがある。頑張ってやり終えることができたら，休息やごほうび，一緒に遊ぶなど，楽しみなことへの時間配分をするとよいだろう。やったことに対する報酬は，物事の節目を意識させることとして役立つものだ。これを「変な癖になる」などと考え違いをしないことだ。

　多くのギフティッドASは限界を設定するのが難しく，自分でもどこでストップをかけるとよいのかの感覚を掴むのが鈍感な場合がある。

　作業をどこで，どのように始めるかについて考えておかないとうまくいかないだろう。作業がやりやすい環境設定を，特に配慮しなければならない。より取り掛かりやすいものや興味のあるものから始め，ハードルを克服し，そのスキルを実感していくことが大切となる。

　フラストレーションを感じる前に，切り替えをしなければならない。いったん作業を止めて深呼吸をするとか，目を瞑ってぼ〜とするとか，軽い体操，ちょっとした軽い会話などで，いったん休憩を入れるなどが自分でできるとよいのだが，無理をしても頑張ることをよしとして叩き込まれている場合など，達成するまで辞めてはいけないといった＜こころ癖＞ができていることが多い。自分の情緒や身体感覚よりも，周囲へ過剰適応をしようとする気真

面目さが災いしていることもよくある。没頭する余り，他のこと，例えば身体的・脳的には疲弊することを感じないこともある。

　こうしたストッパーの利かなさは，＜孤高・独り行動型＞の子どもの場合，＜活発・積極型＞の子どものフラストレーションと違って，見通しに融通が利かないために，毎日のルーティーンな出来事が，予期せず変わることから発し，何が起きるのか分からないという不安を招いていることがよくある。

　＜孤高・独り行動型＞ギフティッドASの子どものフラストレーションは，多くのものを望むけれど，それが現実生活においてはそう上手くいかないことから生じていることがある。

　例えばバスは毎日定刻に来るべきだとか，試験は満点でなければならないとか考えても実際は遅れたり早く来たりするし，いつも一番でいることはできないし，いつも100点を取れるわけでもない。また，ある一定のやり方で朝食を食べなければ気が済まないと考えていると，そうでないことが生じるのでフラストレーションに日々晒されていることになる。

　親や教師が見て，特に人に迷惑をかけたり有害なものでなければ，本人のちょっと風変わりに見える言動や行為を許容してもうことは重要なことである。普通の日常生活のなんでもない，多くの子どもは意識にさえしないことをストレスフルに感じやすいため，許容できるところから，たとえば食事の好き嫌いや服地へのこだわり，食事の時間など，可能であれば，本人が心地よく感じられるように合わせるほうが，本人の感じ方を変えさせようと躍起になるよりよい方法である。フラストレーションを受けることのない環境づくりは，安心感の強化へとなる。安定できる場を設けることはフラストレーションへの耐性強化につながっていくだろう。

　フラストレーションを感じそうな日課の変更については，事前に伝えたり，待たなければならない時間についてどれくらいかかるかを伝えれば，心の準備ができる。待つ間，ゲームや興味のある話，読書などで時間を費やして気分を切り替える方法を体験することも社会性に繋がっていく。我慢ができたときはほめることも忘れてはならない。理由がはっきりしていれば徐々に，自分の願望を延期することが可能になっていくと思われる。

　子どもと一緒にこだわりの代用を見つける事も，ひとつのものにこだわる

ことへの改善となるだろう。例えば，大好きな鉛筆でしか文字を書かない子がいたとする。一緒に店に行き，よく似たものを選び，大好きな鉛筆の代わりにその鉛筆を使う事ができるようになると，もし大好きな鉛筆がなくなったり忘れ物をしたりしたときにも融通できるようになる練習といってもよい。

ギフティッドASの子どもが，お金に独特の強い関心を寄せ，執着することがある。ごほうびにわずかのコインを与えることは悪いことではないし，社会性を学ぶきっかけにもできる。また，ご褒美となるものは，大好きなことをするとき時間延長したり，ポイントシステムにしたりして，彼らの知的好奇心に絡めて考えるとうまくいくときがある。動機を促進させるために役立つことがあるのだ。

＜新しい環境，変更へのなじみにくさ＞

ギフティッドASの子どものなかには，すべてのことがことさら秩序正しく設定されるのを好む子がいる。もし何かのせいでルーティン化した行為ができなくなると気が動転してしまう。

その理由として1つ目にワーキングメモリーの働きが弱いことも影響しており，これから起こることを予想することが難しいために物事が単純に秩序よく起こって欲しいと感じていることが挙げられる。こうした秩序は，彼らに安全と心地よさの感覚を与える。ルーティンに変化が起きることは安全を脅かされることであり，そのために不安が生じるのだ。両者は絡み合って，不安であればあるほどこだわりが強くなる。

なかには，いったん何かを始めると完璧への強い欲求を持っているように見える子どもがいる。この欲求は，本人にとってどんなことをするときでも重要で，完璧に終わらせることができないと非常に不快で苛々を募らせる。

対応の試案として，まず，毎日の課題のひとつをし終えるのにかかる時間の長さを調整してみる。時間感覚がない場合が多いので，終わりの予定時間や，始まりの時間に余裕を持たせ，10～30分は早めに予定を言い渡しておくとよいだろう。注意すべきことは，彼らは平均的な子どもよりやり遂げたい気持ちが強いので，終わりの時間設定は達成感を感じられるやや長めにする方が良いかもしれない。

2つ目に，日課とする事柄をステップ分けしてワンステップから始める。一定時間経過したらそのことは考えるのをやめ，次のことに注意を切り替える練習に繋げることができるだろう。ステップの終わりに，例えばスマホタイマーを使うといった，親の「やめなさい」という指示ではなく人工的な合図をつけたりして促す。自らがきりをつけたと感じることが一番大事だ。

　3つ目に，何が大切かの優先順位を意識させることだ。ルーティンであるはずのことが，何のために破られたかの説明と，破られた本人の憤りを了解しておかねばならない。

　教科として全部が高い得点であっても，教科や領域によって好き嫌いがあるはずで，努力を強いて結果を出している場合もある。ギフティッドの子どもにありがちなのは，すべてに良い評価を出している場合，好きな領域を認識するのが難しいということだ。そういうときに，特性に添うことで見えてくることがある。

　4つ目に，ギフテッドASの子どもは，他者からの反応を不穏な空気や侵襲的気配などとして感受するが，言語化できないために心配や不安を抑圧し，自分でも意識化していない場合もある。いわゆる過剰適応状態になる。結果，たとえば腕を噛むなどの自傷行為などを引き起こすことがある。

　また，これまでの恐ろしい体験と重なると，強い不安を引き起こす場合もある。こうした体験がまた繰り返されるかもしれないという懸念が呪縛のようになり，子どもの生き方を支配してしまうかもしれない。周囲の捉え方と本人の感じ方の違いから理解を得られず，さらに悪いことには叱責されたような過去の体験が重なった為に，実際には重大に見えない状況でも恐怖体験と重なると過敏に反応してしまうことがある。

　もし様態が現実的で適応的であるなら，まず一貫して変わらない日々の課題をするようにする。予測可能で安定した環境が基本になっていると，うまくいく可能性が大きいのだ。

　日課に何らかの変化が生じるときは，事前に知らされることがあたりまえだと信じることができるよう，特別な活動や前もってわかっている変化は必ず伝え，準備をしたり心積もりをしたりできるようにしておく。それは安心感もつながる。いつ終わるかも知らせておくほうがよいだろう。聞いていな

かった場合も，本人が確認できるように，言葉による説明に加え，印刷物や目で見て確かめられるものを一緒に用意しておくとよい。

　不必要な恐怖には，段階的に敏感性を減らせるよう対応していくことだ。まずはその恐怖の対象は，子どもが管理できると感じられるコントロールされた設定内でなさなければならない。そのとき，子どもにとって安心できる大人（親）がそばについていることも大切だ。慣れさせるためと，急に一気に効果を上げようとすることは，非常に危険である。

＜情緒的な影響受けやすさ・こわがり＞

　ＴＶ，映画，本に出てくるショッキングな行為や言動，音量，音質には細心の注意を払う必要がある。ギフテッドＡＳの子どもは刺激の強い場面に影響を受けやすく，心的安定を乱される可能性があるからだ。幼児の場合だと，子ども向けの番組であっても，不安を誘発する場面があるので気をつけねばならない。

　年齢に関係なく，不安から解放され，よりどころとなるものを周りに置くことは，安心できる方法のひとつである。ペットをはじめ，ストレス軽減用の人形・ぬいぐるみや植物など，本人が特に気いって穏やかになるものを用意する。また様々なリラックスできる日課，音楽やテレビ番組や本も同様，周りに置いておくとよい。

　ＴＶ，映画，本だけでなく，ある特定の虫や動物を非常に恐れることがある。そうした対象は理屈ではなく，生理的恐怖や嫌悪感を与えるものである。

　記憶力のよいギフテッドＡＳの子どもが，たった一度の経験でも，しばしばそれがもとで，関連する状況や対象とのつながりがぎこちないものになることがある。彼らは経験したある光景がリアルによみがえり，過去の苦痛をあたかも今体験しているかのように感じる。よく似た状況が，過去と同様の反応をその通りに再現する引き金となってしまうのだ。恐怖は，ほかの全く異なる状況にまで広がることもある。

　恐怖にとらわれると絶えず身を守るため，ほんの些細なことにも注意がそのことに向き，そこから抜け出せなくなる。

　たいていの場合，親も教師もクラスメートも，怖がる様を面白がったり疎

ましがったりはしても，「なぜそんなに怖れるのか」，「どんな風に怖いのか」，について尋ねてみることは稀である。もし耳を傾けて，当人の怖くて仕方がない心情について知れば，その子にとって，その恐怖は理にかなっており，もっともだと了解できるだろう。

　恐怖症を呈しているとき，原因は，人ごみであったり，恐怖の引き金になるある種の人そのものであったり（ある大学生は，親からそんなことで社会人になれるのかと言われ続け，背広を着た人を見ると恐怖で歩けないほどになった），電車に乗ることであったり，虫や動物であったり，様々である。子どもが何かに怯えているようなときは，まず何よりも安心できる空間と時間に包んでもらうことが必要となる。それを飛ばして，現実的な目標を据えても効果はない。いきなり嫌悪対象に近づいたり，耐えることを強要することは言わずもがなである。心身ともに保護されている感覚がなければ，表面上はどんなにうまくいっていると見えるやり方も，根本的には強制に屈して適応しているに過ぎず，状態を悪化させ，結果的に逆効果を招いてしまうだろう。

　重ねて言えば，恐怖心が減るための基本原則は，安心でき，リラックスできる状態を持続させることである。そのうえで，不安の基になっている部分へ，非常に僅かずつの接近を試みることになる。具体的に言えば，楽しい活動や楽しい話題の中で，絵や写真，ビデオを通して徐々に平気になるかもしれない。その後，実物を遠くから眺めるというように段階を踏まねばならない。段階はしかも非常にゆっくりとしたプロセスであることを分かっておかねばならない。このことは，動物や人だけではなく，学校が恐怖や嫌悪を引き起こす対象になっている場合でも同様である。プロセスはゆっくり，そして楽しいリラックスした状態が持続するようになされるのが基本中の基本である。

　ＴＶ，映画，本に出てくるショッキングな行為や行動には，特に幼い時には細心の注意を払う必要がある。説明するときには誇張したり諫めたりせず，できるだけ現実に沿ってなだめるやりかたが妥当である。

＜感情・情緒のわからなさと表現の困難さ＞

　事象の説明は饒舌にできるのに情緒に関する領域では詰まってしまうことがある。我々は他者の情緒を推し量るのに，自分の体験や情動を利用して応答している。これはギフティッドASにおいても同様に自分の内的体験を基盤にして推し測っているとすれば，彼らがいかに自分の感情や意志，情緒に関して疎いかが想像できるのではないだろうか。

　相手から受けた言動をその子なりに感じてはいても，感じた体験を意識化するのが難しいだろう。どう主観的に感じたのか，どう内的に情緒が動いたのかなどを捉えるには，しばしば時間がかる。その瞬間，自分がどう感じているのかを認知できない上に，感情や情動の同定できないために言語で表現することは至難の業となるのだ。

　言動だけではなく，顔の表情についても同様のことが言える。内面の動きが表情に出にくく，困ったときでも悲しいときでもつらいときでも腹が立つときでも笑った表情をしているとか，無表情であったりとかするために誤解されてしまう。そして，他者の表情にも気づきにくく，表情から相手の感情を読むことが困難なことが多い。

　結果，情緒・感情と表情と動作が一致しないときに生じる，不快感情の残滓を積もらせていくことになる。自分の情緒を尺度にして行動するとか，情緒的関わりを通して人と関係を続けていくような，自分の感情と行動を調整しながら動くことによって，人は，自己一致感を強め自信と安定を生むのだが，そこにずれが生じてしまっているということである。自分が本当に感じている感情や情緒と，動作や行動との間に生じる不一致感覚をキャッチすることは，自我の成長・自己の成長に第一に大切なことなのである。

　表情を読み取るとき，感情の表出を眼や口の動き，顔の筋肉，声の調子から判断し，これらをつなぎ合わせながら行う。これらを瞬時に見分けながら会話は進んでいく。しかし，ギフティッドASのなかには，表情を読み取ることが苦手であるだけでなく，日常会話のテーマが思いつかないし興味がほかの人と違うと感じている子どもも多く，話題にそもそも興味・関心がないので，表面的に合わせていても苦痛を感じる度合いが増してくる。

　また，次に起きることについて楽天的に考えられない傾向があり，このこ

とも会話がスムーズにいかない理由のひとつである。悪い思いが次々に出てきて頭を占める。

　こうした経験で自信を失くし親に何度もしつこく「大丈夫か」との質問を繰り返すことになる。予期しない変化に非常に不安になり，うろたえたり固まってフリーズ状態になることがある。幼稚な行動と頭でわかっていても，思わず人前で叫んでしまうこともありえる。

　このように彼らは，知的情報や理論的理解は得意であるが，情緒に関する領域に困難を抱えている。その瞬間に自分がどう感じているかわからないために，相手から受けた言動にどう反応してよいかわからない，頭が真っ白で思いつかないという状態になる。

　自分で出来事をどう感じているかわかりにくいだけでなく，その感じ方に反応した行為が，次にどう他者に関与するかを認識することが不得手なことも多い。例えば，からかいの的になった子どもは怒りを感じてやり返そうとするのが，その子は，おそらく何がからかいを引き起こしたのかということはわかっていないだろう。もしかしたら自分の方からちょっかいをかけていたかもしれないが，本人には認識されていないという具合に。

　彼らは状況を素早く正確に把握することができないことがある。また生じていることの意味を了解することが難しいこともある。どちらかというと感情や意図，意思理解より，触角で空気の動きを感じるかのように，もっとプリミティブな感覚で場の状況を判断しているように見える。多くの人が抱く純粋で強い感情，たとえば悲しみ，怒り，喜び，怖れ，心配などはある程度表現できるし他者の感情も理解できるが，より複雑な感情や，感情の複合的状態に関して察知することが苦手で，彼らは感覚領域と知的領域を使い，情緒を学ぼうとし，第六感やパターンから類推する方法を取ったりする。

　それはときに，思い込みや偏った認知になる場合がある。特に，傷つき体験と連動して，不安や猜疑心に捉われ苦しい思いに陥ることがある。あまりにも自分を中心の解釈に捉われて，状況を，他の視点から考える余裕がない。彼らなりに事実やロジックを用いて考えるのだが，このとき相手を負かそうという試みが前景にきてしまうことがある。

　話の内容を周りの大人が感情的に捉えることなく，彼らの体験世界を理解

し，情緒的発達を促すために，ロベッキ.Lovecky,D.(2004)が挙げている事柄を元に検討してみる。

◇　まず，ギフテッドASの子どもは，相手からのメッセージを誤って捉え反応する傾向があるので，子どもが訴えてきたとき，耳を傾け，内容をいま一度立ち止まってゆっくり吟味していく必要がある。文節で区切り，子どもが何を言わんとしているのかを，養育者は了解したことを言葉にして，子どもの感情を明確にしてやらねばならない。

　　このやり方は，子どもに用件を伝えるときにも同様である。メッセージを，たとえば「宿題が終わったらテレビを見ていいよ」という内容のメッセージを，「まず，宿題を終わらせる。そして次にテレビを見ようね」というように，文節で分けるほうが了解しやすい。

◇　かんしゃくを起こしやすい子どもは，かんしゃくという現象だけに捉われてはいけない。子どもが耐えられる刺激量を超えた状態下に置かれていることと関係しているからである。些細なことに過敏に反応しているということなので，直ちに刺激因を取り除き沈静させねばならない。かんしゃくやパニックといった爆発的な感情が無視されると，内的な緊張がますます強まるからだ。

　　かんしゃくやパニックが起きてしまったときは，落ち着くまで待ち，問題は何であるかを引き出さねばならない。自分から順序だてて述べることは難しいので頭に浮かぶことをそのまま遮らずに出させ，かんしゃく以外による問題解決策を考えなければならない。解決に，ほんの僅かでも誰かを責めるという形は，問題を誤った方向に導いてしまう。互いの感情の爆発によって事態が悪化し，惨事に結びついてしまう。

　　誤った行動を10の優位順に決めておいて，それに照らし合わせることは，子どもの激情に巻き込まれない方法になるだろう。対応の過ちが大変な結果を招いてしまわないようにしなければならない。スケールを作っておくことは物事を客観的に話し合える道具として活用することができるということである。スケールを利用して，生じた事柄がどれくらい悪かったかについて，また，子どもが，どれくらい公平でなく，平等

に判断されていないと感じているかについても話し合う必要がある。そして，傷ついた人の感情について，問題として取り上げなければならない。感情的にならずに問題の解決策を見つけることができるようになることが一番の目標となる。

◇ 彼らが情緒に関して「わからない」というのはおそらく正直な答えである。感じないことやどう感じているかわからないことが，ときにはいじめや後々の攻撃的な行動化につながることがある。本人が気づかない場合でも，状況を見てあまりにも自尊心が傷つけられているときは，保護する必要がある。

　　似たような状況で人はどのように感じるものかを伝えたり，そのときに感じる感情を言語に翻訳したりすることが大事だ。

◇ 感情表現の難しい子どもとの遊びや会話の中で，自分の感情をいつどのように表現するかを意識して具体的に示したり，励ましたりする必要がある。たとえば，「そのときどっちかというとうれしかった？　それともさびしかった？」「それはいやだったね」というように，まずは自然な感情状態を関わる側が想像して同定し，イエスかノーで答えられる形式の質問をしていくことから始まる。「○○があったとき，あなたは〜と感じた？　たいていの人はこんなとき××と感じるけどどうかな」と次第に長くしていく。

＜集中力＞

　ギフティッド AS に集中力があるのは特質の一つである。非常に好みが偏っていることがあり，自分の興味関心の事柄には特に集中力を発揮させる。ストッパーが効かない。そのため，次の行動に移るのが難しくなるのだが，状況や状態によって，いつ介入するかという問題が出てくる。

　没頭して何かをしているときに，そのままさせておくのか，介入して一旦やめさせるのかの決め手は何だろうか。創造的に考えたり学んだりしているときと，単に興奮を求める場合とは，脳の働きが異なることが推測される。しかし，自身でも自覚がない場合が多いが，没頭世界にいるとき同様，そこから抜け出るにも疲れるのである。ただ疲れ方には違いがある。

やり始めると自己制御ができない状況に陥るのは同様であるが，後者の場合，果てしのない興奮刺激を求め続ける状態に陥る。侵襲的だが止められない体験がしばしば彼らに非常な苦悩を引き起こしている。この強迫的な不快体験は身体と情緒の乖離を生じさせている。こうしたことは近年，ゲームについて取りざたされる問題とも重なるが，注意を要する性質のものだ。単に興奮を求めて行う本能的要素は，本来的な目的達成感や充足感よりも，後味の悪い覚醒状態の持続や，本能を巻き込んだ身体的興奮体験となる。そしてこの体験はしばしば自分が実体として存在していないような離人感を引き起こすことになる。

　また，左脳優位の理屈と根拠に捉われている集中型は，次々に思考が浮かんできて止められなくなる。ずっと覚醒して，細部に至るまでなぜそうなるのか，こうしなければならない，などとどまるところがない。情動とのバランスを欠いているため，数字優位になったり，目に見える目標優位になったりする。この状態を続けていると，自分の本当の感受性体験からどんどん遠ざかっていくことになる。情緒に触れる体験が必要である。本人も，なぜか止められない覚醒と干からびた心を体験しており，非常に苦しい状態である。

　３つ目は，情動欲求と知的欲求がバランスよく刺激し合って没頭し，疲労も成就感の中にいる状態になる。独自の想像力や創造性が生まれ，自分の能力への冴えを体感しながら集中している。

　これら，集中のタイプを見極め，優秀な分野ではレベルを上げたり量を増やしたり，苦手な分野では時間を短くしたり日常と結びつけて考えることが大切である。興味のある分野とない分野では，集中力の持続が異なるためそため柔軟な対応が望まれる。よくある失敗は，関心の薄い苦手領域を長く強制的にやらせようとする傾向があることだ。子どもの個性と自尊心を守るためには子どもが伸びたいと思う方向を重点的にすることが大事である。

　子どもにわかりやすいやり方として，作業課題にとき時計やタイマーを使って時間的区切りで終わりと始まりを意識させることや，課題は本人のレベルと特性に合わせて，①明確に構造化されること，②段階は口で伝えるだけではなく文字で明確化されること，③予想される最終結果は具体的に詳細に表現する，などをあげることができるが，作業を行うペースと期待される集

中力のレベルが現実的で実行可能であるよう注意しなければならない。本人にとって，求められていることが多すぎる可能性があることに気づかねばならない。少なすぎる場合も同様，注意しなければならない。

＜やる気，動機づけの独自性＞

　ある子は，頼めば宇宙船の話を何時間でも語ってくれるだろう。一方，日本の歴史に関してはまったく興味を持たないかもしれない。ギフティッドASの大きな特徴は，ある特定の(それはしばしば狭い)事柄に対する熱烈な興味である。そのほかのものはたいていそれほど関心を持たない場合もある。

　多くの子どもが持つ社会的に認められる為の動機付けに，彼らはそれほど強く動かされない。1番になることにこだわる子どももいるが，それは他者がどう思うかというより，自分が大切にされている確認行為のようなものである。彼らは自分が注目されるのは好きだが，人を喜ばせることには興味はないだろう。また，大好きな大人をお手本にして真似ることもあまり関心ないようにみえる。特性のなかに，長期の見通しに基づいた動機づけによって，こつこつ積み重ねていくこと(たとえばテスト結果やキャリアの可能性の見通しをして頑張るなど)も興味が湧かないので，目標を立てるときに注意を要する。完璧を求めるためにとか，ルーティンを崩したくないためとか，怖いからなど，頑張っているのが，自然な動機付けを外れている場合がある。

　＜活発・積極型＞ギフティッドASの子どもは，ひと所にじっとしていることに非常なストレスを感じる。しかし，自分の興味関心のものに落ち着くと意外なほど集中する。とはいえ，多くの場面で落ち着きがないと思われるだろう。集中力を維持するためには，無理強いするより，彼らの学習に，視覚に働きかけることを工夫してもよい。どんな活動が次に行われるのかを知らせるためにも利用できるだろう。記号化したり図式化したりすることは，行動の動機づけともなる。その意味では，学校がＤＶＤや電子黒板やパソコンをもっと幅広くうまく活用できるとよいと思う。

　もし本人が比較的幼ければ，宇宙でも恐竜でも，興味あるものを通していくつかの領域のカリキュラムを立てることが可能である。興味関心がどんな強迫的に見えても，努力の結実と動機の源として子どもの関心を利用するこ

とができる。自分の興味に関しては深い観察力や洞察力を持つので，いかに
それを伸ばすかについて考え，内的動機付けによって主体的に動いているか
を重視することだ。たとえ偏りがあったとしても社会で持ち味を発揮してい
く基礎になる。ただ，こうした方策は学年が進むにつれてカリキュラムが立
てにくくなる。

　ギフティッドASの子どもは，特に思春期から青年期が多難な時期になる。
自分のできないことや，できないことにまつわる気がかりで頭が一杯にな
り，学業に専念する余裕も失ってしまう場合があるからだ。

＜眠りの問題＞

　夜眠りにつきにくく，朝が起きにくい子どもに対して，近年は安易に薬が
出ることを，私は子どもの年齢と服用期間を考え非常に危機感を抱いてい
る。ときには興奮剤となる薬物は，そうした子どもたちにとって状態を悪化
させることもあり，副作用についてのリスクも考えねばならない。

　日本経済新聞（2011年3月10日）によると，小学校入学前のいわゆる発
達障害系の幼い子どもに，精神安定剤や睡眠薬などの「向精神薬」を処方し
ている医師が3割，小学校1～2年まで含めると半数にのぼったという。

　向精神薬は非常にリスキーで副作用も強い薬である。使い方を誤ると精神
に悪影響を及ぼす恐れがあることは，安易に薬に頼らない医師であれば良識
としてわかっているが，実際，調査した国立精神・神経医療研究センター病
院（東京都小平市）小児神経科の中川栄二医長は「神経伝達物質や，ホルモ
ンの分泌に直接作用する薬もあるのに，幼いころから飲み続けた場合の精神
や身体の成長への影響が検証されていない。知識の乏しい医師が処方する例
もある」と，懸念を報告している。

　子どもの中には服薬によって興奮が現れるものもいる。薬に頼る前に，環
境の調整だけすればよく眠れる子どももいる。身体が影響を容易に受けやす
いギフティッドASの子どもには，薬は少なければ少ない程問題は少ないと
言ってよいのではないだろうか。

　ギフティッドASの子どもにとって特に眠りは難しい問題だ。朝が起きに
くいと同様，夜，眠りに就くのが難しいことが多い。睡眠の問題は，彼らが

刺激を受けやすく，すぐ興奮状態になってしまう事に起因している。活動のためのエネルギーを回復にも，眠りはもっとも必要とされる。ところが学年が上がるにつれて学校の勉強量が増えるだけではなく，進学校では勉強の速度が速いことをよしとする。そのため益々調整が難しくなる。その意味で，昨今，当たり前にみられる夜遅い時間までの塾通いは，身体感覚や感受性も鋭敏なギフティッドASの子どもにとって，生体リズムに非常に悪い影響を及ぼすことが懸念される。

　眠りと目覚めのサイクルが崩れやすいギフティッドASの子どもの生活が，夜に覚醒するパターンになると，身体は疲れているのに，頭は24時間目覚めているような状態になる。簡単に眠りに就けない子どもたちは，日中の外界への用心深さ，警戒心がずっと続いたままである。「早く眠りなさい」といっても聞かない子どもは，外見上，自らの欲求で夜になっても眠らないように見えるかもしれないが，実際は，普通に眠る子どもと同じように身体は睡眠を必要としている。

2．無理をしたときのサイン

＜気分の変動＞

　ギフテッドASの場合，ある瞬間はとても元気で調子がよさそうに見えていたかと思っていると突然，すべてのことがどん底に落ちたかのように神経質に怒りっぽくなることがある。

　理由はいろいろあるがその一つに，彼らはその都度，適当に感情を外に出し，自分をうまく表現することができなかったり，わかって当然と思われる状況を理解できなかったりするために，フラストレーションを感じることが普通以上に多いからだ。とてもおしゃべりに見える＜活発・積極型＞の子どもでさえ，充分わかってもらえるほど話しきれていないと思っているものだ。

　もし完璧欲求が強く強迫症状が出ている場合は，本人から訴える場合はともかく，こちらから行為それ自体は問題にしないほうがいい。注意が強迫の問題に向くと，尚更とらわれる可能性があるからだ。不安がある場合，その負因を取り除くことを考えることは大切だ。強迫的に見えるほどの活動や行

為は，しばしば不安が起因している。それらをやめさせようとすると，更に
ストレスを引き起こす。安心感，信頼感の不具合はどこにあるかを明らかに
するためのやりとりが必要になる。

　本人が自分の情緒を探り，気持ちを表現する言葉を増やしていくことは大
変重要なことである。どう感じているかを表現困難なときに，親をはじめと
する周りの大人やクラスメンバーが，「言いたいことはこういうことか」と
代わりに言語化し伝えることができれば，よりスムーズな交流が可能となる
だろう。少なくとも，言い分に耳を傾け，本人に代わってより明確な言葉で
返すことによって，当人が自分の状況・状態を把握するチャンスとなる。留
意すべきことは，視点はあくまで本人を軸にしたものでなくてはならない。
情緒体験の明確化は，やがて他者への情緒理解へと導かれていくだろう。さ
らに，どう感じるかを発展させて，一般的概念や抽象思考へと深まることが
期待される。

　また，理由もなく気分が揺れ動き，その変動をうまく制御できないと感じ
るとき，もしかすると，その気分の揺れは，太陽光線の強い日差しや雑音や
湿度など人間以外の要因が原因になっていることがある。学校なら教室の席
を変えてもらったり，自宅なら部屋のカーテンを下ろすなどの対応で落ち着
く場合がある。淡い色のサングラスが光への敏感性を防いでくれることもあ
る。聴覚の場合は耳栓をしたり，別室へ行くなどして調整を図ることだ。

　このように，気分の変動を引き起こすものは，音や光，天候，気温など，
必ずしも心理的誘因ばかりではない。このような自然環境のフラストレーシ
ョンから強迫的な思考に突然支配されることもある。強迫的な思考がフラス
トレーションを強めることもある。明確な理由もなくちょっとしたきっかけ
で行動化を起こすこともある。

　なかには気分に周期的パターンがあるように見えるギフティッド AS の子
どもがいる。この場合，気分障害の恐れもあるので，医学的な診断を仰ぐ必
要があるだろう。注意点は薬物への体質的な過敏反応を十分配慮できるドク
ターとの協力体制を取れるかどうかである。

　ギフテッド AS はどちらかというと時間に遅れがちかもしれない。しかし，
自分が待たされたり延期させられたりすると落ち着かなくなり，気分が急に

変わることがある。

＜強迫的症状＞

　強迫的症状は＜寡動・従順型＞と＜孤高・独り行動型＞のギフテッド AS の子どもによくあるものだ。彼らは物事を常に同じ状態同じ行動にしておきたい欲求がある。また，特別気に入ったもの，例えば食べ物や着るもの，音といったものへの固執性が見られる。嫌いなものについても程度が激しく，いったん嫌いとなるとまったく受けつけないということもある。

　また，習慣が儀式化する傾向があり，一旦何かを自分流の仕方でやることにしたり，ある方法であることが起きたりすると，いつでもそのパターンで物事が起こるだろうと思ってしまう。例えば，ある目的地に行くのに遠回りだとわかっても，それまでの行き方に固執するといった具合である。儀式的になると，寝る前におやすみを言うのが挨拶ではなく，しなければならないことになって３回おやすみを言って返事を必ず期待し，階段を右足から上り，４回窓の鍵をチェックするといった様相になる。さらには，返した返事に本気度がなかったといって何度もやり直しをさせることもある。

　自分の言い分を主張し，親子間で契約やルールを紙に書くことを要求するとき，そうした明確な枠組みがあるとうまく動けることもある。

　強迫行為や強迫観念は，意図して生じているのではないために，周囲が理屈や常識でやめさせようとしても，追いつめることにしかならない。自分でもわかっていながらそうせずにいられない，と言った方が正しい。状態が落ち着いていて，安定している場合は，きっちりした性格で責任感が強い程度で済むことが，不安であったり，調子を崩しているときには，補償作用として強迫症状様を呈する。

　強迫的になる理由として，ひとつには，ある特定の感覚にとらわれる傾向があるためといえる。例えば，ある女児は自分のそばを通った人（男性であったり老齢の人）の空気が自分に触れ自分が汚れたのではないかとの感じにとらわれ，その都度それを打ち消して「大丈夫」と母親に言ってもらわないと落ち着かない，苦しい状態に陥った。本人も意識はしていなかったが，その当時，母親の関心が妹にいっていた事実が明らかになった。母親が努めて

関係改善を図ると自然に確認回数が減っていった。

　強迫症状を呈する彼らの思考は確かに柔軟でないかもしれないが，その背景に上記の例のように愛情対象との関係性が存在し，親子の関わりのあり方のなかで，自然に気にならなくなることが多々ある。ほかに代わる考え方や方法があると思いつかないために追い詰められ，ある考えにとらわれるとそれから視点を変えることが難しいという特性はもちろんあるのだが，とらわれた自分の考えを言い張るその背景に，聞いてもらえない，自分を認知してもらえない，先の不安をわかってもらえないなど，しばしば愛着対象との断絶を感じていることが見え隠れする。一人で考え，可能性がないと思いこんだり，手だてがなくどうしようもないと考えてパニックになっていることもある。

　実際的な事柄については，非常にクリエイティヴでさまざまな考えが浮かぶのに，いざ情緒的なことに関するとかたくなで頑固，他の考えを取り入れようとしないと映るときは，問題にしている話題そのものより，むしろ自分を理解されていない不満から頑なに言い張っているときもあるので，彼らの言い分を聞いてみることだ。わかると，好んでそれに固執しているわけではないことが理解できる。ギフティッドASの場合は，自分で，なぜそうなるかをわかっていることもある。

　固執することに関しては，ある出来事で生じる強いネガティヴな感情についても同様のことがいえる。一旦ネガティヴな感情が起きると，なかなかそこから意識が離れないのだ。例えば給食で無理やり残って食べるよう強要されてなどの体験から引き起こされた感情は，しこりとなって残り，同じ状況，同じ場所には身を置くこと自体苦痛を感じるといった具合である。これがあまりにも限度を超えて体験されるとフォビア(恐怖症)を引き起こす。

　いったんある場所ある出来事と感情が結び付くと，オートマチックにネガティヴな感情に捉われ始め，周囲からみると突然のように感情の爆発が起こり，激しく罵倒を浴びせるなど，行動化が生じることがある。

　こうしたネガティヴな感情や罵倒は情緒的な未熟さを示しており，他の人に嫌悪感を引き起こさせ苦痛への理解へ向かう気持ちを消滅させてしまう。

　以下に示す事柄は，囚われて融通の利かない考え方を改善するのに役立つ

と思われる対応である。

　1つ目に，子どもがある感情に囚われ，その感情が生起させるものを避けようとするときには，避けようとしたものについて一歩踏み込んでみる。ある子どもは，いじめをうけて机の角にあたって以来，机を見ると怒りの感情に駆られた。机が運動会の練習のために別の場所にやられ，全部目の前からなくなると少しほっとしたものの，また元に並べられると怒りが湧いてくるので学校を休むことにした。その間，からかわれたことに対してどう対処するか，どのようにすれば怒りが収まるかについて話し合いがなされた。彼が自分の感情を明確に表出でき，きちんとした対応がなされたと感じると机を見ても怒りの感情に支配されなくなった。

　2つ目に，問題に対して白か黒かのかたくなで激しい感情に支配されがちである。感情や情緒は，複合的で様々な感じ方があることを，何でもない会話や遊びの中で，親をはじめとする大人がリードして示していくことが役に立つ。どんな反応をすればわかってもらいやすいのか，物事がうまくいくのかについて，大人側が場面を意識して捉え，新しいアプローチの方法を練ってみることもひとつである。子どもがネガティブなリアクションをしたとき，どの単語に最も反応したか，怒りなら怒りが誘発された単語は何であったかを調べる必要がある　　　　　　　　　　　　。

　3つ目に，ある感情に囚われ，考えが逡巡することがある。ある子どもは，しゃべりだすと同じ言葉を何度も繰り返しながら，ネガティブな感情体験を繰り返し語るだろう。そして確認を求めるのだがその確認も一回ではすまない。この確認は子どもにとって不安を操作できる助けになっている。ただ，これは周りの人を感情的に巻き込んで，イライラ感を募らせる結果になる。同じこと，もしくは同じ単語，同じ質問を何回使用したらお終いにすることを決めておき，いったんきりをつけるようにすることも手立ての一つである。このとき，大人側は本人に毅然と，同時に安心であることをきっぱりと伝えることだ。子どもが，「これは気になって仕方がないけれど，でも大丈夫」と自分に言いきかせて安心できる言葉を探しておくことも役に立つかもしれない。年齢が大きければ座右の書などがうまく見つかると，それを必要に応じてひも解くことも自分をコントロールする一方法として役に立つだ

ろう。

＜不安・気がかり＞

　不安や気がかりもギフティッドASにはよくあるものだ。パニック発作の
ような明確な不安障害としてあらわれることもあるし，漠然とした不安や恐
怖症が生じることもある。何か特定の恐怖とか気がかりというよりももっと
根源的な漠然とした形で現れることが多い。その不安レベルは，本人がほか
の子どもとの違いにどれくらい気づいているか，些細なことにどれくらいフ
ラストレーションを感じてしまうかにもよるが，一般的には思春期に入り，
強くなっていくことが多い。これは，それまでの蓄積が限界を超えることや，
現実生活では，進路や人間関係で新たに対処しなければならない課題との絡
みで疲弊するなどの理由が挙げられる。

　特に苦手とするある状況について，不安を強く感じるギフティッドASが
いる。それは，嫌な体験をした状況がまた起きるのではないかというような
気がかりによって生じてる。体育で嫌な体験をしたとか，授業中に笑われた
とか叱られたとか，役割を押し付けられたとか，日常で起こりうる場面がそ
の源となっている場合がほとんどである。

　次に何が起きるか予想がつかないときにも不安は強くなる。全く新しい場
所に行かねばならなかったり，見知らぬ人に会わねばならないときには，不
安は非常に高まる。予測がつかないことから生じる理由のわからない叱責や
嘲笑など，彼らの多くはそれまでの体験から悲観的結末を思い浮かべてしま
うことが起因していることがある。

　＜孤高・独り行動型＞によく見られる超然とした無表情で不愛想な態度
を，抑うつと混同しないようにしなければならない。表情は感情が出にくい
ために彼らの情緒を読み取ることが難しい場合がある。無表情に見えるの
だ。しかしそれは不快感を表しているわけではない。本当に落ち込むと，彼
らは往々にして苛立ちを見せたり，泣き叫んだり，しつこくぐずぐず言った
り，陰鬱で絶望し，厭世的になる。自殺をほのめかしたり，血の表現を含む
グロテスクな想像をしたりする。しかしグロテスクな話はそれ自体，その子
の異常性ではない。むしろ抑うつ的感情のサインとして受け取ることが大事

である。

＜反抗・挑戦的態度＞

　ギフティッドASの子どもに反抗・挑戦的態度が現れることがある。言い張って，かんしゃくを起こし，指示に従わず，すぐ苛々し，なんでもないことに腹を立てるという具合だ。人の過ちを容赦なく攻撃したり，非常にしつこく恨みを持ったりする。しかしギフティッドASの場合，そのやり方には人を意図的に操作しようとか，悪賢く立ち回ろうとかするところがなくシンプルであり，純粋で素朴に見えることさえある。

　彼らの主張は創造的で，マンネリ化した状況への鋭く直接的な指摘であることも多い。彼らの言い分は厳格さに由来していることもあるし，従順さへの抵抗は矛盾に対する反発からきていていることもある。そしてまた，ほかの見方ができないための不器用さからきていることもある。

　挑戦的態度のある子どものなかには，攻撃性や敵意を持ち，けんか腰で悲観的志向の特性をもっている場合がある。すぐに感情の爆発が見られ，大人とでもやりあうことを厭わない。大人側からすると，正当な要求や，従って当然のルールにも反発しているように見える。しかし，こうしたギフティッドASの反抗的ともいえる行動は悪意による確信犯的なものではなく，彼らなりの正当性の主張から生じていることがほとんどである。

　あるいは，感覚による過敏性で，命令されたと感じると内容より攻撃心を触発されるという場合もある。また，理解されていないと感じるときの悲しみや怒り，罪悪感の反動であるかもしれない。

　彼らは相手のその時々に変わる情緒反応をうまく読み取ることができないが，感覚に鋭敏で自分に向けられたネガティブな空気をすばやく感じ，被害的感情を抱きやすい傾向がある。

　自分に適した環境を配慮してもらうことが少ない場合，絶えずストレスフルな状況に耐えていかなければならないために，本来の闊達さがなくなり，いつも不機嫌でちょっとしたことに八つ当たりをしたり，苛々感や無気力感に襲われたりする。

　まずは，限られたなかでも自分の居場所となる空間，時間，対象を確保す

ることが彼らが穏やかになる方法である。

<かんしゃく>

　かんしゃくは他者との耐えがたい断絶を感じた抑えきれない身体の緊張であり，逆説的に聞こえるが，つながりたいという，ひとつになりたいと希求する激情の発作であると言える。これは甘えというより，母親からの早すぎる分離の反動であることが多い。

　理解されず，共感されず解放してもらえない，煮詰まった感情の流出である。対象は最もわかってもらいたい人に向かう。その意味で，大方は母親に，長じては恋人やパートナー向かう。母親がこの心身の激情発作に衝撃を受けて退却してしまうと，それがどのような方法であれ，不信感を増強し，子どもは愛情欲求とそれを満たしてくれない母親への憎しみの間で揺れることになる。たとえば，あたかも子どもがそこにいないかのように振舞うこと，放任的で何をしても何も言わないこと，従属的で言われることをすべて従うこと，さらに厳格で厳しいルールを設け拘束しようとすること，これらは他者への，もしくは自分への攻撃性を強化し悪意を持った心理状態へと向かわせる可能性がある。子どもが親から不適切に，過度の厳格さと過度の放任の間で欲求不満の出口をふさがれるということは，ひとつになりたい欲求を満たされないまま閉じ込められることになり，さらにマグマを湧き出させてしまう。マグマの爆発体験は，本人自身に自己制御が不能である体験となりで自己嫌悪と罪悪感を生じさせる。自分と周りを，あたかもマグマの熱がすべてを飲み込み溶解してしまうかのような悲惨な体験となる。

　かんしゃくの興奮やパニックに係る心身両面からの爆発の放出は，他者との断絶，愛情対象とのさらなる断絶という耐え難い不快な体験である。

　五感が普通以上に鋭敏であったり，ある部分で鈍感であったりする子どもを持つ親や，関わる大人は，日常の何でもない親の応答が，安全を脅かす体験となることに注意をしなければならない。

　感じやすい子どもは，母子の身体的分離（離乳や保育所を含む）をあまりにも早すぎると体験したり，歴年齢に要求される日常の生活体験が唐突で乱暴に感じられたりする可能性がある。傷つきやすい子どもがすっかり安全で

他者を信頼できると感じるには，通常で考える以上にずっと時間がかかるものだ。なぜなら，安全が破られると，それを修復するには濃密な心身の関わり合いと安全のために抱えられる養育の修正体験しなければならなくなるからだ。つまり未熟児で生まれた赤ちゃんにとって必要な，一種の保育器様の期間が必要になるということである。

　心理的な安全のためには，母親とひとつであることのエクスタシー体験が不可欠である。子どもが母親と切断されたと感じるときに生じる不安発作に耐える為には，母親の助けがどうしても必要なのだ。母親ができない場合は，母親に代わる対象，父親や祖父母など養育に深くかかわる人物がその役割を担うことで，安全感を構築することが可能である。

＜抑うつ感＞

　ギフティッドASの子どもはものすごく落ちこむことがある。彼らは自分では理解できなかったり合点がいかなかったりする社会的状況で，繰り返し失敗体験を重ねたり拒絶にあったりしているものだ。知的には自分より劣る子が難なくしていることに非常な努力を要する。それほどの努力をしてさえ成功しないこともある。ときには「ふつう」になるための努力をしようとすることもある。これがしばしば親や教師や専門家と呼ばれる人からの指導のもとであることが多いのだが，これは本来の自身から外れることになるために努力は失敗し，疲労し，自己評価を下げる結果をもたらすだろう。「ふつう」とは違っていると気づく場合があるが，そのときふつうの人のようになりたいと願う子どもは抑うつ的になってしまう。ただ，様々な個性的なメンバーで構成されているグループあるいは組織で，個性的であることが「ふつう」であるような場合は無理をする必要がない。

　親側からみるとギフティッドASの子どもの養育は，時間のかかる骨の折れる仕事になる可能性がある。

　彼らが安定するための注意点として以下のことが挙げられる。

　第1に，ひとりで抱えてしまわないために，子どもが気持ちを話し合える機会を確保すること。これは，感情を表す"語彙能力"を発達させる始まりであり大事なことである。

第2に，出来事をどんなやり方で対処しているか，人とのやり取りや関わりをどう捉えているか，などを忌憚なく積極的に話せる大人がいること。ASの子が自分でそうした人を探すと期待してはならない。なぜなら彼らは自分の状態に気づいていないかもしれないし，誰かに話すことが，自分の生活に役に立つと認識していないかもしれないからだ。

　第3に，話をするときには，なんでもないと思われることからでも，彼らが自分を探索できるきっかけをつかむために，話題を少しでも発展させるように気をつけたい。うまくいった日と悪かった日を回想して，うまくいったときと行かないときの共通項や，なにかパターン化しているものがないかを調べたりする。

　第4に，気持ちが沈んだとき利用できる，気分を上げる方策をいくつか考えておくこと。

　第5に，さらに，深刻で困難な状態になるサインに用心しておかねばならない。悪化のサインに気をつけておくことだ。特に身体反応は本人の意識化より先に出ることがある。つまり，系統立てて行う能力の低下，ストレス耐性の低下，孤立や孤独感の増大などに関する兆候をよく見ておくことが大事だということだ。教師が学校の様子で気づいたなら，両親と話し合いをし，外部の専門的な助けを求めるよう進めることも念頭に入れておく。

3．関わりあいのなかで生じること

＜他者との合わなさ＞

　多くのギフティッドASの子どもは，休み時間のような構造化されていない状況では特に非常なストレスを受ける。こうした緊張は時に，欲求不満の爆発という形で吐き出されることがあるだろう。

　彼らの考えや思考，洞察，創造性が抜きん出ているとき，周りで話題になっていることや問題にしていることがくだらないと思えるのだが，それをそのまま出すと異質的に取り扱われたり，攻撃される対象になったりする。でき過ぎること・わかり過ぎること・考えすぎることが，時に他者の気持ちや意志を理解できない問題として摩り替えられてしまうことがある。

本人が自身のものとして抱いている考え方や感じ方を，周りが変えようとしたり，時には本人自身が変えようとすると状態は非常に悪くなる。それより，環境形成を緩和したり修正したりするほうがうまく運ぶ。

　また，彼らの情緒発達は，ゆっくりとしたペースで進んでいく傾向がある。彼らはしばしば年齢の割に幼く感じられる。そのせいかどうか，基本的に他の人が自分についてどう思うかより，自分の気持ちが中心で，人の気持ちにはあまり興味を抱かないし，自分の行動がほかの人から見てどのように映るか分からない傾向にある。このために，いい意味でマイペース，ひとつ間違うと自分勝手のように映ってしまう。

　彼らはしばしば友だちを欲しいと思っているのだが，関係性を作ったり，関係を継続していったりするにはどうすればよいかがわからない。ときに人間関係で体験したフラストレーションや失望に対する疲労，あるいは怒りの爆発が起こることがある。

　そうした爆発のような，我を忘れた状態になり始めるとき，本人の言い分に耳を傾ける必要がある。そのときに口を差し挟むと状態は悪くなるだろう。往々にして，心に受けた傷が体験を言葉にできないで抑圧されたまま隠されているので，それが少しずつでも引き出されると理解と共感の経験となり，関係の修復へと向かう。もしかすると，自己コントロール力を失くしたように見える状況から距離を置くために，なんらかの日常的きまりや場所の要求をするかもしれない。関係が断ち切られる前に，彼らにとっては一方的に受けている理不尽な事柄について耳を傾ける必要があるだろう。

　日常生活の中で気持ちが混乱したとき，本人が自分の不穏な感覚について認知できる手掛かりがあるとよい。

　中には，過去に起きた事柄から離れられないことがよくある。またかなり以前に起きた事柄をリアルに再体験することもある。いわゆるフラッシュバックである。彼らは過去の自分に起きた事柄が離れず，それが事実か客観的に観れば思い違いかは別にして，心の傷を深く受けてしまう。発達がまだ不全のときに受けたなんらの心の傷となる出来事が，今の状況と重なって強烈な，遅ればせの反動としてあふれ出るという感じである。

　トラブルが起きた後，本人から情報を聞くことは重要となる。話し合いは

穏やかに，シンプルで事実に基づいてなされるべきだ。このことは法的ある
いは社会的に課されるどんな処罰からも，別次元で取り扱われるべきである。

＜ルール・正義感への固執＞

　自分流に行動するように見えて，ギフティッドASの子どもは基本的にま
じめでルールを守ろうとする気持ちが強い。何に対して自分勝手に見え，何
に対して生真面目であろうとするかについて個人差はあるが，自分がこうす
べきと思うことには，その規則を守らない者に苛立ちを感じるだろう。また
規則を自分のいいように曲げたり守らなかったりする状況を見逃すことがで
きず，相手が誰であろうと腹を立て主張していくということが生じる。

　こうした状況が起きやすい理由として以下の事が考えられる。

　彼らは，物事が漠然としていて状況で変わることより，はっきりと明示さ
れたルールのほうが了解しやすく，それがどう行動するかを判断する際の枠
組とガイダンスになっている。

　彼らは柔軟な考え方が難しいために，ルールが時と場合によっては曲げら
れたり，再度交渉しなおされたり，修正されたり，破られたりすることもあ
るという事が，年齢相応に理解できないので極端な形に現れることがある。
年齢とともに，その時々の事情や道理を彼ら特有の知的作業を通して了解し
ていくだろう。

　それぞれの人にそれぞれの事情があることを理解できないため，また
他者視点からはどう見えるかが分からない子もいて，なぜほかの人がルール
にこだわらないのか（固執するのは自分の正義感であったりしてルールに限
定されない），にそんなに固執しないのか，そちらの方を不思議に思っている。

　ギフティッドASの子どもたちは秩序と安定の感覚を，内的な自らの欲求
からというよりむしろ外枠から取り入れようとする傾向がある。もしルール
が変化したり曖昧だったりすると，自身での判断は不確かなうえに外枠から
も判断できないために不安になってしまうということが考えられる。唯一思
いつくのが，人を仕切るやり方か従属かしか思い浮かばないのかもしれない。

　こうした状況を考慮しつつ，対応として教師や親は，子どもが強く固執す
るルールに気づくことはまず大切である。ルールには，どのような目的と意

味や意義が含まれているかを説明されることは，知的理解を得意とするギフティッドASには了解しやすいと思われる。何を基準にしているときは守られなくてもよいかを知ることは，彼らには社会でうまく適応していく際，大切なことになる。緊急時や例外的な状況，大きな目的のためや人命にかかわるときなど，例外が許されるときの理由を理解できるよう，誰でもよいので彼らに状況を十分に説明する必要がある。

　ルールから外れたことがなされているとき，なぜ今ルールが守られず別のことをしているか，それが許されるか許されないのかを理解できると混乱せずに済む。

　ルールが限界を超えて自分を傷つけたり人を傷つけたりするような場合，ルールが破られたり曲げられたりすることがあることなど，基本的な理由に基づいて説明がなされなければならない。そうでないと，本人自身が自分の状態（容易に攻撃を受けたり疲れ果てているような状態）を省みず，ルールに支配されて閉塞感や罪悪感を必要以上に覚えてしまうからである。

　ルールが破られることが正当化されるとき，彼らの足場が崩れることになるので充分な別の理論で説明がなされなければ混乱を招くことになる。

　他の子を仕切るやりかたが，友だちには理解されていないということがわかったときには，あとでそっと本人を傷つけないように説明するのがよい。受け入れてもらえる言い方について話をし，本人に生じている孤立感や不安感を了解し，うまく対応することが必要であろう。というのも，本人自身には，自分が仲間から浮いている感覚はあっても，人が嫌がっていることはわかりにくいからである。

＜出来事の報告＞

　学校で何をしたか，どんなことがあったか，親がたくさんの質問をしなければ，学校での出来事を語ることを思いつかないギフティッドASの子どもがいる。うまくつぼにはまると，たくさんのことを話してくれるが，具体的に聞いていかないと，本人はそもそも何を伝えるべきなのかがわかっていないように見えるだろう。これは記憶をたどるのが難しい特性によることがある。もし出来事を聞きだそうと思うなら，非常に正確で具体的なヒントがい

るかもしれない。

　またいくつかの選択が可能であるような抽象的な質問に答えるのが困難な傾向がある。たとえば"今日は学校どうだった?"と聞かれると"べつに"というような答しか返ってこない。開かれた質問（抽象的質問）に答えることが困難であると理解しておかねばならない。こうした質問の仕方は，記憶から答えを引き出すことができるであろうと感じるときにだけにする。通常は特定なものにフォーカスを当てた"今日はサッカーをしたの？それともスイミング?"というような二者択一の質問を投げかけるとよい。そこから誰が何をしたかなどと話が発展することがある。このような話のきっかけをつかむことのできる質問をすることによって，サポートがやりやすくなるだろう。

　他者との関わりがどうであるか，そこで何を感じ考えたか，記憶からの情報を引き出すのには思い出せるきっかけとなるヒントを与えなければならない。情報を系統立てて，頭だしをしたり，記憶を喚起させるきっかけとして，キーワードを与えたりする方法が役に立つだろう。

　家では家庭学習用の教材や宿題をノートを通して，関わり方に気をつけておくようにする。また忘れ物が多い子どもや整理整頓が苦手な子どもは，知的に優れていると思われても，ワーキングメモリー機能が弱い可能性があるので，担任と親とで連絡を取り合い，連携していく方法が必要な場合も出てくる。

　特定の情報を記憶しなければならないときは，以下に示すやり方が記憶をたどるときのテクニックとなる。

◇　図形や図解や絵のなかに情報を入れるようにする。資格情報より聴覚情報が優位な子や，空間図形や図解・絵に色が入りすぎたり，却って込み入ったものは逆効果の時があることも念頭に入れておく。

◇　新しい情報や新しい概念と，子どもがすでに知っていることと結びつけ，情報を個人のことに結び付けるよう心がける。

◇　思い出すためのきっかけを教える。たとえばリハーサル，インターネット，図解などを利用することができる。

◇　一緒に体験したことを話しあうとき，活動にどう反応したかを強調する。

また個人的かかわりに強調点を置いて話をつなぐ。

＜やる気のない宿題・課題＞

　ギフティッドASのなかには，テストはそれなりの結果を出すのに，家での課題や宿題をしない子どもがいる。好きな宿題しかしないという感じだ。興味を持ったテーマや関心の強い教科で手早く仕上げた場合でさえ持っていくのを忘れたり，系統立てて考えるスキルの弱さのために提出期限に間に合うのが難しかったりする。しないで行って叱られるのも気にしていないように見えることさえある。なかには，家庭と学校の境界がごちゃごちゃになり，混乱している場合がある。問題に関する対応の仕方が，親と教師が極端に違っていたり，教師のいうことに気分のむらがあったり，ある教師と他の教師の言うことが違っていたりすると，混乱する。一方，その矛盾に乗じることもある。何を基底に判断をするか，一貫した判断をするために依拠するものを，明確にすることが大切である。

　また，いったんクラスから出ると，書いたことも指示されたことも忘れてしまうかもしれない。このようにワーキングメモリが脆弱な場合は，PCやメールで親と教師がやり取りを密にし，相互に協力することで，子どもをサポートすることができる。

　ギフティッドASは，親や教師を喜ばせるために頑張るという社会的動機が欠けていると，いくら褒めても興味のあるもの以外にはする気が起らず，するときには全くいやいやで，やったとしても非常な努力がいる。なぜそれをやらなければならないのか，彼らは一般的な説明では了解しないからだ。たとえば成績点を上げるためにしなければならないなどの理由は，彼らにとっては意味がなく関心がない。彼らは，宿題を提出しないいくつかの理由を言おうとするだろうが，その理由は親や教師にとってはときに根拠がなく，屁理屈でしかないと感じるかもしれない。明らかにつじつまの合わない理屈であるのに，毎回同じような言い訳を言い続けると場合もある。

　対応として，教師は，親との協力体制を継続的にはかり，子どもの動機づけや系統立てて考えることへの助言をいくつか用意することが役立つこともある。親と教師が，本人の納得できる明確な応答を，共通認識として持つこ

とができるなら，より望ましいだろう。

　親や教師など，本人を支えるメンバーが本人を交え，宿題や課題の意義を考えるためのちょっとした時間を設けることは役に立つかもしれない。人が問題を話し合うのを聞いたり見たりすることからも，本人が何かを得るかもしれない。

　居残りや休み時間を使って宿題や課題をやらせることは有益性があるとは思えない。仲間との関係問題を悪化させる可能性さえある。さすがに給食を全部食べるまで遊ばせないということは昨今ないだろうが，それに似たような，できないことに罰を与えるというようなことはあってはならない。子どもにとって必要な休憩のときに罰として何かをさせるなどは，他の子どもとのつながりの機会を奪ってしまうといえよう。

＜指示への無反応＞

　教師が教室で全員に，あるいはグループに指示を与えるとき，見た目には聞いていると思われるのに，言われたことをすることをしていないことがよくある。他の子がすることをただ真似してやっとできているように見えることもある。

　＜おっとり・従順型＞のなかにはグループへの指示がわかっていない子どもがいる。自分がグループの一員で，自分も指示を受けているとわかっていない場合もある。

　ギフティッドASは認知能力が高く，外から見るときちんと耳を傾けているように見える方法を発見し，聞いている振りをして順応している子もいる。このスキルは彼らが孤立することを回避できるかもしれないが，神経を張り詰めていることが予想される。

　知的能力に優れる子どもは，意味さえ理解すればすばやく了解していく。意味理解にひっかかると先に進めないために，本来持っている能力を過小評価されることがある。動作がゆっくりしていたり，次の行動に移るのがスムーズにいかないなどの場合も能力を誤解される点である。

　彼らの中には，グループへの指示を了解できないときにうまく適応するための戦略，代替を発達させることがある。非常にありふれた適応的方法は，

他の子どもたちがしていることを真似することだ。顕わに問題化することはないかもしれないがあらゆることが受け身で，生き生きとした生気が失われてしまうだろう。こうした子どもには，以下のことを試みてみることは効果的であるかもしれない。

◇　グループへの指示をしたあとで，個人的に何気なく繰り返し伝える。
◇　口で言ったことは理解できなくても，文字で示すとわかることがあるので，印刷物にして渡す。
◇　グループに属していることがわかるように，指示を与える前に名前を呼びかけておく。

＜繰り返される話題＞

　ギフティッドASの子どもと会話をするのは結構厳しいと感じるかもしれない。ただ数式について，ただ魚のことについて，ただアニメのことについて，延々と続いていく彼らの話は，聞いている方に興味がないと，まったく退屈になるからだ，しかし，彼らの年齢を超えた知的好奇心は，本人さえ，なぜそれに興味を抱くのかさえ知らず，湧きでるものであり，将来の自分の領域を開拓していく芽を暗示している。話し始めるとほかのことには注意がいかず，聞き手が興味を持っているかどうかも気に留めない。ただ，話が遮られると苛立ちを示すだろう。ひとつの興味関心について強迫的に話すことは，ASの人によくある特徴なのだ。

　特定の話題について話し続ける理由には，以下のことがあげられる。

　1つ目には，会話に入りたいのだけれどどうやって話せばよいかわからないために，そうなってしまうのかもしれない。

　2つ目に，しつこい話しかけやしつこい自分の理屈が，見捨てられる不安への対処方法である場合がある。その場合，子どもが気がかりになっているものを探り当て，それを取り除くことで，改善されるだろう。

　3つ目に，不安を軽減させるための励ましや優しいまなざしなどを望んでいることもある。あるいは一見逆説的であるが，たとえば落ち着くために，指図の少ないやり方にする必要があるかもしれない。

4つ目に，もっと語りたい，情報を共有したいと望んでいることがある。おそらくこれは最も大きな彼らのニードであろう。その欲求を満たすために，「特別な時間」を認めることもひとつの方策である。彼らの興味や関心について，他の人もしゃべり，積極的にその話題を促すことができる時間を設定する，ということである。彼らの知的に獲得している情報，たとえば「かわいがっている動物の話題」や「宇宙に浮かぶ星」について話す機会は，刺激的で質の高い時間として利用されうるものだ。日本では，教科に哲学的な事を考えたり，ディベートをして自分の意見を発言したり，描画や音楽をより深く教える教育システムになっていない。しかし，彼らに必要なものはそうした，より個々人の違いを肯定的に評価し，より深い探索に没頭できる時間を設けることではないかと思う。

　彼らの話にじっくりと耳を傾けたなら，その考えや会話の一部や単語から，話題を他のテーマに移すようにすることができるだろう。他の人が途中で話題に入ることを徐々に許せるよう，そして相手のいうことを待つ割合が増え始めることは，人間関係を発展させていくために大切なことだ。

　その子の知識を発展させる方法として，子どものお気に入りのテーマが出たとき，その子の興味を利用し，話題に加わる人との交流のきっかけを作る，というやり方もある。

　子どもが落ち着いているときに，いつだれと大好きな話題について話をするのが適切であるかを教えるのも，役に立つかもしれない。このことは遠まわしな言い方ではなく，また良い悪いの情緒的観点からではなく，マナーや技法として，はっきりと伝えることが大事だ。

　もし可能なら，同じ興味を共有できる年齢の異なる人や学校以外の人と，その話題について話をする機会を探すことは意味あることだ。

4．感情をキャッチするために

　自他の感情や情緒のわからなさについては，徐々にではあるが発達をとげていく。自分の情動の変化をキャッチし，深い自己洞察を見せることがギフテッドASの場合にはよくあることだ。

自分の情緒に気づくために，まず，感情をラベリングすることは役立つだろう。感情に名前をつけるということだ。さまざまな状況で生じる感情について，子どもと語り合うことはよいことだ。生活のなかで起こっている場面を表わしている本から，そこで取り扱われている感情について，話を広げることもひとつのやり方である。その場面で子ども自身はどう感じるかを聞いて，その感情に名前を付けて応答する。また結果，どのようなことが起こりうるかについてパターン分けをすることも理解を深めていくだろう。こうしたことは，一緒に本を読むというような，強制力のない，自然なかかわりの中で実行されることが望ましく，遊びのなかでなされるなら，なお良いだろう。

　子どもが激情に駆られているときは，どんな複合的な感情が表れているかをよく吟味し，どの感情がそのとき認識されているか，そしてその後にどんな感情が表れるか，どの感情が行動化を起こしたのか，どの感情は大丈夫なのかを検討することは，感情を認知し意識化して明確にすることに役に立つ。どのような様々な感情が子どもの中に生じているか，その出来事と自分をどのように結び付けて気持ちが沈んでいるかについて，観察してみる必要があるだろう。それはネガティブな感情や行動に結びついていく引き金になるものは何かを検討してみることでもある。いわゆる，その子にとって何が地雷となって，ネガティブな感情を引き起こしているのか，ネガティヴな感情の中でも，とりわけどの感情が支配しているか，そのときのひとつに焦点を絞るとわかりやすいかもしれない。不適当な行為や行動に焦点を当てるのではなく，見通しを持って，そのときの感情に焦点をあて自分を調整できるようになることが目標である。

　激しい感情の爆発による不適切な行為や行動までいかなくても，自分の意志を貫いたり，自分の行動を弁解したりするために，ギフティッドASの子どもは議論で相手を打ち負かそうとすることがある。自分の理屈を通そうとするあまり，論点がずれてしまうこともある。また，社会性を伴わない独りよがりの論議に偏ることもある。子どもの主張に巻き込まれて，親や教師が感情的になって子どもを説得しようとすると状況はますます悪くなるだろう。

主張はたいてい，一体感が奪われる出来事に基づいているといってもよい。いわゆる何かがきっかけで，愛着の対象と自分が切り離されてしまった，過去の体験と重なっていることがある。そのため，子どものいうことを文字通り受け取り，その常識を外れた理屈を訂正しようとすればするほど関係は乖離することになる。子どもが屁理屈を言っている背後に，何が起きているかを見極めることが大切である。

　ちょっとした過ちや，わずかな苛立ち，誰にでも起きるであろう失敗などが，受け流せるようになると，本人が楽になるだけではなく周りも助かる。そのためには，本人の心の中に起きているネガティブな感情を，とりあえず表出させることがすべきこととなる。途中で話を切られることなく話せて，本人が十分理解されたと実感することが大切だ。同じことでも調子のよいときは許せるのに，物事を受け入れる余裕がなく飽和状態であるとネガティブな感情が生まれる。こういうときは，あれこれ言い聞かすより，間を置いて穏やかな環境設定が先行される。

　相手を許容すること，自分の言動が，後でどうはね返ってくるかの予測は，考えることが，報復心でやり返すよりも物事がうまくいくことを体験させることは，自分をコントロールする能力となる。そのためには自分の言い分がまず理解されたと感じる体験が必要です。不適切な行為や言動を責め，ただ謝罪を強要しても内的な発達という視点から見ると意味がない。また相手を許容したのちに，自分の言い分を伝えることにも成功すれば，憤怒の感情を抱いたとしても両者にとってそれは危険ではなく，絆を強くする体験ともなりうるのだ。

5．情緒を育てるために

　ギフティッドASは，場の空気が自分にとって，脅威であるか安全であるかを鋭く察知する能力が，人一倍鋭敏に働くところがある。しかし感じてはいるが，それを情緒的に，さらに感情としてどう表せるかというレベルになると，答えられないことがある。ただ漠然とした怖れや不安，緊張でとどまって，体験を言い表す言葉を持ち合わせていないかのようでさえある。

長年にわたり情動状態の抑圧，拒否，否認を続けていると，人は，生気，イニシアティブ，発動性，自己融和性の感触を失うと言われる（Buirski,2001）。ギフティッドASが長年にわたって何らかの理由（例えば，本人が情緒を捉えにくい，自分の主観的に体験した情緒を出すとまずいことが生じた，本当の情緒体験に応答してもらえなかった，等々）で，自分のうちに湧いている情緒・情動を否認や拒否，抑圧を続けているうちに，本当の情緒の解離が生じ，情緒に気づかず，理詰めの知性化でやりくりしている例は多い。

　つまり情緒発達が障害されていることがある。情動表出の困難は，自分を見失い，生きている意味を見失う。情緒の不在は，無気力や生気のなさ，疲労感，物事への過敏反応，他者との関わりの困難などを呈する。

　そこで，情緒の発達について，述べていきたい。

（1）自分が体験している情緒を的確に把握し，認識し，表現する能力

　知性化の背後にある，言語化する以前に意識化すらできていない自身の情緒に注目し，体験している情緒に気づき，そして表出する一連の作業は，ギフティッドASの苦手分野であり，同時に最も重要な課題である。

　沈黙，あるいは発した言葉と，実際の情動体験の間に生じた矛盾，言葉と身体動作や行為の間に存在する矛盾，発した言葉と表情の不一致，頭で考えて合点がいっているはずなのに現実ではうまくいかいなどは，感じてはいても，情動を否認して意識化できていないために不具合が生じている結果だと言ってもよい。

　彼らに感受性がないのではなく，それをどう扱ってよいかわからない，言ってみれば車の装置は十分備えておりながら，運転が下手なために暴走したりブレーキをかけ過ぎたりしているという感じだ。

　感情が生まれていないことではなく，むしろ感受性が豊かにもかかわらず，それをうまく表出するすべを持たない，と言ったほうが正しいと思う。

　ギフティッドASの場合，情緒体験の把握が難しいと，意識的には身体的な不調として現れる。頭痛，発熱，腹痛，やがて慢性的な疲労などである。しかし，身体に表れてはいるが，自分が何に対して抑圧や拒否，否認をして

いるかに気づくことができない。

これまで容認されなかった情緒・情動に注意が向き，意識が芽生え，自分の情緒を認識し，感情として言葉が与えられるようになることは，情緒発達の重要なプロセスである。

（2）内的に生じた情緒を，客観的に観る能力

情緒を認識するだけでは，激情に巻き込まれるリスクがある。ネガティヴな感情も含め，様々な情緒をしばらくあるがままにしておくことは，どの感情に自分の身を委ねるか，内的に生じた情緒を客観的に観る能力の発達に関係している。適切な判断ができない間は，特に大切なことだ。これは，自分に生起している情緒を抑圧や否認せずに認知できることを前提としている。

強い情緒に飲み込まれないで，客観的に情緒の波に自分を置くことができるなら，ある状況に適切であり有益であると判断できれば，感情を明晰にその場で表現しても，筋の通ったものとなる。それを可能にするためには，絶えず客観的視点に基づく内省が必要とされる。

内省力と知的能力を備えたギフティッドASは，いずれ情緒的に安定した自己を形成しうるだろう。

他者との関係の中で起こり得る，自分の激しさや，激しい表現が他者に与える影響について正しく見極め，うまく関係を作る手法として，結果的に自身にとって有益であることを知ることとなる。

ギフティッドASに見られるかんしゃくは，コントロールの利かない情動の爆発である。適切な感情認識ができず，瞬間の激情に巻き込まれて前後の見境がつかなくなった状態といえる。情緒を抑圧するのではなく，表出することが大事であり，うまく陰性の情緒を処理するためにその方法が大切だということだ。

人は，出来事が起きるとひとつの感情のみに捉われるのではなく，一度に様々な感情が交差し，湧き出ている。

感じ方がほかの人と違っていながらも他者の気持ちを見極める能力があるかどうかは，自分と他者が別人格でありながら，接点をどう共有できるかを判断する能力に関係している。他者に対して優しい気持ちが湧いたり，共感

したりすることができるかどうか，また感情を正確に表現できるかも，その延長上にある。さまざまな感情が交錯する中で，最も相手に伝えたい感情が正しく表現されているか，あるいはずれているか，また言葉の使い方が表したい感情と一致しているかどうかは，自己発達レベルの指針のひとつになる。

（3）思考を円滑にするために情緒を活用する能力

　ギフティッドASの場合，字義どおり性で相手の言うことを真に受けてしまうという特徴があるのだが，これは発達とともに了解可能なレベルに成長していくだろう。まったく未分化なまま発達が止まってしまうというものではない。

　知的な思考を活用するということは，過去の経験と知識を利用して感情の統制を図り，状況を判断することができるようになっていくということである。人が言っている内容の意味を正しく了解できるよう，感情と言葉の真意を区別できる能力を指している。状況について考えたことに基づいて，気持ちを落ち着かせ，問題が解決と創造の方向へ進むよう情緒をうまく利用できるようになると，本人にとって生きていくことが楽になることでもある。

　情緒の活用に関しては，言語操作のみならず様々な方法がある。ギフティッドASの人は感受性が豊かであることが多く，感覚が鋭い場合が多い。言語表現を苦手としても，絵画や建築，楽器，ダンスなど，作品や創作活動など美術やアート，音楽，スポーツ，研究分野や科学的探索を通して，自分の情緒と独自の創造活動に統合させて，表出に結びつけるという方法も情緒表出の上手なやりかと言える。

　自分に対する信号として情緒を活用できるようになると，陰性の情緒体験を，陽性の情へとオーガナイズすることができるようになる。自分の状態のシグナルとして，情緒の動きを活用できるなら，強烈な刺激を事前に回避することによって心的安定を持続できる。

（4）情緒を理解し分析する能力

　自分の情緒に気づき，そのニュアンスを明らかにするために，言葉という

標識をいかに適切に活用するかを知る能力を指す。情緒そのものでなくても，情緒的に関わるということは，相互とのつながりに相手の情緒解読をおこなったり，リピートしたり，言い換えてみたりという方法を使い，コミュニケーションを可能にしていくことができる。

　相手の情緒を本当に知ることは，誰にとっても不可能であるといって差し支えない。的確に相手の意図や情緒を了解し共感する力を発展させるために，他者の見方・考え方をパターン化や定式化し，活用するという方法で可能にすることができる。

　また感情状態を別のものに変えるということは，たとえば抑うつ的感情や怒りに支配されそうになったとき，それ以上深みにはまることを避け，自分に生じている情動状態を了解し，より状態が悪い方向にいかないようにするにはどうするかを分かるということである。

　何かをきっかけにネガティブな情緒に支配されるとき，自分の未処理のコンプレックスからきていることが多々ある。ネガティブな情動の動きを察知したときに，引き金となった言葉や状況に注目し，その時の生じた情緒と出来事，捉われているコンプレックスのありかを明確化する。たいてい自己流の偏った考えに捉われて苦しい状態から抜け出すことが難しい。新たな視点に方向付けるものとして，自分の気持ちを和らげてくれる人との会話，書物，たとえば聖書や経典，尊敬に値する人物の書，詩，などが有効に働くことがある。

　以上に述べたことは，ギフティッドASにとって，体験してはいるものの漠然とし過ぎていてとらえどころのない情緒をどう把握すればよいかの示唆を含んでいる。感情の認知，そして感情がどのような行為に関係しているか，メッセージの真意と情緒との区別，感じやすさや情緒的表現の激しさの調整，情緒的表現のタイミング，フラストレーション耐性のタイミング，行動する前に考え，考えと一致した行動をとるといったことを，知的に了解する一つの手掛かりになるのではないかと考える。

第5章　ギフティッドASの養育

1．乳幼児期への注目

（1）誕生時の安全感

「普通に育てははずなのに」という母親の話を詳細に聞いていくと，「そういわれれば小さいころから疳の虫が強かった」，「写真を撮るとフラッシュで泣いた」，「沐浴でおびえた」，「お化けの話でおねしょしだした」，「卵を割る音で泣いた」などエピソードが次々に出てくる。また「まったく自分の意思を持たないように感じた」，「とてもおとなしくて従順だった」，「されるがままだった」という子どもの報告もある。

　多くの乳幼児研究者たちが，誕生後早期と精神的疾患との関連を述べているが，この時期の子どもの知覚感受性レベルと外界との相互関係の重要さについてあまり述べてない。スターンD.Stern(1985)が言うように，生まれつき一人ひとりの子どもに外界刺激を感受する域値に差異があるとすれば，当然，乳幼児の体験する世界は子どもによって非常に異なったものであるはずだ。その違いはもしかすると周りが想像する以上に大きいものではないだろうか。

　タスティンTustin（1972）は母親の子宮内で羊水に包まれている身体的な統合感覚が，誕生後も継続しているとの錯覚によって，子どもは外界の危険から保護されていると信じることができ，誕生後も健全な保護のもとに心的な統合がなされていくと述べている。

　我が子が誕生すると，母親は乳幼児のために過剰刺激を取り除き，子どものニーズを満たすことによって我が子が安心できるよう計らう。我が子の状態に合わせて心地よい環境作りに細心の注意を払うのだ。空腹なのか，おむつが濡れているのかだけではなく，音を立てないよう，暑すぎないよう寒すぎないよう気をつける。このようにして大抵の乳児は，細心の注意を払って世話をされているので，出生後も，あたかも子宮にいたときのように安心し，無防備に過ごせる。乳児はまだ羊水に包まれ，子宮に守られていたときの延

長で，外界の危険から保護され，乳児は母親と誕生後も一体であり安全であるという錯覚を持つことができるという説が，タスティンの提示したものだ。

　乳児にとってこの体験が，母親に対する基本的信頼感を確立していく基盤となるといってもよい。現実の脅威を乗り越えるための母子のラウンドワークといってもよいだろう。外界に存在する危険から保護され，自分の身が安全であると信じることができるためには，過不足のない適切な環境設定が必要なのだ。

　このときに体験している感覚は，乳児が人生を始める際に不可欠な，保護され安全である感覚の体験である。誕生後の，絶対的な安心感は成長とともに現実とすり合わせをしながら生き抜く力の基礎になる。

　ところがもし，極端な場合は戦争や頻繁な引っ越しや育児放棄など，乳児が外界からなんらかの危機的な迫害を受けたとしたら，乳児は自分が安全であるという錯覚を維持できなくなってしまう。また，危機的迫害がないけれど，乳児自身が何らかの原因で非常に鋭敏な感受性を持っていた場合，外界からの刺激がごく日常的なレベルであったとしても，同様に自分が安全で守られていると感じることができなくなるだろう。乳児は自分が非常に脆く弱い存在であると察知し，自分を何らかの方法で守らなければならなくなってしまう。

　養育者が，外界刺激の感じ方は生まれつきの特性と分かれば，誕生したそのときから，すでに，子どもの体験世界は其々に異なっていることを了解できるだろう。

　赤ん坊が危険にさらされていると感じるかどうか，また赤ん坊が危険にさらされていると感じるその感じ方は，一人ひとり様々である。さらに不快や欲求不満への反応の仕方もさまざまに異なる。泣きわめいたり，物憂げであったり，激怒したりなど，反応は広範にわたる。反対に快い刺激に関心を向け集中したり，笑ったり，声を立てたりして喜びや好奇心を示す示し方も一様ではない。つまり子ども一人ひとりの刺激への閾値は異なっていて，その反応も様々だという事だ。子どもの感受性の閾値は一人ひとり異なっている(Stern, 1986)。

　個々人に特徴づけられた知覚様式は，本人の努力や育て方で思うように変

えられるものではない。触覚，聴覚，味覚，視覚，嗅覚の低反応性や過敏反応性の特徴をよく理解することは，子どもの心的安全を確保する第一歩になるだろう。子どもの知覚様式にあわせた環境づくりをいかに考えるかは，乳幼児が心的に健康に育つために最も重要なことと言ってもよい。

　乳幼児期に，自分が安全であるという実感を持てなかった子どもが，その後の人生で臨床的問題を背負うリスクが高くなるのは頷けるところである。子ども自身が調整可能な環境設定が重要であるということだ。

（2）破られやすい安全感

　ギフティッドASの乳幼児について考えてみると，五感覚のいずれかに平均的な子どもより鋭敏さを持って誕生している場合が多いように思う。感覚優位の子どもにとっては，他の子どもには左程影響を与えない誕生後の外界の刺激が，ともすれば自分を脅かす危険なものとして入ってくる可能性がある。まぶしい光，さまざまな雑音，過剰な声かけ，弱い皮膚への刺激，ミルクやおっぱいの温度，味の変化，抱っこの揺らされ方，なじめない匂いなど日常的な刺激が，適切な範囲を超えて強かったり弱かったりするだろう。

　知覚認知レベルや，感覚の鋭敏さについては誕生時に個々にすでに決定づけられているとすれば，通常の外界の刺激に対して感じすぎる子どもは，身を守るために様々な方法を駆使しなければならない。それでも守りきれない場合，トラウマティックな体験になることになる。安全感が破られ，保護されている感覚を形成することができなければ，子どもは危険を孕む現実にむき出しに晒された状態でいることになる。丸腰でだれの助けもない恐怖を感じてしまうだろう。もし子どもがそうした環境の下で生き延びようとするなら，外からの刺激を自閉的に遮断するか，自分があたかもそこにいないかのように現実から乖離するか，強靭な何ものかに身を託さなければならない。

　安全を破る外界からの刺激は，それがほとんど毎日生じるものであれば，養育過程で親も子も日常こととして気に留めず流されてしまう。

　そのような時でも，安全が破られていることを示すサインがある。乳幼児であれば，泣く，目を合わさない，反応がない，無表情，隠れるなどである。日常的に不適切な刺激にさらされていると，子どもはいつまでも不安でいな

ければならない。子どもは勿論記憶になく，親にも子どもの安全をおびやかしたと意識されないのにそうした反応が現れていたと報告される場合，一つの可能性として，子どもの気質と環境条件の間に不具合が生じていた可能性を考えてもよいだろう。ギフティッドASが，優秀であり有能であり行動力もあると見えて，時に非常に怖がりであったり，傷つきやすかったり，うつ的な気分を引き起こしやすかったりする理由のひとつに，生育過程の日常的な環境があるかもしれない。

　子どもが，自分が安全で，外界から危害を加えられないと確信を得られているかどうかは，心的発達に非常に大事である。つまり子どもが身を置いている環境を信頼してもよいという安心感を持って初めて，そこから自分作りが可能になる。子どもの知覚感受性が強い場合，どの感覚が特に安全を破られやすいのかに注目する必要がある。

　外界からの刺激を強く感じてしまう多くのギフティッドASについて，母親がいち早く我が子の知覚感受性の過敏性に気づいて，一般尺度ではなく，子どもの反応を観察し，過剰な刺激を遮断し，穏やかな環境に注意を払い，同時に情緒的なやり取りしていくなら，彼らは持ち前の生得的な感受性を豊かに健康的に伸ばしていくことができるだろう。

（3）傷つき体験

　鋭敏で傷つきやすい子どもは，日常の体験自体があまりにも自分の適切な量を超えて，荒々しく，あまりにも性急であると感じるだろう。こうした状態にいる子どもたちに，たとえ親切心から出ていたとしても，指示的な元気づけや，合理的な理由づけは，永久的な安息にはつながらない。適量を超えた刺激に晒される場では，保護されている枠組みを失い，途方に暮れることになってしまうからだ。親に保護されていないと感じる子どもが，信頼と安全を求め，親を補償してくれる人（時には動物であることも）に出会うことができれば，保護欲求はある程度満たされる。もしそれが失敗したなら，心は枯渇状態で，年齢に関係なく埋めてくれる対象を求め続けるということになるだろう。

　こうした状態を回復させるものは，愛情を貰いたいと願う対象，つまり母

親もしくは母親に代わる人物との係わり合いを通してであり，その体験を通して先々の困難を怖れる必要のないことを実感することが，子どもの自信につながっていく。

　親のみならず，関係者が気をつけておかなければならないことは，子どもを取り巻く外界の状況と，子どもの感受性の閾値であり，次いで，子どもが，物事を取捨選択し決定する主体者は自分であるという感覚を持つことである。

　小学生くらいになると認知能力が発達してくる。内的欲求を出すと叱られるかもしれないとか，関係が悪くなるかもしれないなどの理由で，自然な情緒の発露を抑え，周りが期待する枠に，自分をはめなければならないと考え始める。

　ギフティッドASの場合は，できることよりできないことへの注目が向きやすい。そのため，自分には合わない生き方を，いかにすればうまく模倣できるか，いかにすれば周りのようになれるかに焦点を合わせようとしがちになる。結果，持ち前の能力が伸び悩むことがある。しかも，時にギフティッドASはこうした痛々しい情緒体験を言葉にして訴えることが下手なことが多い。結果，他の人の衣を通して自分の人生を生きる，いわゆる＜虎の威を借りた狐＞の言葉に例えられるような，強い者に従属して生き方をしようとする場合もある。恐怖を権力で補おうとする場合だ。

　ギフティッドASが，叱責体験をもとに，適応的に生きるために，従順でいることで身の安全を図ることもある。それでもうまくいかないことが多く，理不尽なことで叱られることもある。自分では正当な理由もないのに叱責されることは不安と恐怖，さらに怒りを生む。ときにギフティッドASの子どもにとって，周りは自分に脅威を与える異質な生き物と感じられるかもしれない。安全な後ろ盾を持たないまま，社会に出て敵に囲まれている状況と似ている。これこそが，不適応を呈する多くのギフティッドASの，学校を恐れる所以であろう。このとき教師や周りの子どもたちは，得体の知れない強力で自分を脅す象徴となっている。

　彼らの，常識的には無謀で，不合理で，反抗的にさえ見える突発的な振る舞いは，それまでの外界との関わりの中で過剰適応，過剰防衛の末，限界点を超えたための反動であるかもしれない。

2．安心できる環境の提供

　子どもは誕生した時にすでに一人ひとりに大きな違いがあることは，周知のことだ。いわゆる＜生まれつき＞の気質上の違いが存在するということである。そして一生を通じて，その子独自の志向や嗜好の源泉として持続していくと考えられる。

　その最も原初的な独自性は感覚の領域である。最近の乳幼児研究が繰り返し明らかにしている概念の中で重要なことの一つは，赤ん坊の生来のリズムや外界刺激への閾値と養育者がそれらに合わせて環境調整をし，情緒に調律していくことの重要性である。

　子どもが心理的に健康な状態を確立し大人になるために，養育過程で欠けてはいけない重要な要素があるとタスティンTustin（1972/2005）は言う。それは外界からの耐えられる適切な感覚の刺激を子どもに与えることと，内外からの刺激によって生じる興奮を子どもから取り除くことを意味している。

　子どもの気質を知る上でもっとも注目すべき点について，①喜んだり怖がったりなど，興奮した際に容易く落ち着いた状態になるか，もっと要求するか，何をしても興奮状態がおさまらないか，②夜眠るときになかなか寝付かなかったりちょっとした物音で目を覚ますか，また目覚めた時に機嫌が良いかどうか，また，③おもちゃで楽しく遊ぶことができるとか他者に相手をされて反応が良いか，④五感の各感覚刺激への反応はどうか，⑤表情がこわばったりなど緊張しやすいかなどがある。

　こうした事柄に特徴を見せる子どもの気質に応じて，ありふれた出来事を通して親が示す興奮の輪郭付けを，次のページに示す図5-2-1から説明していきたい。

　図5-2-1はスターンStern, D.（1985）が提示した，乳児の刺激に対する対応能力を示す図を参照に，林（2016）が作成したものである。

<図5-2-1>

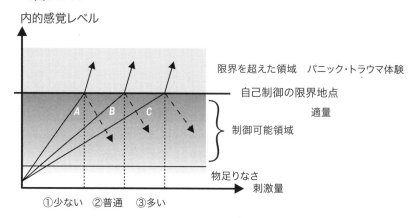

内的感覚レベル

限界を超えた領域　パニック・トラウマ体験

自己制御の限界地点

適量

制御可能領域

物足りなさ

刺激量

①少ない　②普通　③多い

　＊印は，乳児の刺激レベルに対する対応能力の限界点を指している。この限界点は個々によって異なり，それぞれに特徴があるといわれている。①は日常的に起きる出来事のなかで生じるより低い刺激の範囲を示している。②は日常の出来事のなかで生じている刺激で普通レベルの刺激の範囲を示している。③は日常のなかで生じる刺激のなかでも強いものを示している。

　Bは外界からの刺激に対して，大部分の子どもに見られる反応を示している。つまり一般的な発達をしている子どもの刺激の閾値である。もしAがBと同等レベルの刺激を受けたとすると，Aは影響を強く受け，限界点に早く達してしまう。つまり刺激を鋭敏に感じており，刺激レベルの対応に対する域値が低いといえる。Cの場合をみると，同様の刺激に対して鈍感で，むしろ強い刺激でないと反応しない。刺激レベルの対応の域値が高いといえる。A，B，Cは，個々の子どもの刺激への反応の違いとみることもできるし，また，一人の中にも，ある分野は鋭敏で他の分野は鈍感だといった，域値の低い領域と高い領域が併存すると考えることも可能である。

　＊印はさきに述べたように，刺激レベルの対応能力の限界地点である。大人はこの限界時点を見極め，この時点に到達する前に何らかの手を打って刺激を減らし，子どもが適正な刺激内にとどまり，自己コントロール下に留まれるように調整しなければならない。もしそれができないと，刺激レベルが対応の域値を超え，子どもは自分自身をコントロールできない体験すること

になってしまう。

　人の声を例にあげると，優しい声でゆっくり小さめの声が①レベルだとすると，通常の会話でしゃべったり，人と語っているテンポも普通の日常的な，意識さえされないレベルの声が②，日常のなかでも，感情が高ぶって怒ったり，びっくりしたりしたときのやや早い，強い口調の大きい声を③とする。ラインBを平均的屈曲線であると仮定すると，ラインAにあてはまる子どもにとっては，母親が普通に接しているつもりであるのに，強い刺激と感じる。これは日々の出来事からくる刺激を自分でも知らないうちに過剰刺激の中にさらされている状態となり，対応能力を超えて不安や恐怖を引き起こしてしまう状態が予想されるのだ。

　年齢とともに，刺激耐性はその子自身の絶対的視点から見ると閾値の幅は広がるものの，環境の配慮が欠ける場合，逆に絶えず過剰な刺激下に置かれることになるために，意志に関係なく引きこもったり，攻撃したりして刺激から遮断する方法を取らねばならなくなる。

　これまで感覚の問題に関しては，知覚レベルに合わせた環境を提供することを考えるより，いかにして刺激に慣れさせ「強く」育てるやり方がなされてきたように感じる。親や教師，専門家でさえ，Bのパターンになることを理想とし，強要するやり方を良かれとしていることが今も続いていると思われることがある。

　何に対して過敏反応を示すかについて，五感に関するもの，その延長上にあるは暗闇，運動調整機能に関連すると考えられる高さ，足元の不安低さ，スピード，さらに見知らぬ人，おいてきぼり，動物，虫への警戒心や恐怖など，どの領域に特に脆弱性があるか，注意深く観察する必要がある。

　ギフティッドASにとって集団生活の始まる保育園や幼稚園以降，よほど周囲の理解と配慮がなければ必死に周りの要請に応えようとして，次第に理由もわからず疲労困憊してしまうだろう。

　生まれつきの特性について周りが認識しておくことは，子どもの状態の理解と共に意思疎通を可能にすることであり，情緒的な安定や発達を促すことになる。

　ギフティッドASに関しては，知的能力の限界点はCであるので，AやB

の質と量では満足できないともいえる。

3．普通から外れているということ

　発達の仕方が通常とは異なるということは，集団の中で異質であるかもしれないが，心的発達から見ると定型発達であることが絶対条件ではない。重要なことは，乳児の生来的な素質や感覚反応に応じる母親の保護の質であると言って過言ではない。

　通常ではない反応や応答の原因は，遺伝的なもの，早期誕生によるもの，あるいは後天的要因など様々に考えられるが，それ自体あまり問題ではなく，誕生時の親の態度や応答を含めた環境が，乳児にとって保護されていると感じるか，環境を利用できる質のものであるかが注目されるべきであろう。環境設定は，子どもが生きていく上で様々な出来事に耐え，打ち勝つことができる大切なカギとなるものだ。

　ギフティッドASには領域によって早熟なところと晩熟なところがあるが，この発達のでこぼこについては多くの研究者がこれまでにも注目をしている（Tustin1981, James 1960,, rozenfelt, Sprince 1965）。

　発達のでこぼこという概念がないと，母親と離れない子どもを母子分離ができていないと無理やり引き離そうとしたり，甘やかした結果であると厳しい養育を称えたり，母子関係の歪みが発達の固着を起こしていると養育を非難したりなど，誤った考えから，さらなる不安を生じさせるような対応がなされる可能性がある。

　ギフティッドASの子どもが感情の爆発をおこす場合，母子分離の時期尚早が起因していることがある。彼らに生じる病理は，自分が母親と一体であり安全であるという感覚を獲得できる前に，子どもとは何カ月になればこれができるはず，何歳になればこうあるべきと，一般論に縛られた養育者が，結果的に，子どもが愛着を必要とする時期に親が心理的に早く手放してしまった場合が多いと感じている。つまり本人の特性を充分理解できず，子どもを扱いそこなったために，子どもが外界を危険なものと察知して警戒や緊張が強くなり，苦痛に満ちた感情に支配されてしまうというのが私の論点であ

る。

　時期尚早の身体分離によるギフティッドASの心理的外傷の誕生につい
て，母子相互の関係から検討をする必要があるのではないだろうか。

　感じやすい子どもを脅かす，日常的な過剰刺激についてはこれまでほとん
ど省みられることがなかった。生活のなかで生じる突然の音，子どもの泣声
や叫び声，犬のほえ声，大勢の人々の会話，怒りばかりでなく，大声で笑っ
たり話しかけたり注意をしたりという刺激に対する聴覚反応や皮膚への刺激
に表される触覚や太陽の光や景色の配置などの視覚に対する刺激反応，また
匂いや味に伴う快感や不快感など，彼らを取り巻く世界は喧騒に包まれてお
り，いかに侵襲的刺激のなかに置かれているかを想像することができる。こ
うした状況の中で，神経がさらに過敏に働くということもありうることだ。

　長じては，単なる大声での説明や強い調子の注意などが，耐性を超えた刺
激として侵襲的に感じられたり，叱責や注意の対象が自分ではないにもかか
わらず，不安や怖れを生起されることもある。これらの刺激は，表現された
ものそのもの意味理解とは無関係に，強さ，時間の長さ，テンポ，調子など
の影響を受けている。

　ギフティッドASによくある感覚の鋭さは，言葉の内容より発せられてい
る声の質や音調，しゃべり方に反応している場合も多々ある。

　触覚の鋭敏さの例では，よほど虐待やネグレクトや劣悪な環境ではない限
り，子どもを傷つける衣服やタオルがあるわけではない。普通なら痛いもの
ではないし，親が拭く時に荒々しく子どもを扱うはずもないだろう。衣類の
タグも同様，多くの子どもはそれを痛いとは感じない。しかしギフティッド
ASの中には，こうしたものを不快に感じたり痛いと感じるということが生
じる。視覚においても，明るい太陽光は，元気をもたらしてくれるものとい
うのが定説であるがギフティッドASにとってはときに眩し過ぎる。

　言葉や行動にあらわされる喜びや悲しみは，一見にしてわかるが，その背
後の知覚特性，たとえば表現で使われた単語，言い回し，伝えられた音とし
ての強弱や，語られたスピード，音調，リズムやイントネーション，間合い
の取り方，視線といったものは文脈の中で見落とされがちである。しかし，
こうしたものは，関わる際の快・不快感覚の要素としてかなり影響している

と考えられる。何が語られたかというより、どのように語られたかに注意を向ける必要がある。記憶力の良いギフティッドASの子どもが、長じて幼いころの対応に傷ついたと語る時、気に留められなかった感受性の問題を含んでいる場合がある。

　ギフティッドASの子どもは、発達の仕方や反応の仕方が、いわゆる＜ふつう＞からはずれていて、漢字や数字、思考、絵画、工作、音楽、哲学的思考などのいずれかもしくは複数の分野で早熟な発達を示したり、その一方で早期の段階で獲得されているはずの会話表現、情緒的通いあい、状況理解などの発達が、年齢相応に到達できていなかったりで、発達がでこぼこであることに気づかされることが多いものだ。

　喜怒哀楽の感情の名前が付く前の、もっと根源的な、強弱や時間を基準にしてあらわされる情緒を、乳幼児研究学者スターンStern, D.（1985）は、生気情動と呼んでいる。生気情動は子どもが誕生すると同時に存在し、常に他者とのコミュニケーションの最も基底をなしている感覚に大きく影響している。

　原初的な情緒の動きは、表面に現れる感情や行動に随伴し、連続して常に感情の内的性質と大きく関係している。情緒的につながっているかいないかという感覚は、相手との連続的に行われているこの内的体験を通して形成されると言ってもよいだろう。子どもと関わる大人は、言動に現れているものに目を奪われ過ぎないようにしなければならない。この原初的感覚の変化に焦点を当て、子どもが体験していると思われる内的体験に応答していくという事が大切だ。

　ギフティッドASにあるように、ある部分が突出して発達し、ある部分はゆっくりという、その子の発達に沿って考えると、学校でも多くの子ども達と異なる子どもへの保健室以外の居場所作りや学習対応がもっとできるのではないだろうか。子どもが愛着を必要とする時期に早すぎる身体分離、心理的突き放しとなって、後に問題が出るようなことにならないようしたいものだ。

　早期乳児期および幼児期における子どもの外界刺激に対する反応の仕方に応じて、子どもを保護する養育者としての対応は、前言語的であり前概念的

だからといっておろそかにされてはならない。

　知覚の感受性には個人差があることに気づくことができれば，大抵の子どもが平気で流せる事柄に反応しても，その子にとっては自然なことと合点がいくことだろう。しつけの名の下で，非常に厳しい環境のなかに子どもを晒すことにならないようにしなければならない。

　子どもがどう感じているかという点に注目するのでなければ彼らを本当には理解するという事にならないだろう。

4．養育者(母親)と子どもの関係

ぎくしゃく感が生まれるとき

　母親と子どもの間で，ときに相互の通い合いが断絶してしまうことがある。子どもがギフティッドASの場合，親にとって関係がうまくいかないと感じることが多くなる。我が子についての身体特性や心理特性についての認識がないと，母親はまったく気づかずに，子どもにとってはトラウマティックに感じるような対応をしてしまっていることがあるので注意しなければならない。

　母子の関わり合いがうまくいかないと感じるとき，次のような場合が考えられる。

　1つ目は，子どもが持つ刺激耐性を超えて，養育者の方が関わりを持とうとしたり，要求をしたりする場合である。母親が子どもに投げかける刺激－かまったりしつけたりするあたりまえのこと－の量が，子どもにとって多すぎると感じる場合，子どもは泣いたり，目を背けたり，いやいやをしたり，隠れたりして，過剰な刺激を避けようとするだろう。ところがそれに気づかないまま，大人のペースに子どもを合わせるかたちになった結果，引っ込み思案になったり，警戒心が強くなったり，神経質になったりすることがある。子どものほうが親にあわさなければならない関係が長く続くと，子どもは自分の体験を自分の情緒として感じることができなくなり，後々，自分でものごとを判断することが難しくなるかもしれない。何をどうすればよいかを決めなければならないときに迷い決められなくなる。自分自身の情緒を見極め

ることが難しく，他者に呑み込まれると感じてしまうだろう。

　2つ目は，母親が子どもの状況を認めず，子どもを支配下に置き，所有化してしまうパターンである。このパターンは子どもの行動を過度に規制し，それができないと叱ったり感情的に声を荒げたりする。

　ギフティッドASの場合，大方の子ども以上に好奇心が強い場合がある。一か所に注意を集中できなかったり，集中しすぎたり，言われたことをすぐ忘れてしまう特性を持っていることがある。また逆に寡動で，ぼんやりして何事にもぐずぐずして見える場合もある。このようなとき，親のほうがつい声を荒げたり，注意をすることが多くなる。子どもに聴覚や触覚の鋭敏性があるとき，また他者の意図を容易に理解できないときに負の要因が重なり，親が想像する以上に不安と怖れを抱くことになるので，特に気をつけなければならない。従順で反抗もしない子どもがいい子だと思っていると，自分の気持ちや自分の意思，判断を必要とされる場面で，咄嗟に何もできず，ただ従順であることで適応しようとしてしまう。自分自身が空っぽなため心的には不安定になり，過度に憶病で過度に依存的になってしまう。他者からの規制や判断，言動に左右され，自身は空虚で自我の脆弱性につながる。

　自分が主体者として実感できないと，自分の行為なのに，人から操作されて動いているのか，自分の意思で動いているのか人の考えなのかの区別がつかない状態を引き起こしてしまうだろう。

　3つ目に，母親が子どものニーズに十分こたえられない場合がある。これは母親自身に悩みがあったり，もともと静かで無口な母親であったり，子どもの関わり合いに母親がついていけない状況が生じていることがある。

　ギフティッドASの子どもは，普通以上に様々な物事に好奇心を持ち，追及して完璧に知りたい・やりたいタイプが多い。母親が普通に反応している場合でも，欲求が満たされないということが起きる。子どもの能力が高く，親から満足できるほどの反応が返ってこないという状況が生じることもある。

　子どもが充分な反応を返してもらえない場合，過度に社交的になったり，あるいは過度に積極的に他者に関わることによってその欲求を満たそうとしたり，子どもの性格によっては，その反対に反応してもられないことで抑うつ的になってしまうこともある。いずれの場合も，母親の応答は，子どもに

とって本来の自分を出してはいけないというサインになってしまう。

　4つ目に，母親のほうが子どもに同一化を起こしてしまう場合がある。母親が内的に安定感を得られない状態であったり，不安を引き起こす出来事があったりすると，母親が子どもに頼り，取り込んで依存することがある。ギフティッドASが，一見冷静でしっかりしているように見えることがあり，母親が子どもに依存して不満を言ったことを，ことば通りにいつまでも記憶し，状況を誤って捉えていることがある。

　母親に，心理的な未解決問題，例えばコンプレックスや満たされない情緒，傷つきなどを，子どもによって埋めようとする場合もある。ギフティッドASの子どもは，相手の気持ちというより，ぴりぴりして張りつめた空気や，言葉のトーンや怒りの調子に反応し緊張しやすい。知的レベルが高く，感覚が鋭敏な場合，母親の状態を感じてしまい，何とか自分がしないといけない，母親の要求を満たさねばならないと感じてしまうだろう。そうした母親のもとで，子どもは，自分の情緒や感情や行為を否認し母親を優先することになるために，感じたことや意志決定に罪悪感を抱いたり，母親の意志決定をあたかも自分のものと感じ自他の境界がわからなくなってしまう危険があるのだ。

　5つ目に，母親が自分の価値観，偏見を意図的に選択して応答する場合がある。自分の価値観に合っている時には応答がよいが，そうでない時には無視したり否定的態度を取るというものだ。

　ギフティッドASのように，もともと一度に多くのことをしたり考えたり，柔軟に思考できない特性のある子どもの場合，親の言動から過度に「〜ねばならない」「〜すべき」という考えに縛られがちだ。母親の価値基準に子どもの性向や嗜好が異なる場合，どうしても強く否定的に反応してしまう。子どもが，母親の価値以外の考え方や感じ方を，悪いもの，許せないものとして極端に捉えると，自分の内にある親とは異なる部分に罪悪感を感じたり，自己評価をさげたりすることが起こる。

　たとえ自分の子どもであっても，親とは気質も性格も異なる別個の人格を有する人間なので，母親から見ていい子の部分と悪い子の部分が出てくる。我が子に，どんな顔が現れた時でも，大切に思っている気持ちが，母親の側

に基本的にないと，子どもの中で良い自分と悪い自分が極端に分裂し，統合できないということが起きる。子どもは，良いところも駄目なところも，強いところも弱いところもあって当然で，両面を持ってあたり前という受け止め方ができず，非常に苦しい心的状態に陥るだろう。

　6つ目に母親が自分の気分で応答する場合がある。母親自身の心理状態が不安定で，一貫性がないときに生じやすい。子どもの同じ行為や言動に対して，自分の気分や状況で機嫌よく応対するときと，無視したり怒ったりするような場合だ。

　ギフティッドASには，見通しが利いていて一貫していることがとりわけ安定に大事であるのに，根拠もわからず反応が違う体験は混乱を引き起こしてしまう。最初は快く対応してくれたので次もそうであろうと思って近づくと，まったく違うということが積み重なると，子どもは次第にその矛盾から逃げられなくなりすべての人間に疑心暗鬼となり，自分を取り巻く世界は危険に満ち，恐ろしい，気を許せないものであると認識してしまう。こうした状態が固着すると，人の言葉を被害的に感じて，思い込みで判断してしまうとか，言葉を文字通りにしか反応しなくなるとか，コミュニケーションを回避して身を守らざるを得なくなるなど，子どもの心は安定を得られない。

　こうしたさまざまな母子の状況において，母子双方が心的に安全であるためのサポートを考えなければならないでしょう。

5．子どもが母親に断絶を感じるとき

　母親を支える最も重要な立場にいるのは，通常，夫であろう。何らかの事情で夫から援助を受けられない場合や，批判的過ぎる夫は，母親の子育てを不安定なものにする。また干渉的な親類や度重なる引越しなどの外的な要因，母親自身の乳幼児期体験の喚起による不安記憶のよみがえりなども，安定した子育てを難しくする。近年では，女性の社会的活躍という社会的事情の変化により，養育より社会的アイデンティティに重きを置きすぎる場合なども，養育に少なからず影響を与えるであろう。

　このように，子育てを難しくするものには，子どもの持つ特性だけでなく

母親の気質や性格，状態や状況も影響する。子どもが一人ひとり違うことは述べてきたが，母親も同様，一人ひとり違うことを忘れてはならない。次のような点で該当するところがある場合は，子育てを協力してもらう手立てを考える必要がある。ただ援助者は，あくまで母子の絆を強くするための助力的役割というスタンスとなる。

1つ目に，母親に抑うつや自信のなさ，自身の気質や生育における事情のために，自分の脆弱な側面に触れることを回避する場合である。

ギフティッドASの子どもは育てにくい場合が多く，それだけに母親自身は絶えず自分のさまざまな能力と対峙する場面が生じる。たとえば，母親自身の揺らぎ，コンプレックス，とらわれなど，自身の未解決の問題が浮きぼりにされる。子育てが非常にリジッドな状況下では，子どもが求める欲求を満足させることより，自身の心的重みのために子どもとの接触を無意識的に拒む形になる。そのようなとき，子どもから見ると母親は自分から断絶しているように感じられてしまうだろう。

2つ目に，母親が知的職業を持つ場合や，集中的に突き詰めていくようなタイプ，あるいは冷淡なほどの明快な考え方を持ち，鋭く自他を分ける感覚の持ち主である場合である。

明確な個人としての自分感覚を過剰に発達させている母親は，得てして子どものその時々の情緒をキャッチできず，理屈どおり，社会的規範どおりなど，外枠を基準にした考え方をしがちなため，子どもは親が自分から断絶していると感じるだろう。情緒の感受や表出が苦手なギフティッドASにとって，情緒的に包まれている感覚を体験することは，心的発達のために必要不可欠なものだ。

3つ目に，一体感を持つことと，母子が融合してしまうことは別のことである。子どもと自分の境界が不透明で，子どもを支配的に自分の一部のように取り扱ってしまう母親も，子どもは母親と断絶している居心地の悪さを感じるものだ。支配的というのは実際に支配的に動く場合ばかりではない。子どもの言動や行動を先回りしてしまう場合も含まれる。

母親は自分のイメージする子どもにわが子を当てはめ，知らず知らずのうちに親の理想とする子どもになって欲しいと願いそのように応答している。

すべての親に自然な思いではあるが，どこかで自分の子どもとは言っても個としての別人格を相手にしていると感じ了解している場合は，母子間に個対個の境界が存在する。しかし，わが子があたかも自分の所有物で，思うようになってくれることがいい子であり，そうではない面を見せると悪い子として扱うということになると，ギフティッドASの子どもは，たいてい母親が理想とするイメージと大きくずれていることがあり，物理的には親子がぴったり一緒にいるように見えても，子どもは母親と断絶していると感じてしまうのだ。

　子どもの心を育む要因として，母親の性格の有り様，母親自身にどのようなコンプレックスがあるか，どの感情やどの情緒に反応しやすいか，育児をするときの子どもの身体や五感反応への気遣い，子ども対して母親がどのような無意識的期待を抱いているか，こうしたことを今一度振り返り，明確に把握することは意義あることだ。

　母親が子どもを，自分にとって有害か少なくとも歓迎されない存在であると感じている場合は，子どもの発達促進を考える以前の問題となる。子どもの存在が自分の陰性感情と直結している場合，さまざまな形で子どもの人格形成にダメージを与えてしまう。

　子どもが幼稚園や小学校など，家庭を離れた体験をしなければならなくなると，多くの他の子どもより感受性が鋭く，集団の圧力をより強く感じるギフティッドASの子どもは，二次的症状として分離不安による激しい抵抗，学校ストレスによる身体症状，無気力や気分のふさぎこみなどを示すことがある。親と離されるとき，その子どもにとって破局的な仕方でほころびが生じれば，外傷的体験を抱えることになる。敏感な部分が，似たような出来事で何度も傷つくことで外傷となる可能性もある。

　基本養育における母子関係の重要性を，心理学者であり精神分析学者でもあるボウルビィBowlby.Jは「愛着と喪失」（1962）の中で，愛着理論を通して明示している。また彼は，幼児は，生後6ヶ月頃より2歳頃までの期間に継続して幼児の世話をし，引き受けている第一の養育者に対して愛着を示し，この時期の後半では，愛着の対象者を安全基地として使うようになると述べている。

子どもは，社会へスタートするために，愛着の対象である養育者との一体感・安全感を足がかりとしている。大切なのは，子どもの刺激耐性に合わせ，かつ人間的な情緒的反応で，子どもと共に遊び，共に発見し，共に語り合える関係の積み重ねである。

第6章　ギフティッド AS への特別支援

1．画一的教育の弊害

　学校で何を学ばせようとしているのか，何のために学校へ行くのかという疑問を，ギフティッド AS の子どもたちは絶えず私たちに突きつけてくる。単純に義務教育だから行きなさい，義務教育だからいやなこともやりなさいという事では片付けることのできない問題を包含している。

　小学校３年生のハヤテ君は，２歳でひらがなをマスターして絵本をすらすら読み，３歳で恐竜にはまって恐竜図鑑が愛読書だったが，運動が大の苦手で好き嫌いがたくさんある。合同競技は，多くの音が神経を刺してくるように感じてじっとしていられない気持ちになる。友だちとの会話で，からかわれると本気で怒ってやっつけにいく。こんなハヤテ君は学校に矛盾を感じ，遂に校長先生に＜ぼくは，義務教育という悪法のために苦しめられています。なぜ，授業に出ないといけないのですか？なぜ学校へ行かないといけないのですか？＞という手紙を書いた。しかし返事は結局来なかった。ハヤテ君が校長先生に手紙を書いたことは，お母さんも知らなかった。ある日，校長先生に出会ったとき，「ハヤテ君が手紙をくれたんだが，返事のしようがなくてね。義務教育ですから」と笑いながら言われ，初めて息子が手紙を書いたことを知り複雑な気持ちになったということだ。

　さて，こんなときハヤテ君にどう教育者として対応するか。校長先生がたとえ義務教育で学校システムを変えることができる力がないとしても，ハヤテ君の感じている矛盾や痛みを了解したよというメッセージを送って，さらに学校の意義について話す時間を取ったなら，その行為自体が教育というものを語っていただろうと感じた。

　また次の作文は，ミユさんという６年生の女の子が，『となりのトットちゃん』(黒柳徹子著　講談社)を読んで書いたものである。

トットちゃんは，小学1年生で学校を退学になった。私はトットちゃんがよほど悪いことをしたのだろうと思ったが，そうではなく，トットちゃんはみんなと違うところをたくさん持っているというだけだった。退学になった学校では，だれもトットちゃんの行動を理解できなかったので，周りから不思議な変な子に見えていただけだと思う。

　もしトットちゃんが私の友達だったら，驚くことがいっぱい起きてハラハラするだろうけど，新鮮で面白い毎日を送っていたかもしれない。だけど退学になった小学校では，トットちゃんはとっても困った子だったのだ。ところがともえ学園という新しい小学校では，トットちゃんは困った子ではなくなった。それはトットちゃんが変わったわけではなく，周りの人たちの見方が変わったからだと思う。

　ともえ学園の校長先生は，初めてトットちゃんに会ったとき，「さあ，なんでも，先生に話してごらん。話したいこと，全部」といって，4時間もトットちゃんの話を聞いてくれた。トットちゃんが，とんでもないことをしでかしても決して怒らずに『君は本当はいい子なんだよ』と言い続けてくれた。

　できれば私も，ともえ学園みたいな学校に行きたかった。なぜなら，私はトットちゃんと同じようなところがあると思うからだ。トットちゃんみたいに，とんでもないことをして，皆を困らせるようなことはしないし，性格は全然違うけれど，私も周りのみんなと少し違うところがあるような気がする。

　私は人がたくさんいて，うるさい場所が苦手だ。「はやくはやく」とせかされるのも苦手だ。私にとって学校は，いつもうるさくて時間がなくて焦っている場所でしかなかった。でもともえ学園では，時間がゆっくり流れている気がする。好きな勉強が好きなだけできる。みんな同じことをしなくていい。だから，私にはともえ学園がぴったりな気がする。

　ともえ学園が火事で燃えてしまったのは本当に残念だ。ともえ学園の校長先生は，燃えているともえ学園をじっと見ながら，息子に「今度はどんな学校を作ろうか？」といったことも心に残った場面だった。そん

な校長先生だからこそ，ともえ学園みたいな学校を作れたんだと思う。

　ともえ学園はなくなったけれど，トットちゃんが大人になって，この本を書いてくれたおかげで私もこの本を読んで自信がついた。トットちゃんが校長先生に自信をつけてもらったように。

　誰もトットちゃんが大人になって芸能界で活躍する人になるとは思わなかっただろう。私は将来どんな仕事をするようになるのだろうか。みんなが思いもよらない仕事をしているかもしれない。

　ミユさんはいわゆる不登校児童であるが，最近はクシックバレーが大好きになって，バレーの時ならひとりで練習に行くことができる。

　彼女のように，自分の潜在能力を伸ばそうとすると学校の枠を超えてしまう子どもや，さらに言うと毎日学校へ行くと疲労を感じて元気がなくなってしまうような，画一的教育がフィットしない子どもたちのために，各自の伸びたい欲求に合わせた，塾ではない教育の場の必要性を感じる。

　アメリカや英国ではホームスクーラー homeschooler という学校を選ばない形態が選択肢としてあるし，飛び級も日本よりは不自然ではなく，ある時期，個別教育のほうが適した子どもにとって，より柔軟な環境が提供されやすい。アメリカだけではなく欧州ではギフティッドの子どもに焦点を絞った教育の必要性がうたわれている。また，アメリカで大変できる部分と，はなはだできない部分の両極を持つ子どもの教育 the twice-exceptional education，すなわち2E教育が始まったのは10数年以上も前のことだ。

2．感じ方の違い

┌─＜小学校＞母親の振り返り─────────────

　「人がたくさんはこわい」と言って，入学式の日から行き渋りが見られました。

　人が多いところはすぐに疲れて，どんなところにいても帰りたがりま

214

す。すぐに帰れないときはパニック状態になり，手がつけられなくなります。人の多い所を怖がるだけではなくて，人には興味を持ちにくいようで，自分から大勢の子どもの中に入ろうとしませんでした。無理に皆の輪に入れようとすると，「僕はいいからママだけ行けば?」とよく言われていました。

疲れたり怒りを感じても外では感情表現を示したり怒りをぶつけることはなく，幼稚園や学校では，しんどいほどにこにこしている，といってもよいくらいでした。

ただ人に指図を受けたり命令されたりすることをひどく嫌い，従わないこともありました。たとえば学習塾で答えが間違っていて，講師がどんなに説明しても絶対に認めようとしませんでした。

こちらが話しかけても上の空なのに，自分からは話に割って入ったり自分の思ったことを勝手に話し出したりします。聞いていないと思っていると「あの時ママはこう言ったよね」と，よく覚えてので，聞いていないのかと思ってうかつなことを言えません。

ギフティッドASの子どもは，高い確率で学校における適応困難が現れる。なかには視覚空間の調整機能が難しいため，学業に関係なく，自分の教室を見つけられなかったり，運動会で立つ場所がわからなかったり，ダンスで次の動作を覚えられないことが躓きの始まりになることなどがある。時間感覚がつかめない場合は遅刻をしがちで，集合時間に神経を集中しておかねばならない。新しい状況になじみにくく，観念的なこだわりがあって，周囲と柔軟にあわせることができないという特性が原因となっていることもある。前庭感覚など運動機能のバランスが悪い場合は，遊びやスポーツでボールをうまく受けられないこともあるし，運動会で集団競技やグループ競技で周りから非難されることもあるだろう。言葉を字義通り受け取り，嘲笑の的になることもあるし，試験で意味を取り違える可能性もある。こうしたことが，集団生活における適応しにくさに影響を及ぼしている。

ギフティッドASの子どもは年齢のわりに幼い部分と，物事を深く捉える

部分が同居している。そのために興味関心が同年齢の子どもと異なることが多く，その意味でも学校集団で違和感を覚えながら過ごしている。楽しみや喜びや興味を共にする仲間を求めているが，他者に対して警戒心が強く，緊張が強く出て緘黙になることもある。また言葉化が難しく，会話の軽いやり取りに意味を見出さないうえ，無理をして合わせることはあっても，学校で仲間作りのチャンスが多いとはいえない。もし同じ興味関心を共有しあい，互いに心を許せる人（それは同学年でないかもしれないし，教師である場合もありうることだが）に出会えると，年齢，利害を問わず，長く関係を続けていくことがある。

　競争への関心が薄い場合もある。かけっこなどの順位にそれほどこだわらず，競技の勝ち負けより自分の関心事，たとえばどの角度で投げると玉はどうなるのか，に注意が向いていることもある。運動会で，途中でこけた子よりも遅くゴールインしてもニコニコしているなどということが起こる。ところが追いかける目標がある場合は，想像以上のスピードで走ることができるので，周りがびっくりすることもある。

　＜活発・積極型＞のギフティッドASは注意の持続が難しく，見るより動くことに興味関心を示す。母親は危険を感じ，禁止や叱責が多くなりがちだ。母子の衝突を避け，繋がりを維持するために，子どもに主導権を持たせることを許容してしまうことも必要な事であろう。危険だとわかっていても敢えて子どものリードのもと，一緒に遊びに参加してみることだ。たいてい何も起きないだろう。子どもが何を知りたがっているのかを質問し，耳を傾けることが大切だ。親との間に情緒的つながりができれば，相互の統制がうまくいく。

　ギフティッドASには情緒的掛け合いが難しい子どももいる。親や教師が差し出すきっかけに，注意を向けないかもしれない。＜孤高・独り行動型＞のような，自分世界中心の子どもは，超然として他者への関心がないように見えるだろう。教師の話も聞いていないように見えるかもしれない。彼らは相互関係を結ぶのがより難しいと思われがちである。しかし，年齢が進むに従って，個人差はあるものの，他者と深い情緒的絆を結ぶことは可能であるし，興味が同じ仲間に出会えれば，つきあいを楽しむことができる。ただ関

心のないものには，親が促しても注意を引くことは難しいだろう。

　関心や話題は自分中心で，＜活発・積極型＞でさえ自分の没頭世界から他への注意の変換には時間がかかる。＜孤高・独り行動型＞ASの子どもは，パーツから全体を作り上げていくために，ほかの子どものように全体の明確な像を描くことができない。そのため致命的な情報を取りこぼしてしまうことがある。

　ギフティッドASは，興味を抱いた事柄について，深く知りたいと思うので，学校の授業形態からはずれ，上記のような特性と重なって学校が負担に感じる強さは多くの子どもより大きいと思われる。

3．学校環境

＜A教師の対応　1＞

　朝になると微熱が出る。学校に行かなくてもよくなると下がると母親から電話がありました。

　久しぶりに来たので，「学校に来ないとお母さんが困ったことになるよ。学校に行くことは法律で決まっているんだよ」と子どもに言ってきかせました。教育は日常のことができるようになることも含め，教えていかねばなりません。賢い子どもなので信頼して伝えましたが，反応が悪く，いやだとぐずぐず言うので，「それを校長先生のまえで言えるの？」と言って校長先生の所に連れて行きました。

　1年生の歓迎会に出るのを渋った時，せっかくきている親たちの前で流れが止まるとよくないので，事前に，「お母さんは介入しないでください」と述べて，子どもに寄ろうとする母親を制止しました。母子分離は家庭できちんとやってきてもらわないと，学級運営がうまくいきません。

　どうしても母親が子どものご機嫌をとっているようにしか見えず，「家庭でずっとこんなことをしてきたの？」と，子どもに尋ねてみました。先日も母親が「今日は挨拶だけで……」と連れてきましたが，教室

に入ればきちんとできる子なので教室に引っ張っていき，終日いさせましたが，予想通り大丈夫でした。結局，家庭の居心地が良すぎるから学校に来ないのです。慣れさせないといけません。昔を懐古して言うわけではありませんが，けじめはつけて，もっと厳しく育てないと，ろくな大人にはなりません。そういう子を，私は見てきましたからよくわかるのです。

　たとえば，自分が昨年受け持った子どもの例をあげ，「○○さんはこうやっていまくいっていたのでお母さんも頑張って」と何回も言ってあげましたがだめです。

<B教師の対応　2>

　大きい音は苦手みたいで，ときどき耳をふさいでいることがあります。そうかと言って話しかけても全く反応しないことがあって，最初のころは，耳が悪いのではないかと心配しました。

　席の位置を私がよくわかる一番前の真ん中にしたのです。すると身振りが大きくて，ほかの子の気が散ってしまうので後ろの窓側にしました。

　何でも一生懸命するのですが，続かないので，集中力が切れる頃を見計らって『頑張ってるなあ』と声をかけて褒めます。掃除当番のときもしばらく頑張るのですがすぐやめる。そんなときは，他の子に『あそこ，掃いてと，一回だけ伝えてね！一回だけね』と頼み，言ってもらいます。すると頑張っていました。

　多くのギフティッドASは外界の刺激に鋭敏で情動に鈍感である。学校では，個々の子どもの外界刺激の閾値について，これまで注意を払われることがほとんどなく，音の多い休み時間，騒がしい授業，まぶしすぎる教室などに関心が向くことはなかった。しかしながら，自分自身でさえ，無理をしていることに気付かないまま，毎日，適性を超えた刺激を日常的に受けていると，いわゆる慢性疲労症候群の兆候が現れ始め，本来持っている能力を発揮

できなくなってくる。

　知らず知らずのうちに学校という場にいることで，過剰な刺激に晒され，本人さえ気づかないうちにうつ的状態を引き起こすことがある。状態が悪いときには特に敏感に外的刺激への反応をしてしまう。色彩へのこだわり（例：グラデーションや特定の色），対象が歪んで見える，視力に関係なく嫌いなものをすばやく見つけるなどがある。これらは，視力そのものとは別の，心的なフラストレーションと深く関係している。

　一日の大半を過ごす学校，加えて塾やおけいこごとの慢性化したストレスが，青年期・成人期にうつ病に罹患させやすくする可能性を否定できないだろう。思春期以降に，期待像への邁進と内実のギャップによる不全感や離人感を発症しやすい。また，この年代は，うつ病を引き起こすという精神分析的観察とも一致する。

　ギフテッドASに，乳幼児時期の母子のかかわりに何ら問題がなく，環境における実際の喪失・外的なストレス源がない場合でさえ，小学校の高学年に上がるに従って学校生活を次第に苦痛を感じていき，学校ストレスを蓄積させていく場合がある。このときは母子関係や家庭環境に焦点を当てるより，学校環境との相互性に注目する方が問題のありかがより見えてくることがある。学校の成績も優秀でリーダーシップを取り活発であった子どもが，次第に元気をなくしていくときには，いくつかの理由が考えられる。学校生活における刺激レベルや教師や級友との関係，学習の進め方などを複合的に考えねばならない。

　このように，ギフテッドASに関する問題は母子関係のみで片づけられない。むしろ学校と塾に身をさらしていることのフラストレーションについて取り上げなければ，いつまでたっても多くのギフテッドASが，持ち前の能力と感受性を発揮して伸びていくことが難しいのではないかと感じる。

　学校や塾における外的刺激を，大抵の子どもがやりくりしながら過ごしている。しかし，同じ刺激量，刺激の質の環境に居ても，普通の枠を超えて異なる感じ方や思考をする子どもにとっては耐え難い場合がある。どちらかがどちらかに合わさなければならないが，学校や塾は子どもの方が合わせる立場にいるので自分自身に無理を強いなければならない。これまでは，大多数

の子どもに合わせた学校システムに何の疑問もなくやってきたのだが，少数の群の存在が明確になりつつある今，子どもが教育を受ける権利を持っているという点からも，少数群について適応的対応を考えなければならないことは必須だと思われる。

4．学校への不適応感

＜小学校のジダイ君＞

ジダイも学校へ通いだしました。でも最近，昼間部屋のカーテンを閉め，電気も消してしまうことが多くなりました。とても，まぶしいらしいのです。

入学式翌日は，入学式と違う門からだったので，教室がどこなのか分からなくなり迷ってしまい，とても不安な気持ちなったようです。

また，早くも「100点を取れなかったらどうしよう」と心配しています。

朝の用意にも時間がかかります。体育がある日の着替えや，字を書くのもゆっくりで，「一生懸命頑張って書いているのに一番最後になっちゃう，ほんとうにしんどい」と言います。

家庭ではそれほど警戒心や緊張感を働かせずに生活できている子どもでも，一定年齢が来ると幼稚園や保育所に始まり，学校という集団生活が始まる。さらに加えて，幼少時から，特性を無視したお稽古や進学塾などもあり，子どもを取り巻く状況は，ギフティッドASに厳しい。

彼らは情緒的に，また身体的にも，刺激に影響を受けやすい傾向があり，ちょっとしたことで興奮状態を引き起こすことがある。他の多くの子どもよりも刺激に耐える限界点が低いことを知っておかなければならない。

また，彼らは自分流のやり方にこだわりを持つ傾向があり，あまりにも支配的強制的な集団の中では，強い違和感を抱きながら気力を失っていくだろう。しかし自分自身の状態を，意識し，言葉で「自分は非常に疲れている」と伝えることは稀である。伸びきったゴム状態でも，毎日それが当たり前として過ぎていくため，自分が疲れているかどうかさえ把握することができなくなっていくのだ。彼らは過剰適応の結果として疲労を訴える。その場合，その子の脆弱な部分から不調が生じるだろう。聴覚の反応はまだ外側からわかりやすいかもしれない。しかし触覚や視覚にSOSが出ていても，理解されないどころか，大したことのないことに反応しておかしいと言われたりする。視覚の領域では，日差しや照明の明るさへの過敏反応や物の見え方が通常と違ったり，色彩へのこだわり（例：グラデーションや特定の色），対象が歪んで見える，などが生じてくる。これらは，視力そのものとは別の，心的なフラストレーションと深く関係している。視力が急に悪くなるときには，一過性の視覚障害の恐れがある。聴覚では突発性難聴になったり，ある音が異様に聞こえ過ぎて気になったり，食べ物の好き嫌いが激しくなったり，腹痛や頭痛など身体症状として様々に表れてくる。いわゆる慢性疲労症候群の症状を呈する。

　ストレスが身体症状となっていると考え何はともあれ，学校や塾を休んで，子どもの本来のニーズ（知的欲求にしても身体的なリラクゼーションにしても）を考えねば状態の悪化を招くだろう。

＜中学生のジダイ君の作文＞

　私は知識や好きなものをいろいろ蓄積しているが，多感が原因でいずれ死んでしまうだろう。

　では，私が今までためてきたものは何だったのだと思ってしまい，一瞬よくわからなくなった。これについて考えて行くと，原因は私に生への執着があったからだと分かった。人間はいつまでも生きられると思っている。特に私たち若者は肉体が完成へと努力をしている最中なので，生への執着が強いようだ。ほかにも死は怖いものだという考えなども関

係しているだろう。

　生が永遠のものだと仮定しているからこそ自分の思い入れの強いものを残すことで，自分の精神的基盤としているのだ。

　このように，私は学校に来て考え深くなった。これは私の成長であるが，こうなった理由は，学校に来て他人より，より精神崩壊を促されたことにある。

　　ずっと毎日が空虚なものだった。話せない……時々立てなくなるほどのつらさが毎日続いた。

　異なる感じ方をするギフテッドAS群の子どもにとっては耐え難い状況であることがよくわかる。学校システムはひとりに合わせてくれないうえ，本人が学校環境に無理をして適応しないとうまくいかないのだと思い込んでいる場合も多々あり，よく本人をわかる者がストップさせないと，遂に限界を超えて学校が生理的嫌悪の対象となり，抵抗を大きくしてしまうことになる。異質性への注目と理解がないと，本人と親との相互関係や，家庭と教師との相互関係は互いに余裕がなくなり，結果，ギクシャクしていく。

　これまでは，大多数の子どもに合わせた学校システムを，そういうものとして何の手立てもなくやってきたのが，少数の群の存在が明確になりつつある今，子どもが教育を受ける権利を持っているという点からも，少数群についての適応的対応を考えなければならないことは必須であろう。

＜高校生のジダイ君の作文＞

　私はこの数年間，狭い社会でうまくいかず苦しめられてきました。恐らく社会の規模が大きくなっても同じことが続くでしょう。

　その大きな要因は＜不安＞です。不安は消えることがなく，私を突然

に襲いかかってくるので，そのたびに激しい苦痛を感じています。何とかこの状況を脱したくて考えたことは，まず社会的欲求を満たすこと，社会的な地位を手に入れることだと考えました。

なぜ社会的地位を手に入れると不安が消えるのかというと，単純に他者から色々言われなくて済むからです。私は人から何か注意されたり命令されたり否定されることを恐れています。その否定的発言の内容が理論的であったり，私に有益な発言であればそれを受け入れるつもりでいます。

私はただ，静かに暮らすことを望み，この不安を包み込んでくれる高揚感や安心感を経験したいと願っています。

以上述べたことは，私が物事をまだ肯定的に考えている時の夢への考えですが，時に悲しくなったり，私を苦しめている不安感に襲われ，考えが否定的になることがあります。

私はいつか不安が消滅して，静かに，気持ちよく生きていける日が来ることを願っています。

学校は同年齢集団の中で過ごすところなので，次第に自分がほかの子どもと違うと意識し始めるときがくる。そして，発達のある地点に来ると，なぜ自分だけが集団の中でうまくいかないのか，なぜほかの人と違うのかと気づくだろう。この気づきは，自分が感じたり考えたりしていることが，ほかの子と何か違うと感じる期間があり，そのあと意識として生じる。しかしギフティッドASの子どものなかには，周りとの違いを埋めるため学校では過剰適応してがんばり，自分を殺して周りに合わせ，自分を責めたり親を責めたりするかもしれない。他者との違いの認知は，それぞれの子どもにばらばらに生じる。少数ではあるが小学校の間に気づく子どももいる。しかし，たい

ていの子どもは思春期になり，中学，高校以降に気づいていくだろう。彼らはこの時，理屈を駆使しなぜかについて考え，ますます自分の情緒から遠ざかってしまう危険がある。

　ASの特性に気づいていてもわざわざ診断まで望まない場合は，診断にこだわるよりどうすれば学校でのストレスを軽減させることができるかについて，本人にフィットする環境の提供が可能な形態を考えることが必要になる。本人が信頼を寄せる大人(親や教師など)を交えて，カウンセリングセッションを考えることも可能である。問題意識があらわれたとき何が違うと感じているのかについて，自ら語ってもらうことで多くの示唆があるものだ。

＜ジダイ君高校時代　母親の振り返り＞

　散髪するとフラッシュバックする事がよくあります。

　それ以外でも　こだわりを妹に押し付けたりして　家族を引っ掻きまわすのです。そのたびに皆が嫌な思いをして，妹が泣いてしまいます。何を言っても通じず，全く自分に非がないようにしかいいません。会話にはならないんです。

　学校の担任と教頭と話しました。今のところ理解してもらい大丈夫そうに感じました。学校は　毎日遅刻で，昼前に行ったりしてます。勝手気ままにみえます。欠席は少ないのですが，遅刻が多く目立ちます。他人からみれば，だらしなく怠け者にしかみえないんですよね。6分の1ならレポートや補習でいけるらしいです。本人もなんとか頑張り，卒業したく思ってます。私も頑張ってきました。

　数字にこだわりがあり，私も言動には，気をつかいます。3の倍数にこだわり270回も　ゲームをリセットして，親子して本当に苦しかったです。

　高校も無事卒業して……でも毎日が遅刻で，大目にみてもらい卒業に

たどり着いた感じです。

　勉強も必死という感じにはやってなかったのに，某（有名）国立大に無事合格出来ました。

　支援やトレーニングという名の下，マイルドな矯正教育に過ぎないことがある。何とかしようとするより，むしろ，彼らのなかに純粋に現れる，ある未熟で生物的な潜在能力に焦点を当て，変に人為的にいじらず，彼ら独自の発達に合わせることが重要だと気づかないと，さらに状態は悪くなるだろう。彼らが伸びようとする力を見極め，その力を発揮するために何が第一かを考え，できること以外を求めないで，柔軟に対応するということが大切になる。ジダイ君の学校の柔軟な対応が，他の学校でも子どもを育てる手本となることを願いたい。

　しばしば私の頭には，ギフティッド AS の子どもというのは，操作するには大きすぎる排気量を積んだ古典的な車の操縦者というイメージが浮かぶ。今の時代のオートマチック車とは違うので，同様の操縦の仕方ではうまく前に進まない。流行からは外れているが，上手に運転すると味わいが出て，且つ大きな排気量を使って力を発揮する。実際，ギフティッド AS の成人の中には，わざわざ運転の難しい年代ものの車を求める人や，マニュアル車に乗る人が結構いるのは，深層心理学的には意味深いものがあるという気がする。

＜ジダイ君の大学時代：凪の世界＞

　まず人が白熱に触れて火傷をします。するとその火傷が無味な風となって吹寄せて傷が治った気分にさえなれます。私はこの風が，世間というチェス盤の駒々の向こう側に吹くのを感じます。

　そしてその二つが同じ風だと分かる時に，ある歯車が動き出します。風車です。風車が回って風が生み出されますが，その内部，その機構の様相は全くの凪なんです。

私がいるのはこの凪の中なんです。

　大学に入ること自体に意味があると思うのは甘かったが，しかし来なければ甘さも分からなかったというところです。そういう意味でこちらに来たのも外科的治療に近いですね。そう思う次第です。

　みんなには，風の緩衝でできた気圧の変化が全てで，その感受性は凪の無風を感じとることはありません。

　人間の肌の，熱さを伝える速さは稲妻の如く，気付いた時には海面で稲妻に撃たれた錯覚に陥り，時にはますます自分の敏感さこそが真実だと信用してしまったりする。

　しかし，要するに，熱い風呂に浸かった時，熱さを感じるのは，ただ風呂場で裸でいるというだけのことです。自分に無味な風が吹き寄せて，その風の為に自分が収斂された気がすると，風呂上がりにビールを美味しく飲めたりもするのだ。

　親元にいた時，煩瑣な細々の細々，現実の駒々にやられまいとそれを押しのけて向こう側を見た時に，私に吹く冷たい風と，熱い吹き寄せの熱い風とまじりあい，ようやく事態が動きだした。

　動き出した歯車は風車を回し続けるが，しかしその内部には凪の様な恐ろしい無風が齎される。そしてその歯音が次第に時計の針の音と重なる気がする。

　チクタク，チクタク

ギフテッドASの子どもが，自分の感覚体験を，ナイーブで審美的形態を用いて表現することがよくある。

　客観的には，彼らのなかにある子どものままの純粋性，あるいはナイーブ性が垣間見られるといってよい。なにか原始的な，文明によって壊されていないある未熟で生物的な優れた潜在能力が，他の多くの子どもよりも生得的に備わっていると感じさせられることある。彼らのこの生まれつきの才能，つまりギフト（Gift）が摘み取られずに伸びていくために，外界の，彼らにとって不要の数々のハードル（これは時には既成のルールを強要する幼稚園や学校である可能性もあるのだが）を最小限にして，全人格的発達を遂げることが目標とされないといけないと感じる。

5．英国及び米国の実践

　2010年に，発達に特性を持つ2Eの子ども（Twice Exceptional Child：とびぬけて出来るところと極端にできないところの2つの領域を持っている子ども）の学校Bridges Academyと，ギフティッドの子どもの学校Mirman Schoolの2校を視察するために，米国ロサンジェルスへ行ったのだが，そのときに改めて認識した共通点は，個々の子どもに合わせた教育プログラムへの注目と授業の少人数・小グループ制の徹底，パソコンやDVD，実験観察活動の利用，それから心理的サポートの充実などであった。

視察の目的と意義
　2008年に英国のロンドンに行き，特別支援がどのように実践されているかを視察したときは，日本でもようやく発達障害系の子どもたちに目が向けられ，学校でも家庭でもどう取り組んでいけばいいかが取りざたされるようになってきたときだった。

　現在に至っても，ギフティッド教育もわが国では一貫した取り組みの標準もなく，モザイク的な形で各家庭が取り組んでいるというのが実情ではないだろうか。視察で感じたことは，一人ひとりの子どもが自分の能力に見合った教育を受ける権利を持っているという考えの下で実践されている特別支援

教育の実際であった。

　個々の子どもがどんなニーズを持っていてどう対応していくか，実際に学校現場でどんな取り組みがされているか，それは何に依拠しどんな風に体系化されているかを改めて考えるきっかけにもなった。また特別な支援を必要としている子どもたちに対して，国の取り組みが現実的に学校でどう機能しているのか，実践するために現場は何をしているかについても認識を新たにした。

　重要なことは特別な支援を必要としているギフティッドASの子どもたちに対し，国の一貫した指針としてどのような社会的位置づけをするかということかと思う。子どもの支援の際，診断名を基準に対応を考えるのではなく，どの子にも支援を必要とするときはあるし，（診断名が付いていたとしても）支援は必要ない時もあるという考え方が必要であるとも感じる。診断名のある○○さんには支援がいるというような，人を対象とした支援ではなく，必要とするときにはどの子にも提供する支援のあり方が問われるのではないか。

　米国ロサンジェルスで視察した学校の一つ，Bridges Academyでは，教師が子どもの特性や状態に対する意識が高く骨子がしっかりしているという点が印象的で，学校の理念として掲げている項目は次のようなものだ。

① 彼らの持っている能力と興味は何か，つまり彼らの学術的能力，アート，スポーツに関連する能力，興味について，関心を寄せる。
② 潜在的な能力を引き出すには学び方の違いがあることに気づく。個々にある内的動機づけを的確に把握する。
③ 社会的，社交的な準備および情緒的な交流の準備Social and Emotional Readinessとして，実際に海外へステイしたり，街へ引率して出かけたときに，社会的な関わりの練習や仲間の関わりあいを体験を通して学ぶ。
④ 発達のでこぼこDevelopmental Asynchronyがあることを了解し，各自のレベルに合わせた学習を取り入れる。
⑤ 学習障害Learning Disabilities を持っている場合があるので，学び方の違いだけではなく能力が評価に出ない一因として障害の有無を確認する。障害の場合は，障害を補償する個々の得意な能力を利用する。

⑥　家庭環境, 家庭状況Family context in which they liveを十分に把握し,
　保護者から家庭での状況を綿密にやり取りする。例えば宿題が多すぎる
　か少なすぎるか, 家族員の特性はどうかなど, 子どもがより社会にスム
　ーズに負担を感じずに参加できるようにする。

　学校のこうしたギフティッドASの子どもたちへの理解と配慮によって, 自
己の可能性を抱き安定した心的状態を維持していくことができるといえるだ
ろう。

6．学び方の違い

　努力や頑張り以前に, 特にある方面で高い知能を持ち, その領域で規範や
規則に捉われない新奇ともいえる問題解決方法を模索して, それに没頭する
ということは, 今の学校では評価対象として取り扱われない。取り扱われな
いどころ邪道であると指摘されたりするかもしれない。ギフティッドASは,
この特定の領域, ある特定の学問分野, ある特定の職業で能力を発揮する素
地を持って生まれている。ところがその潜在的な能力を, 彼らのレベルに見
合った, 満足のいく対外的評価に結び付け機会がなかなかないのが現状であ
る。受験秀才ではなく, 内的な欲求に動かされ, 独自なやり方で伸びる（適
切な指導者が周りに見つからないと言う方が適切かもしれないのだが）彼ら
の力は, 現在の学校教育の評価方式では本当には現れないといってもよいく
らいだ。
　イタリアのレオナルド・ダ・ヴィンチは, 西洋世界ルネッサンスを象徴す
る偉大な芸術家であるのは周知のとおりだ。彼は絵画や発明のような, 特定
の領域でその才能を発揮させている。しかし, 他の領域ではごく平凡であっ
たそうだ。彼の新奇性のレベルは多様であっても, それは一般に迎合するた
めに意図的にもくろまれたものではない点に注目すべきだ。努力して熟達す
るというのではなく, もっと強い動機が働いているように思われる。
　いわゆる秀才型の子どもは, 大抵の子どもよりも多くの情報を記憶した
り, 人から与えられた難しい問題を解いたりすることで満足することができ

る。ところが，ギフティッドASは一般的知識獲得や敏速さでは追いつかないかもしれないが，ある領域にずっと深く没頭して，自分自身で変則性や謎を発見する潜在性を持っている。その潜在性は，他者と比べてどのレベルにあるかを競ったものというより，もう少し内的な欲求の発芽のような感じを受ける。

　しかし，彼らが持っている能力を最善の形に発揮できるには，素地を持っているだけではうまくいかない。子どもの特性と子どもを取り囲む環境との相互が密接にかかわっているからだ。性格は，器質特性や気質の生得的要因と環境との両糸が織りなす綾のようなものといえる。

　特別な資質を持った子どもが創造者として発展していくための要因を，ガードナー Gardner,H.（1999）が挙げている。彼の考えは，先に挙げた米国のブリッジズ・アカデミーの教育方針の基礎にもなっている。ガードナーは子どもの能力を育てるための条件は次のようなものがあると述べている。

①　様々な体験ができる機会で，子どもの学びを尊重し，失敗を次のステップへの好機として応答してくれる人が誕生早期から存在すること。
②　子どもが，最低一つの分野に秀でていることを発見するチャンスがあること。
③　子どもが，ある領域で，多少とも熟達できる適正な教育の師に出会うこと。
④　到達の目標が，手の届く範囲にはあるけれども，多少努力をしなければ達成できないという，子どもが伸びる環境が提供されていること。
⑤　自分と同じようにある特定領域での才能に富み，失敗にくじけない仲間がいること。
⑥　子どもの側に立ち，一般常識や規範に抵抗するか，少なくとも子どもの言動を許容するような家族員がいること。
⑦　いろいろな集団において，周辺に追いやられるような何らかの偏りもしくは変則性を持っている。

　それと反対に才能が育たない条件についてもガードナーは述べている。それを参考に，より現実に即して考えると以下のようになるだろう。

① 才能が育つチャンスを体験したような人と，全く接触がない。

② 何かを極めることが全く奨励されない。

③ ある領域で熟達する機会が全くない。

④ 注意を払いながら，しかし持続的に目標を高くして実践させる親や指導者がいない。

⑤ 同じような領域で一緒にやっていく仲間がいない。

⑥ 子どもの考えや意見を反抗とみなし，すぐに抑えつけるような家族の在り方である。

⑦ 全く普通で平均的であることをよしとする。

⑧ 知ることへの好奇心や伸びようとする努力が無視されるか，無理やり押しつぶされるような環境に入れられる。

　遺伝的な要因と環境との相互作用が，ギフティッドASの子どもの成長・発達を遂げていくかの大きな鍵となることを，彼らと関わる人たちはくれぐれも心のとめておかねばならない。

　ギフティッドASが学校の教育システムに適さない原因は，教室のクラスメートや学習の教授法やカリキュラムの組み方など，いろいろな面から考えることができる。

　なかでも大きな原因のひとつは，現在の学校が画一的なプログラムを重視した教育形態にあるといえよう。すべての子どもを同じように扱い，同じやり方で教えることがあたりまえという学校の基本的な考え方は，ガードナー(Gardner H. 1993)が述べたように，一見公平でどの子にも平等な教育の権利を実践しているかのように見えて，実はふつうを逸脱する，でき過ぎる部分と不器用さの部分を持つ子どもにとっては，集団を単位として見ることがあたりまえの画一的学校のあり方そのものが，本質的に不公平ともいえる。ギフティッドの子どものみならず，それぞれに子どもは一人ひとり違っているが，ギフティッドASとなると，なおのことである。多くの子どもとの差異を無視して，画一的やり方を強行することは，子どもに等しく教育を受ける権利という点からみても矛盾すると思われる。

学校だけではなく，進学塾のあり方も問われなければならない。今の学科学習は，受験という名目のために，記憶とスピードを中心にした言語・論理的側面に重心が置かれている。もちろん，そうした学習が向いている子どもが教師とうまく合えば，子どもは自信が湧いて伸びていく。ところが，たとえば実際に実験をしたり実体験から学ぶやり方で，より多くを吸収する能力を持っていたり，視覚を通して学んだことは忘れないという子どもだと，教科書中心に活字から知識を入れる方法では，自分の能力が発揮されずに，その学校に通っている間，自分は頭が悪いのだという認知を固定させてしまう恐れがある。

　現場の教師が，この矛盾に気づくと葛藤を生じてしまうかもしれない。何度言ってもできない子どもと，できすぎて生意気子どもに対して，教師の中には，「多くの子どもと同じようになる方法さえわかれば，彼らはもっとうまく集団に溶け込んでクラスの一員となれる」という考えが大前提にあるときは，その価値観に基づいて平均的な感じ方，考え方，学び方をよしとし，その枠にうまくはまらせることを目標に，一途にまじめに取り組めばいい，これがこれまでの取り組みであった。しかし，もし，画一的な教育が却って子どもの芽をつんでいることに気づくと，30人以上の子どもを抱えてどうすればよいか途方にくれてしまうだろう。

　画一授業枠から外れる子どもには，その子に特定のプログラムを立てるか，担任とは別に，教師や支援員が配置される必要がある。ロヴェッキD.(2004)は，マイルドなAD/HDの子どもを少人数のクラスにしたところ，より機能調整が可能になり，集中力が増したという研究結果を報告している。それでも子どもにとって学校が厳しすぎるところであるうちは，学校にどのように行くか，行かないことを選択することもありうるということかと思う。同時に，学び方が違う子どもが，学校で，能力に見合った結果を出せないことへの対策も考える必要があるだろう。

　英国にしても，米国にしても，教育の見直しについては，SEN（Support Educational Needs）教育的な特別支援が必要なの子どもへの注目や，2E(Twice-Exceptional Education)できることとできないことの両極性を持つ子どもなどへの具体的，実践的な取り組みが進んでいる。我が国でも，画

一的教育が見直される時期が来ているのではないだろうか。

7．2E 教育

　ギフテッド AS の教育について言うと，画一的教育が彼らに適さないという点があるのだが，その理由のひとつは，彼らの発達の仕方が今の学校教育システムに合わないからだ。

　ギフテッド AS はある領域では非常に飛びぬけた能力を見せる一方，学習の仕方が自分独自の仕方に偏ったり，不器用な面があるなど，両極端な二面性がある。スポーツが得意な子どももいるが，そんな子どもでもどちらかというと臨機応変が苦手で，タイトなチームプレーも好まないだろう。

　特性の両極面は他にも，一人でいることを好み，自分世界を必要とする一方で，社交的で人と騒ぐのが好きであったりなどの二重性があるかもしれない。

　こうした出来ることと出来ないことのパラドクスな両極を二重に持っている子どもを，米国では twice exceptional ("2e" と言われる) の子どもたちという言葉で表し，特別な教育プログラムを必要とする子どもたちとしている。

　この両極性を自分自身で了解し，自己調整ができるようになることが一つの課題となる。彼らは有能である自分のプライドとできないことへの劣等コンプレックスの内的葛藤が生じやすくなる。ギフテッド AS の子どもたちは自分の持っている才能や能力を満たしたいという強い欲求に駆られるだろう。ところが他方で，自分の能力を十分に発揮させることを困難にしている状況，たとえば知的な理性や心理的ダメージのためにひきこもりの方向へ引っ張られるということがある。心理的安定を得るためには，よき理解者を必要とする。彼らは，矛盾した両極性のため，普通の子どもには信じられないほどのフラストレーションがかかるだろうし，本人だけではなく彼らとかかわりを持つ家族や教師もまた強いフラストレーションが起きる可能性がある。

　聡明に見える子どもが，持ち前の潜在的な能力を開花させることができない状態，いわゆるアンダーアチーバでいるという原因には，彼ら特有の問題があるからだ。正しい理解とその時々の発達に即した応答があればギフテッド AS の多くの子どもは，未来の担い手として能力を発揮するだろう。

英国における特別支援員のトレーニング機関TDAが，教師や支援員のトレーニングのセッションの中で提示している以下の言葉は，的を射たものである。

① 子どもの興味関心に関心を寄せなさい。
② 子どもが落ち込んでいるときを気づかねばなりません。
③ 必要とされるときには支えとなることです。
④ 子どもの努力を称え，自立しようとする気持ちを励ますことです。
⑤ 子どもに語りかけ，子どものいうことに耳を傾け，子どもの言わんとすることを見逃さないようにしなさい。
⑥ 子どもが自信を持てるように関わり，信頼でつながることが大切です。
⑦ ポジティブな見通しを立てなさい。

　以上はあたりまえのことであるが，日本では，このような実際的ガイダンスはあまりにも教師や親に丸投げ，果ては子どもに丸投げの感がある。上記のような，子どもに沿った具体的な指導・対応基準を記したものがあれば教師の格差が減少するのではないかと考える次第である。

8．知能テストでは測れない知能

　自閉スペクトラム症の診断に知能テストが使われることがあることは，診断を求めて病院や機関に行ったことのある人には周知のことだろう。しかし今の知能テストの活用の仕方では，あまりにも平板な意味しか伝えられなかったと感じている人は多いのではないだろうか。知能がいくらと数字で出ると数字に縛られ，数字が出た文脈や背後の状況など，その内容が吟味されていないためである。
　近年の傾向は心というものは脳の作用によるもので，情緒も脳がつかさどっているという考え方が強くなっている。人間の心は，脳がつかさどっているという考え方の是非はともかくとして，それならそれで，より個々の脳の仕組みが複雑に異なることについての配慮がなされなければならないのでは

ないかと感じる。単純に学校教育が提示する方針を，子どもに均一的に強制的に押し付けるだけでは多くの矛盾が生じることは，教育に携わる人や親が特に実感していることではないかとも推察している。

　わが国では，発達障害という言葉が使われて，従来の知的障害や身体障害以外の，サポートを必要とする子どもの群が注目されるようになったことはよいのだが，それに伴う誤解や適切な理解をされないまま，イメージ先行のつけも現れてきている気もする。個々人の持つ潜在能力の発見と発展への注目という趣旨から外れて，なんでも発達障害と結びつける偏見も散見される。特にギフティッドASのように，知的能力がとりわけ抜き出た子どもに対する特別支援は，手つかずの状態である。

　本書では，知的能力を，これまでの基準とされてきたウェクスラーの知能テストWISCに代表されるIQの点数の良し悪しのみではなく，もう少し多面的に知能の可能性について考えたい。

　知能指数（IQ）は，1912年にドイツの心理学者ヴィルヘルム・シュテルンが名づけその測定法を思いついたものである。つまりある人の＜精神年齢＞を＜暦年齢＞で割って，その比率に100をかけたものだ。

　現在知能というと，言語的記憶，言語的推理，数の推論，論理的順序の理解，日常生活の問題をどう解決するかなどに時間設定が設けられ正解があるが，例えば知らない検査者や音，においなど含め慣れない状況，疲労している状態，強制力の強弱などはほとんど考慮されずに実施されているのが現状である。そうした状況を詳しく聞き取りによって考慮し，出た数字への信憑性を，テスト状況に組み込まれたバイアスへの対処を含めて考えねばならない。また大切なことは，どのような解き方で答えを出したかを丁寧に子どもに尋ねるということも必要である。状況によっては，IQの検査結果に20の振幅が生じることもあるのだ。もしコンピュータを使って一人で実施した時は，馴染みのない検査者を前にしてするよりもっと高く出るかもしれない。

　人格と知性，社会性と知能，という分け方を，更によりその子の得意な知能領域に焦点を当て，探し，それらを総合的な視点から見ていくことは，知能テストではない角度から知的能力の高い領域を探索するということでもあり，子どもを伸ばすという教育につながっていくと思われる。

前述のガードナー Gardner,H. は 7 つの知能リストを最も基本に考えた。まず言語的知能，言語的知能と論理・数学的知能の領域。この領域は現在知能テストの範囲でもある。

① 言語的知能：言語的知能は「詩」に代表される言語を操る知能で「ブローカ野」と呼ばれており，文法的文章の作成をつかさどっている。

② 論理・数学的知能：科学的才能に恵まれた人にとっては，問題解決の過程はしばしば瞬間的であるといわれている。優れた科学者は同時に多数の変数を扱い，おびただしい仮説を立てて，一つ一つを検証し，順番に採用したり破棄したりする。言語的スキルとともに，論理・数学的推論はIQテストが測定する主要なものとされている。

　私たちの多くは，この二つを重視する傾向がある。多くのテストが，言語的スキルと数学的スキルに基づいて作られている。しかし，それだけではないとガードナーは考える。たとえば大学を離れたとき，うまくいくかどうかはその他の知能をどの程度もち，活用しているかに相当関わっている。そこで，ガードナーは以下のような部分も知能であるという。

③ 空間的知能：これは空間的世界についてメンタルモデルを形成する能力であり，そのモデルを利用して操縦したり操作したりできる能力である。船乗りやエンジニア，外科医，彫刻家，絵描きなどに必要な知能だとされるものだ。方角や地図を読み取る能力であり，何かを別の角度から見る能力でもある。チェスや視覚芸術も空間を利用している。空間認識は右脳の働きといわれている。右脳後部の損傷によって，どこにいるがわからなくなったり，顔や光景を認識できなくなったり，細かい部分が識別できなくなったりするのだが，ギフティッドASのなかには，この知能が非常に発達している人とまったく苦手な人の両極があると考えられる。ギフティッドASの中でも，発達している人は積極・活発型，苦手な人はおっとり・従順型の傾向があるのではないかと感じている。

④ 音楽的知能：たとえば特定の音に対する強い反応と，音楽における急速

な上達は，何らその道に対して生物学的に準備ができていたことを示唆しているといえよう。ユーディ・メニューイン，レナード・バーンスタイン，モーツァルトらはその能力をふんだんに持っていたと推察できる。音楽的技能にかかわる脳の部分は，明確に「偏在」しているわけでなく，場所は特定されていないようだが，特質上，右脳に位置していると思われる。脳の損傷による音楽能力への部分的な影響は，訓練やその他の個人差にもよるが，「失音楽症」で音楽能力の欠損をあきらかにしている。

⑤ 身体・運動的知能：身体・運動知能は，体全身あるいは一部を使って問題を解決したり，物を作り出したりする能力である。ダンサー，運動選手，外科医，職人は皆，身体・運動的知能が高度に発達しているといえる。ダンスのように感情を表現したり，スポーツのようにゲームをしたり，発明品を考案するときのように新しいものを造ったりするために身体を使うことができるという身体運動にかかわる能力を指している。ベーブ・ルースは初めて「道具」に触れた子供のころから才能を見せたといわれているが，それは正式に訓練をするより前のことである。ボールが打たれた瞬間にどこに落ちるのか，どこにグラブを出せばそれを阻止できるのかを，脳は大まかに計算するだろう。テニスでもこの計算でボールの初速，時間経過に伴う減速，風の影響，ボールのバウンドなどが考慮される。さらに筋肉は，その計算に協調して動かねばならない。身体運動のコントロール機能は，脳の運動皮質にある。それは左右の脳にそれぞれあり，逆の側の身体運動をつかさどっている右利きにとっての運動は左脳が支配しているとされている。

⑥ 人間関係的知能：人間関係的知能は，特に気分，気質，動機，意図において，他者との違いを認識する基礎的能力の上に成り立っている。他者が何に基づいて行動しているのか，どうしようとしているのか，どのようにすれば一緒にやっていけるかを理解する能力を指す。さらに言えば，人間関係的知能の高い人は，たとえそれが表に出ていなくても，他者の意図や希望を読み取ることができる。営業員，政治家，教師，臨床家，宗教的リーダーで成功する人は，みな高い人間関係的知能を持っているといってもよい。人間関係的知能には前頭葉が大きく影響している。発

達の初期段階で母親から引き離されると，正常な人間関係の発達は非常に危うくなるといわれている。ギフティッドASは人間関係的知能が低いのかというと，そうでもないことが，アスペルガーの成功した事業家や営業員などを見てもわかるだろう。関係性では集団を重んじる学校や同年代の人との付き合いは，思考の枠が学校ルールと異なる場合や同年代同士の会話に興味が湧かないなどで苦労するが，社会で専門性を求められる場合は，日常会話はそれほど重視されない。優れた感覚機能がセンサーとなり認知能力がパターンや人の行動のシステムと繋いで客観的視点で他者の能力を読んで指導力を発揮する可能性は十分あるだろう。

⑦　内省的知能：内省的知能は周囲の作用から生じる主体的体験を自己の内部に向け探索し，自分自身についての正確で現実的なモデルを形成する能力であり，生活においてそのモデルを使って効果的に暮らせるようにする力である。情動の世界，情動の幅，情動の本能，感情，理性を区別する許容力，そして次第にそれらを概念化して書きとめて理解し，自分の行動を導くことを意味する。ガードナー Gardner は，自閉症児は内省的知能が弱い典型例で，彼らは自分自身についてうまく語れないと述べているのだが，柔軟な創造（想像）世界と高い認知的知能を備えたギフティッドASでは，自分自身についてうまく語れないことと内省力は別物のように感じる。自分について語ることが難しい人が，却って豊かな内的世界を持っていることがあるのは自明のことではある。

　養育者および関係者は，これらの知能のタイプを吟味し，持っている知能を包括的に把握し，社会的役割とすり合わせすることに注目することが，ギフティッドASの豊かな育みの鍵となるだろ

　もし学校の目的が，子どもの個々人の能力を伸ばし，個々に適合した職業や趣味にかかわる目標を達成させるのを手助けすることに重心が置かれるのであるとすれば，ギフティッド教育が現実的なものとなるだろう。

　すべての子どもが同じ嗜好や能力を持っていないことは，当たり前のように皆感じているはずなのだが，いざ現場に目を移すと，それはあえて見ないこと，意識に入れないことにして進まざるを得ないような教育システムが現

存する。しかも，近年は教育現場ではいじめについての取り組みと称してより動きがタイトになっており，責任回避，問題の転嫁など，自己防衛的な学級運営が散見される。問題意識を持つ教師にとっても，非常に矛盾を抱えた現場の状況である。集団教育は，経済的，文化的状況を踏まえ，多くの子どもに万遍なく能力の可能性を発揮する機会を与えるための，効率的かつ効果的な方法であったかもしれないが，個々人の知能タイプ，感じ方，学び方の多様性に関心を向けることに焦点の移行があってもよい気がする。詰込みとスピード重視の塾化した進学校のやり方も問われるべきであろう。育ちたい欲求，学びたい欲求に応える教育の在り方を，今後考えていきたいものだ。

　子どもの各自の能力の傾向や気質や特性を的確に評定することは，一人ひとりにあったカリキュラム作成の役に立つだけではなく，特性に合った教え方を特定するためでもある。子どもの特性や能力や興味に対してできる限り敏感であることは，子どもへの包括的な理解に繋がっていく。

　ギフティッドASの子どもが育つ養育のデザインは，ありきたりのレンズを通してではなく，早期にギフトを見つけること，同時に早期に脆弱性を見つけることといえよう。気をつけなければならないことは，余りにも早期にギフトと職業を結び付けて限定的な将来像で子どもを固定させないことだ。これは可能性を却って摘んでしまうことになる。

　多元知能という言葉も，ギフティッド（Gifted）という言葉も日本ではまだまだ目新しいものかもしれない。まして，それを学校がギフティッド教育を実践していくのは先の事になりそうだ。しかし，まずはその初期段階として，子どもの知能の在り方は学校教育の中で取り入れられている言語性や動作性のみではなく，多種多様に亘るとの見方がもっと認知され，見合ったレベル教育の場を考えることが必要であろう。実際，教育現場や，多くの保護者や関係者は，支援教育から始まった先進国の教育システムの見直しのその先に，才能ある子どもが自分の持っている潜在能力をつぶされずに生かしていくための方策として，多重知能論が有効に利用されるべきだと了解するのではないだろうか。ギフティッドAS教育に究極的に重要なのは，ガードナー Gardener H.が結論付けたように，人間のさまざまな知能の種類のすべてと，その組み合わせを認識し，育てることである気がする。

あとがき

　ギフティッドASの子育ては，親にとって，充足感を味わう機会を与えてくれる意味深い体験のひとつであることは誰も否定しないだろう。とはいえ，通常の子ども育てに比べると，自分を試される，非常に骨の折れる大変な仕事でもある。

　よかれと思ってしたことが全く実を結ばないどころか，皮肉にもその努力が，我が子の成長を妨げていたことに，しばしば気づくこともあるだろう。親にとっては想像以上のストレスがついてまわるかもしれない。大変な作業であるのにヒントは僅かで，教えられたことさえ正しいと思えないこともある，いわば，事前のトレーニングなどないに等しいフロンティアばりの手探りの作業と言える。

　親であるからといって，いつも正しい見方をしているとは限らないし，大人だからと言っていつも理性的に振舞えるとは限らない。助けがなく，自分だけがうまくいかないと思うことがあるかもしれない。

　子どもにまつわる心配ごとや不安からこの先どうすればよいのかと立ち止まり，重なるプレッシャーでやっていけそうにないと感じることもある。自分がどんな助言や情報を必要としているのか，大変な時ほど，それさえ考えるのが難しくなるだろう。

　迷路にはまり出口が見つからないときや，どうやって切り抜けたらよいのかに困ったとき，本書が対応のヒントになり，前進のガイド役を担っていくことを願っている。

　大事なことは，目の前の問題や待ち受けている困難をどうやって乗り切るか，その対応の仕方を知っておくことだ。

　理論や技法に振り回されず，曖昧で不完全な心を扱っているのだということを了解しておくことだ。分からないことの多い部分に対しては，いわば，いくらガイドブックで下調べをしていても，足を踏み入れると全く違って見える見知らぬ外国の風景に触れたときのように，そのままを体感することが大事だと思う。それは驚きの体験であり，好奇心を刺激される体験である。子どもが示す心という現地の旅を，親の経験や入手した情報や理論から，よ

り豊かに体験することができるだろう。しかしあくまでも現地の心の案内役は，目の前の子どもであることを忘れないようにしたいものだ。あなたの経験の枠組みや得た情報は，子どもを知るための手がかりに過ぎない。

　ギフティッドASの子育ては，深い喜びと期待と，時には笑いを誘う経験にちがいない。そうした作業に携わる人が，彼らが放つ潜在的な光を案内役としながら，何に焦点をあてるとうまくいくか，その案内役として，まだまだ言葉足らずながら，本書が役に立つことを願っている。

2023年　早春

著者

＜参考文献＞

American Psychiatric Association(2000):Diagnostic and statistical manual of mental disorders.4th ed.TR(DSM-4-TR). Washington DC: American Psychiatric Association. 高橋三郎・大野裕・染谷俊幸 (訳) (2002):DSM-Ⅳ-TR精神障害診断・統計マニュアル 医学書院.

Beebe,B.,Knoblauch S.,Rustin J.,Sorter D.(2005):Forms of Intersubjectivity in Infant Research and Adult Treatment. Other Press.London. England. 丸田俊彦監訳(2008):乳児研究から大人の精神療法へ－間主観性さまざま－

Beebe,Beatrice,Lachmann Frank M.(2005):Infant Research and Adult Treatment: Co-constructing Interactions. The Analytic Press.乳児研究と成人の精神分析－共構築され続ける相互交流の理論. 誠信書房.

Bion,Wilfred Ruprecht(1978):Seven Servants"Learning from Experience", "Elements of Psychoanalysis", "Transformations" and "Attention and Interpretation" Hardcover-1. Jason Aronson Inc. 福本修訳(1999):セブン・サーヴァンツ. 精神分析の方法Ⅱりぶらりあ選書.法政大学出版局.

Bowlby,Jhon(1973):Attachment and Loss, Vol.2 Separation: Anxiety and Anger. The Tavistock Institute of Human Relations. 黒田実郎 岡田洋子 吉田恒子訳(1977):母子関係の理論Ⅱ分離不安. 岩崎学術出版社.

Bowlby,Jhon(1969):Attachment and Loss, Vol.1 Attachment. 黒田実郎 大羽葵 岡田洋子 黒田聖一訳(1976):母子関係の理論Ⅰ愛着行動.岩崎学術出版社.

Braten,S.(2005):Intersubjective Communication and Emotion in Early Ontogeny, University Press, Cambridge.

Cassese.Silvia Fano(2001):Introduzione al pensiero di Donald Meltzer(Introduction to the work of Donald Meltzer). Edizioni Vorla,Italy. 木部則男 脇谷順子訳(2005):入門 メルツァーの精神分析論考. 岩崎学術出版社.

Colangelo,N.,Davis,G.(2003):Handbook of Gifted Education Third Edition.Person Education Inc.

Erikson,E.(1950):Childhood and society, New York. W.W.Norton. 仁科弥生訳(1977.1989):幼児期と社会 1.2. みすず書房.

Fonagy,P.(2001):Attachment Theory and Pschoanalysis. Other Press. 遠藤利彦, 北山修監訳(2008):愛着理論と精神分析. 誠信書房.

Freud,S.(1923): The Ego and the Id (Das Ich und das Es,) .井村恒郎・小此木啓吾他訳（1970）Freud.S著作集 第6巻 自我論・不安本能論(6)人文書院.

Freud,S.(1914):On Narcissism.Standard Edition, 14:69-102. London: HogarthPress.1957.懸田克躬・吉村博次訳（1969）：ナルシシズム入門, フロイト著作集第5巻, 人文書院

福本 修(1996):フランセス・タスティン その生涯と仕事-2. imago7(13).12 p.249～255青土社

Frith,Uta.(1991):Autism and Asperger Syndrome.Cambridge University Press.

Garder H.(1993):Multiple Intelligences. B New York, NY : Basic Books 黒上晴夫(2003):多元的知能脳世界―MI理論の活用と可能性－. 三晃書房

Gergely,G.& Watson,J.S.(1995):The biofeedback model of parental affect-mirroring, in preparation.

Grennberg S.L.,Rice N.L.,Ellitt R.(1993):Facilitationg Emotional Change. The moment- by-Moment Process.The Guilford Press. 岩 壁 茂(2006)：感情に働きかける面接技法. 心理療法の統合的アプローチ. 誠信書房.

Gergely,G.(1995):The role of parental mirroring of affects in early psychic structuration, read at the fifth IPA Conference on Psychoanalytic Research, London, March.

Gillberg,C.(1989):Asperger syndrome in 23 Swedish children. Developmental Medicine and Child Neurology, 31, 520–531.

林 知代(2017):自己発達における中核自己感領域の発達構成要素に関する心理臨床学的考察．芦屋大学論叢第68号pp51-60

林 知代(2018):自己発達におけるIntersubjective(間主体的)自己領域に関する心理臨床学的考察．KohutからSternへの自己の発展的概念を中心に-．芦屋大学論叢第69号pp67-75.

林 知代(2009):臨床から見た子どもの発達課題-アスペルガー症候群に見る自己不全感の探求．芦屋大学論叢Vol.52pp1-12.

林 知代(2010):人間関係の疲労を訴えるクライアントの特性－発達障害の重複性からの検討－．芦屋大学論叢Vol.53　pp61-73.

林 知代(2017):誕生最早期における自己の統合に関する臨床的考察-感覚の閾値に代表される気質的差異．芦屋大学論叢第67号pp23-34.

Kohut,H.(1971):The Analysis of the Self. New York:International University Press.水野信義, 笠原嘉監訳(1994):自己の分析．みすず書房．

Kohut,H.(1977):The Restoration of the Self. Madison:International University Press.本城秀次, 笠原嘉監訳(1995):自己の修復．みすず書房．

Kohut,H.(1979):Four Basic Concepts in Self Psychology.: In Ornstein, P. Ed.(2011)The Search for the Self. Vol.4. London:Karnac.

Kohut,H.& Wolf,E.(1978):The Disorders of the Self and Their Treatment: An Outline. : In Ornstein, P. Ed. (2011) The Search for the Self. Vol. 3. London:Karnac.

Kohut,H.(1984):How Does Analysis Cure? Chicago:University of Chicago Press.本城秀次, 笠原嘉監訳(1995):自己の治癒, みすず書房．

Kohut,H.(1987):The Kohut Seminars. (Elson, M. Ed.) . New York:W. W.Norton. 伊藤洸監訳 (1992) :「自己心理学セミナー」1・2・3, 金剛出版．

Kohut,H.(1996):The Chicago Institute Lectures.(Tolpin, P., &Tolpin, M. Eds.)New Jersey:Analytic Press.

Kagan,J.(1981):The Second Year: The Emergence of Self Awareness.

USA: Harvard University Press.

Piaget,Jean.(1937):The construction of reality in the child First published in 1999. Routledge is an imprint of Taylor & Francis, an informal company. 滝沢武久, 佐々木明翻訳（1970）：構造主義 文庫 クセジュ 468白水社.

Lovecky D.(2004):Different Minds -Gifted Children with AD/HD, Asperger Syndrome, and Other Learning Deficits. Jessica Kingsley Publishers.

松木 邦裕(2009):精神分析体験：ビオンの宇宙―対象関係論を学ぶ立志編. 岩崎学術出版社

Mahler,M.S.,Pine,F. & Bergman,A.(1975):The Psychological Birth of the Human Infant: Symbiosis and Individuation. Basic Books.

Meltzer,D.(1975):Exploration in Autism, Clunie Press.

Meltzer,D.(1994):Adhesive identification, in Sincerity and other works, Karnac Books.

McNeil(2005)McNeill, David (ed.) (August 2000). Language and Gesture (Language Culture and Cognition). Cambridge, England: Cambridge University Press.

皆川 邦直(1994):プレエディプスからエディプスコンプレクスを超えて. 精 神分析研究Vol.38No.3pp140-147.

森 さち子(2010):しなやかさを失ったかかわりあいにおける自由連想の 回復―感じること・考えること・言葉にすること―. 精神分析研究 Vol.54No.3pp244-250.

Stern,D.(1985):The Interpersonal World of the Infant: A View from Psychoanalysis and Developmental Psychology. New York : Basic Books, Inc. 小此木啓吾, 丸田俊彦監訳(1989):乳児の対人世界 理論 編. 岩崎学術出版社.

Stern,D.(1985):The Interpersonal World of the Infant: A View from Psychoanalysis and Developmental Psychology. New York : Basic Books, Inc. 小此木啓吾, 丸田俊彦監訳(1991):乳児の対人世界 臨床

編. 岩崎学術出版社.

Spensley,S.(1995):Frances Tustin. The Taylor & Francis Group, London. 井原成男・斉藤和恵・山田美穂・長沼佐代子(訳)(2003):タスティン入門　自閉症の精神分析的探求　岩崎学術出版.

Stolorow,R.,Brandchaft, B.&Atwood,G.(1987):Psychoanalytic Treatment: An Intersubjective Approach. New Jersey:Analytic Press. 丸田俊彦訳(1995):「間主観的アプローチ」,岩崎学術出版.

Stolorow,R.,& Ateood,G.(2013):Metaphysicalizing experiential selfhood: Reply to Tomas Videgaard. International Journal of Psychoanalytic Self Psychology,8,121-125.

Summers,F.(2011):Kohut's vision and the nuclear program of the self, International Journal of Psychoanalytic Self Psychology, 6, 289-305.

Szamari,Peter & Tuff., Lawrence & Finlayson, Allenj & Bartoucci, Glam(1990):Asperger's Syndrome and Autism: Neurocognitive Aspects. Journal of the American Academy of Child & Adolescent Psychiatry Volume 29, Issue 1, January 1990, Pages 130-136

Trevarthen,C.(1998):The Concept and Foundations of Infant Intersubjectivity. In S. Bråten(Ed.), Intersubjective communication and emotion in early ontorogeny (PP.15-46).cambridge University Press.

Tustin,F.(1972):Autism and Childhood Psychosis. Cathy Milller Foreign Agency斎藤久美子監修　平井正三監訳　辻井正次他訳(2005):自閉症と小児精神病. 創元社.

Tustin,F.(1981):Psychological Birth and Psychological Catastrophe, in Do I Dare Disturb the Universe?. A memorial to Wilfred R. Bion pp182-196 .Caesura Press.平島奈津子(1996):心理的な誕生と心理的な破局. 特集精神分析学の現在. pp148-161.至文堂.

Winnicott,D.W..(1971):Playing and Reality. Tavistock Publications Ltd., London.橋本雅雄(1979):遊ぶことと現実　岩崎学術出版社

Mahler S.M., Pine D., Bergman A.(1975)：The Psychological Birth of the Human Infant Margaret S. Mahler Appendices.高橋雅士，織田正美，浜畑紀(2001):乳幼児の心理的誕生．黎明書房．

Wallin J. David(2007):Attachment in Psychotherapy. The Guilford Press A Division of Guilford Publicationsm Inc.New York.　津島豊美訳(2011):愛着と精神療法．星和書店．

Wallin,David J.(2007):Attachment in Pschotherapy. The Guilford Press A Division of Guilford Publications, Inc. New York．津島豊美訳(2011)：愛着精神療法.星和書店.

Winnicott, D.W..(1971):Playing and Reality. Tavistock Publications Ltd., London.橋本雅雄(1979):遊ぶことと現実　岩崎学術出版社.

山本紀夫(2011):インカ帝国天空の帝国インカ その謎に挑む．PHP新書．

＜著者紹介＞

林知代（はやし・ともよ）

臨床教育学博士PhD．芦屋大学及び芦屋大学大学院教授を経て現在特任教授．しゅくがわ心理治療研究所所長（shukugawa-pi@bcc.bai.ne.jp）．学校心理士スーパーヴァイザー．

著書：「先生！ぼくの心知ってる？お母さんわたしの気持ちわかってる？−アスペの日記から知る子どもの育て方−」（明治図書）．共訳：「天才の秘密−アスペルガー症候群と芸術的独創性−」（世界思想社）．論文：「器質的特性を持つひきこもり者への間主観的アプローチ−アスペルガー症候群と診断された青年との心理療法過程−」（心理臨床学研究Vol.25No.6）．書評：「福本修・平井省三編著精神分析から見た成人の自閉スペクトラム」（心理臨床学研究Vol.36　No.6）その他多数．

自閉スペクトラムのギフティッド−見過ごされた能力発見のために−

2023年3月20日　　　第1版　　　第1刷

著　者	林　　知代	
発行者	嶝　　牧夫	
発行所	株式会社朱鷺書房	

　　　　　　奈良県大和高田市片塩町8-10（〒635-0085）
　　　　　　電話 0745-49-0510　Fax 0745-49-0511
　　　　　　振替 00980-1-3699

印刷所　　モリモト印刷株式会社

本書を無断で複製・複写することを禁じます。
定価はカバーに表示してあります。落丁・乱丁本はお取替いたします。
ISBN978-4-88602-422-0 0037　2023
ホームページ http://www.tokishobo.co.jp